周恩来
| 真 情 实 录 |

于俊道○主编

天 地 出 版 社　TIANDI PRESS

图书在版编目（CIP）数据

周恩来真情实录 / 于俊道主编. —成都：天地出版社，2020.2（2023年12月重印）
ISBN 978-7-5455-4541-8

Ⅰ.①周… Ⅱ.①于… Ⅲ.①周恩来（1898-1976）–生平事迹 Ⅳ.①K827=7

中国版本图书馆CIP数据核字（2019）第041945号

ZHOU ENLAI ZHENQING SHILU
周恩来真情实录

出 品 人	杨　政
作　　者	于俊道
责任编辑	杨永龙　聂俊珍
封面图片	CFP
封面设计	书心瞬意
内文排版	盛世博悦
责任印制	王学锋

出版发行	天地出版社
	（成都市锦江区三色路238号 邮政编码：610023）
	（北京市方庄芳群园3区3号 邮政编码：100078）
网　　址	http://www.tiandiph.com
电子邮箱	tianditg@163.com
经　　销	新华文轩出版传媒股份有限公司
印　　刷	德富泰（唐山）印务有限公司
版　　次	2020年2月第1版
印　　次	2023年12月第10次印刷
开　　本	710mm×1000mm　1/16
印　　张	25.25
字　　数	359千
定　　价	58.80元
书　　号	ISBN 978-7-5455-4541-8

版权所有◆违者必究

咨询电话：（028）86361282（总编室）
购书热线：（010）67693207（营销中心）

如有印装错误，请与本社联系调换。

"共和国领袖真情实录"系列编委会

主　编：于俊道
编　委：（以姓氏笔画为序）
　　　　一　斌　于　力　于俊道　文　川　文　武
　　　　邹　洋　张文和　聂月岩　裴　华　魏晓东

| 目 录 |

第一章　少年才俊：周家宅院走出的革命者

◎封建家庭素来好面子，摆空场面，宁可债台高筑，不肯丢掉面子。多年以后，周恩来曾回忆说："我从小就懂得生活艰难。父亲常外出，我10岁、11岁即开始当家，照管家里柴米油盐，外出应酬。"

"我从小就懂得生活艰难"..................................2
从铁岭、奉天到天津..................................8
"想去救国，尽力社会"..................................15
人人想向"觉悟"方面走..................................21
赴欧求学..................................29

第二章　鸿鹄之志：为中华之崛起而读书

◎"为了中华之崛起！"这是周恩来在13岁时对老师的"为什么而读书"的回答。如果说这是周恩来年少时的一腔热血的话，那么，随着读书的增多，年龄的增长，阅历的增加，这一点越来越成为他一生读书学习的座右铭。

启　蒙..................................36
延安整风学习..................................39
"这次学习是需要的"..................................44

第三章　家庭生活：总理和至亲们的感情纠葛

◎对这样频繁的分离，究竟要承担怎样的精神痛苦，邓颖超曾这样坦率地说过："这次分别后，不知何日相会……无论是同志间，夫妇间，每次的生离，实意味着死别呀。"

◎周恩来与邓颖超被人们赞誉为"模范夫妻"，他们精心总结的夫妇生活中的"八互"（互敬、互爱、互信、互勉、互助、互让、互谅、互慰）精神，也成为所有夫妻间恩爱和睦的准则。

邓颖超：革命的终身伴侣 54
"我们的爱情总是和革命交织在一起" 63
天伦之乐：全中国万万千千个儿童都是我的孩子 80
三段母爱：痛悔亲恩未报 90
故居：不要让人去参观 95
平祖坟：为生者留一块耕地 100
十条家规：唯人生赖奋斗而存 105
周家三兄弟：量材施教，以冀有成 108
侄子周尔辉的"特殊待遇" 115
"我坚决支持你上山下乡" 122

第四章　淮安情结：总理一生未返乡之谜

◎就像一个长年在外的游子看到了久别的母亲一样，周恩来神情专注地注视着机翼下的故乡淮安！也许他怕打扰机组人员的驾驶，也许他已沉浸在对故乡一桥一巷的回忆之中，周恩来只是看，没有说一句话。

◎从他12岁离开家乡到东北开始，到他78岁在北京逝世，66个春秋，66个年头，周恩来再也没有回到那生他养他的古城淮安。

"快到淮安上空了吧？能不能拉下一些高度让我看看老家？"
....126
"代我问乡亲们好"..................................128
"我这淮安人也得尽点淮安人的责任"..................131
"把人民群众的生活切实安排好"......................136
"一定要服从省里的统一安排"........................138
"坚决照中央文件精神办"............................146
"青年人要注意多关心社会上的事情"..................149
"原籍绍兴，生在淮安，江浙人"......................153
年轻人应该到基层去锻炼............................163

第五章 西花厅的普通人：总理的生活细节

◎有一次在沈阳接待外宾，周恩来幽默地说："今天该穿那套'礼服'啦。"工作人员拿出来一看，上衣后腰上有一处是刮破后又用线织补上的。这位同志十分感动地说："总理，你这套'礼服'早该换换啦！"

◎周恩来的衣食住行各个方面，处处体现出"俭朴"二字，映衬出他的高大形象。

"丢掉艰苦奋斗的传统才难看呢"....................168
"生活好了，可不能忘记过去"......................177
"饭桌上只有四菜一汤"............................183
工作餐..185
1元钱的伙食标准................................189
舍不掉的高粱米饭................................192
一个窝头两分钱..................................196
"天天吃南瓜，打倒资本家"........................199

"这样免得浪费" 201
杭州楼外楼 202
"反复几次以后，才把那粒饭夹住……" 206
中南海西花厅，一个延续26年的故事 208
杭州饭店239号房间，一个俭朴的记录 212
"任何时候都不能特殊" 214
"不要把我同人民群众隔开来" 216
"何乐而不为呢" 218
坐红旗车与做广告 219
"我就是要摆脱这些形式主义" 220
挤公车：实地了解情况 224
把首都的交通管理挂在心上 225

第六章　总理往事：一个真实的开国元勋

◎曾有好事者评论说，周恩来跳华尔兹舞时总是往右转……好像事关政治似的。其实，这是因为他无法用自己的右臂搂住舞伴，他的右肘受伤直不起来。邓颖超说："我不像恩来那么喜欢跳舞，我只是偶尔跳跳。但是我觉得跳舞能使他放松，对他有好处。"

◎除了喜爱跳舞，周恩来也很喜欢赏花。明艳的海棠花、出淤泥而不染的荷花等，都是周恩来所喜爱的。

一杯酒一亿斤粮食 230
给服务人员敬酒 231
体育爱好者 235
给跳高名将送花 237
宴请乒乓球世界冠军 240
请来"魔鬼"教练 244

"打倒中国的阿Q精神"..................................249
"我体验了作为一个老百姓看戏的滋味"..................253
"戏编得很好，演得也很成功"..........................254
"那你们就到前线去打炮吧"............................255
"春妮是什么文化程度"................................258
"走啊，快开演了"....................................261
《安第斯山风暴》....................................262
西花厅的海棠花与颐和园的荷花........................266

第七章　高端协力：富有人情味的共产党人

◎周恩来之所以赢得人民特殊的爱戴和持久的怀念，不仅因为他功勋卓著、学识渊博、才智过人，还因为他品德纯美、人格崇高。中华民族和中国共产党人一切最优秀的品质，在他身上，得到了集中、完美的体现。

立志者"当不至限于一隅，私于个人矣"..................270
"为人民服务就是要像春蚕那样吐完最后一根丝"...........276
不能搞"治外法权"，不能搞特殊化......................283
心中装着亿万人，唯独没有他自己......................287
虽身居高位，但从不谋私利............................290
"不要只记得我是总理"................................297
思考事物的周密有如水银泻地..........................304
"周恩来是东西方最美好、最优秀品格的化身".............316

第八章　魅力永存：总理人际交往之道

◎周总理虽身为国家领导人，但他总要想方设法把自己置身于这个身份之"外",找机会生活在朋友之中,按普通人的生活方式去交际。他会按常规的礼仪去答谢人家,如果受了人家的恩惠或帮助;去款待人家,必要的时候可以露一手"绝活"供大家一乐;去关注人家,如果人家有什么难处需要解决或者有什么进步需要鼓气的话;或者,什么也不为,干脆就是为了交朋友,谈谈天,听听音乐,品尝点特殊的,联络联络感情,叙叙旧。互相信赖便在潜移默化之中诞生了。

师生情谊厚..........324
同学情谊深..........330
做人民的好总理..........338
文化艺术界的知音..........343
战友情深..........357
党外人士的挚友..........365
与国际友人的情谊..........379

/第一章/

少年才俊：
周家宅院走出的革命者

◎封建家庭素来好面子，摆空场面，宁可债台高筑，不肯丢掉面子。多年以后，周恩来曾回忆说："我从小就懂得生活艰难。父亲常外出，我10岁、11岁即开始当家，照管家里柴米油盐，外出应酬。"

童年、少年时代，本应是人生中最快乐、最无忧无虑的一段时光，但对于周恩来来说，从他出生那时起，伴随着家境的衰落，他更多的是体会到了生活的艰难与沉重。而他的青年时代，正是求知求业的关键时候，由于不可能从家庭中获得太多的经济支持，他只有凭着自己的艰辛努力，借着朋友、老师、同学们的帮助，开创一番人生新天地，于23岁时成长为一位职业革命家，从此走上了为中国人民谋幸福的伟大人生之路。

"我从小就懂得生活艰难"

"淮阴古之名郡，扼江北之要冲，清时海禁未开，南省人士北上所必经之孔道也。"

在纵贯南北的京杭大运河和滔滔东流的淮河交汇处，是苏北平原上一座古老的城市——淮安。它作为江淮流域古文化发源地之一，其历史可追溯到5000多年前。它不仅是当时南北交通的一个咽喉要地，也是苏北的重要物资集散地，经济比较繁荣，文化也很发达，文通塔、金代大钟、关忠节公祠、东岳庙等名胜风物，记载着这里的文化盛景。从411年东晋时期在这里设郡始，到清末的1500年间，淮安长期是郡、州、路、府的治所，成为江淮流域一个经久不衰的政治文化中心。即使到了晚清，这里仍设有漕运总督部院、淮安府和山阳县三级行政机构。

1898年3月5日（清光绪二十四年二月十三日）清晨，周恩来诞生在淮安城内驸马巷中段的一所宅院里，他是这所周家宅院里的长孙。算祖籍，一般都是从祖父辈算起，如此说来，周恩来的祖籍应该是浙江绍兴，而淮安则

第一章
少年才俊：周家宅院走出的革命者

1898年3月5日，周恩来诞生在淮安城内驸马巷中段的这所宅院里（历史图片）

是属于"客居"了。绍兴周家是一个世代聚居的大家族。著名文学家鲁迅也是出生在绍兴周家，只是与周恩来同族不同宗而已。在鲁迅逝世两周年的纪念会上，周恩来还提起过这件事："在血统上我也或许是鲁迅先生的本家，因为都是出身浙江绍兴城的周家。"但到周恩来的祖父周起魁（原名周攀龙）一辈时，他这一支家族就离开绍兴，迁到了淮安。

周起魁为什么要迁居淮安？因为他是位"绍兴师爷"，来到淮安任职。当师爷久了，周起魁果真攀上了山阳县（1914年改名为淮安县）知县的官位。谁料，他的前任依仗后台，长期拒不交印，待到他正式上任的时候，已是有心无力、病体难支了，只落得一个七品芝麻官，也是短命的。在他当师爷的时候，同二哥周昂骏合买了驸马巷这所宅院，从此，就定居在淮安。而短命的一任知县，虽不可能是清廉的，却也使他无从获得太多的财富，因此，家中田产一亩也没有留下，仅买得城外一块坟地。

周起魁有四个儿子，分别是贻赓、贻能、贻奎、贻淦。按照封建大家庭的规矩，叔伯兄弟间的大排行，则是老四、老七、老八和十一。

周贻能（后改名劭纲，字懋臣）便是周恩来的父亲。据他的堂兄周嵩尧的中举资料记载，他是"国学生""主事衔"。"国学生"是清政府规定的最高学位，"主事"则是官阶，正六品。但周贻能却只有官阶而没有相应的职务。他考中秀才后即回原籍绍兴，拜亲戚为师学做师爷。周贻能算是有学问的人，他给周恩来取了个小名叫"大鸾"。无奈他为人忠厚老实，虽学习多年却未修成正果。而家中自周起魁去世后，经济上便每况愈下，出于生计，他只能去给人当幕僚、家庭塾师或者做做文书、收发之类。他长年奔波在湖北、东北、北京等地。

周恩来的母亲姓万，小名冬儿，因为排行十二，大家都叫她万十二姑。外祖父万青选原籍江西南昌，也是师爷出身，以后在同属淮安府的清河县（1913年改名为淮阴县）做了30年知县，颇有政绩。在任一方，万家也就定居清河县。万十二姑读过五六年家塾，也许是因为小时候跟随父亲出入官宦门第、见多识广的缘故，她性格开朗、精明果断，很有办事能力。结婚后，她生了恩来和他的两个弟弟：恩溥、恩寿。恩溥比他小1岁，恩寿比他小6岁。

周恩来出生时，万青选为他的这位外孙掐算过，称："这孩子有出息，叫冬儿好好抚养他！"万十二姑自然不会亏待自己的第一个孩子，只是在周恩来不满1岁时，为着他的

周恩来诞生床，现仍存放在当年的旧居内（历史图片）

十一叔，她便善解人意地把周恩来过继给自己的小叔子。

"不孝有三，无后为大。"当时，周恩来最小的叔父周贻淦已去世，他结婚还不到一年，没有子女。为了使他留下的妻子陈氏能有所寄托，周恩来作为父母此时唯一的孩子，被过继给了十一叔，幼年的周恩来由守寡的嗣母陈氏带在身边抚养。

陈氏的娘家在苏北宝应。她出身于一个比较贫寒的读书人家，性格温和，待人诚挚，办事细心，在诗文书画上都有比较好的修养，那时才22岁。她因为年轻守寡，从不外出，就把全部感情和心血都倾注在对周恩来的抚养和教育上。嗣母的教育，对幼年周恩来的性格形成和文化修养，有着异常深刻的影响。40年后，他还深情地说："直到今天，我还得感谢母亲的启发，没有她的爱护，我不会走上好学的道路。"

1903年新年后，陈氏送周恩来去私塾读书。私塾先生为周恩来起了个名字，叫"翔宇"，寓意大鹏展翅飞翔于天地间。

1904年，6岁的周恩来随同父亲、母亲、嗣母和弟弟，一起搬到清河县清江浦（今江苏省清江市）居住，并到外祖父家的家塾里读书。外祖父家里人很多，家族间发生了纠纷，常要请万十二姑去调解。她在处理问题时，总是先耐心地听别人把情况说清楚，然后再发表意见，使问题得到比较顺利的解决。周恩来经常跟着母亲去，在旁边听着，学到许多办事的方法，对他日后的办事能力有着重要的影响。

万家的藏书很丰富，使周恩来能大量地自由阅读。周恩来从小便喜欢读书，他所读的第一部小说《西游记》大概就是在这段时间看的。他很聪明，性格中又有着活泼的一面。在外祖父家，同辈的孩子多，常在一起玩，放风筝、做鸽哨、逛庙会……无忧无虑的周恩来在这里度过了几年比较欢乐的童年生活。

这时家里的经济状况已经越来越不好了。父亲为人老实，胆小，能力比较差，到清江浦后，只谋得一个月薪16元的小差事，家里常靠借钱过日子。

他的生母又劳累，又愁闷，很快就一病不起。那是1907年上半年的事。周贻能在为生活奔忙之间，竟未能和妻子见上最后一面。由于是住在万家，万氏之母对女儿的丧葬提出了又高又严的要求，致使周贻能无力安葬其妻，只能把万氏灵柩暂厝于清江浦一座庙宇里。经过28年的动荡谋生后，积得一点余钱的周贻能，才在1935年回清江浦将其妻万氏灵柩领回淮安，归葬于淮安东门外的周家祖茔地。

万氏一死，父亲又出外谋生，周恩来和嗣母也不好在万家再住下去，嗣母便带他到宝应她堂兄家去住。家家有本难念的经，在宝应住了几个月后，嗣母无奈只得带他又回到清江浦。悲伤忧郁之下，1908年7月间，嗣母被肺结核夺去了生命。几个月的时间，接连失去了两位母亲，失去了母爱，这对于10岁的周恩来，该是多么沉重的打击。好在陈氏娘家没有人在清江浦，没有人像万家那样出面刁难。周恩来毕竟年幼，无法料理这样的丧葬大事，只好求之于人，买棺入殓，将嗣母灵柩运回淮安与继父合葬。跪在坟墓前，周恩来好一阵痛哭，哭丧母之痛，哭自己竟如此命苦。

两个母亲的死，使周恩来的生活陡然发生变化，料理完丧事，家里已是债台高筑。父亲经别人介绍，到湖北去谋事，把10岁的恩来、9岁的恩溥和4岁的恩寿托付给了他八叔、八婶。

淮安老家，早已是残破不堪，等候他们的是艰难而凄凉的日子。八叔周贻奎从年轻时就偏瘫在床，家里有什么事需要人出头的时候，作为全家最年长的男子，10岁的周恩来只能承担起来。周家没有土地，只有那所自己居住的房屋，有一段时间一部分房屋也给抵押出去了。要债的人络绎上门，有的债主竟坐着不走。有时伯父寄些钱回来，才还掉一笔债。借贷无门时，就只能把母亲的遗物拿到当铺去典当。但是，封建家庭素来好面子，摆空场面，各种礼仪和规矩特别多，即使里边已那么破落，外头的场面还得硬撑着。周恩来后来回忆道："我从小就懂得生活艰难。父亲常外出，我10岁、11岁即开始当家，照管家里柴米油盐，外出应酬。"墙上贴着一张纸，按照封建家庭的习俗,"要把亲戚们的生日、死期都记下来。到时候还要借钱还礼。东家西家都要去,还要到处磕头"。有一次,一个亲戚过生日,请帖送来了,周恩来急得没办法,和八婶商量,家中已没有金银首饰,只好从箱子里找出两件缎子衣服,一个人挟着到当铺典当,好说歹说当了两块五角钱,算是把还礼这一关应付过去了。

生活的重担,就这样压在了少年周恩来稚嫩的双肩上,他无法不予承受,只有咬紧牙关,默默地忍受并承担起这一切。除了考虑生活经济来源和应酬亲友,他还坚持读书,先是在家里,后来到东门附近表舅龚荫荪的家塾里寄读。龚荫荪的思想倾向维新,到过日本,家里除许多古籍,还有一些宣传近代西方文明的新书和报刊,周恩来曾把他称作自己政治上的启蒙老师。龚家的表姐们和他共同学习,一起做组诗等游戏。只有在这里,他才可以获得一些短暂的欢乐。此外,那两年多的时间里,留给他的只有令人窒息的痛苦的回忆。寄读还家,他还要坚持做好三件事:带好两个弟弟读书;收入、支出记账,十天半月一汇总;给父亲和亲属们的来信复函。

又是一年春草绿,日复一日的凄凉、艰难的生活,磨炼着周恩来早成的精明果断、富有条理的办事能力,而改变这一切、拥抱新生活的希望,也无时不在烧灼着他那不甘屈服于现状的心灵。

他把希望寄托在四伯父周贻赓(字曼青)的身上,因为伯父同父亲一样在外谋职做事,但待遇稍好,且无子女负担。几年来,正是四伯父的资助,才使家中常有雪中得炭之感。1910年,周贻赓在奉天度支司俸饷科升任科员,生活又趋安定一点,便想到要周恩来到东北去,跟随自己生活。这对淮安老家来说,也是一种减少生活压力的好办法。

伯父的仗义援手,使周恩来的生活迎来了一个重要的转折点。1910年春天,周恩来随堂房三伯父周贻谦奔赴东北。

告别了家乡,告别了古城淮安,大鸾翔宇,这一次是真的要飞了,飞向遥远的天际。

从铁岭、奉天到天津

出江淮平原，向北，再向东向北，一路上的辗转，使少小离家的周恩来真切地感受到祖国母亲的博大胸怀。

出江河纵横，到白山黑水之间，人文地理的巨大变化使周恩来的视野与心胸顿时变得广阔多了。他后来说："12岁的那年，我离家去东北。这是我生活和思想转变的关键。没有这一次的离家，我的一生一定也是无所成就，和留在家里的弟兄辈一样，走向悲剧的下场。"

周恩来刚到东北时，奉天府（今沈阳）一时还没有合适的学校可读，所以他先随三堂伯到铁岭进银岗书院读了半年书。这年秋天，奉天第六两等小学堂建成。伯父把他接到奉天府，插入这所学堂的高等丁班学习。

奉天第六两等小学堂（辛亥革命后改名为奉天省官立东关模范两等小学校）是一所比较新式的学堂。它的"新"当然有限得很，但比起旧式的私塾和书院来，毕竟在周恩来眼前打开了一个新的天地。他在学校中学习认真，有礼貌，守纪律，各门功课都学得很好，国文的成绩尤其突出。他的作文常

奉天省官立东关模范两等小学校（历史图片）

第一章
少年才俊：周家宅院走出的革命者

被教师批上"传观"二字，贴在学校的成绩展览处，让同学们观看。国文教员赵纯在批阅周恩来的作文时，对周围的同事感慨地说："我教了几十年的书，从没见过这样好的学生！"

在学校里，老师经常向学生讲述时局的危急和历代民族英雄的故事，激发学生们的爱国热情。民族危亡、山河破碎、革命军的反清斗争激励着周恩来振兴中华的革命觉悟。

一次，老师在课堂上问学生：大家为什么而读书？

周恩来坚决地回答：为了中华之崛起而读书！

1912年的周恩来（历史图片）

怎样把祖国和人民从苦难和屈辱中拯救出来，怎样使中华民族得到振兴，自立于世界民族之林？从这个时候起，这一连串的问题一直像一团烈火一样燃烧在周恩来的心中，成为经久持续的动力，推动他不断向前求索，并很快从爱国走上了革命道路。

学校举行演讲比赛，以培养学生的逻辑思维能力。周恩来的第一篇演讲是关于反对鸦片："此毒不禁，吾国何能兴旺，吾民何能强大？"

1912年10月，周恩来写了一篇作文：《奉天东关模范学校第二周年纪念日感言》。他当时认为，中国要富强，应该从根本做起，把教育办好。他怀有强烈的社会使命感，十分注重道德修养，对教育的目的和师生的责任也作了比较好的阐述，"心长语重，机畅神流"。直令国文教师感慨系之："教不如此不足以言教，学不如此不足以言学，学校不如此不足以言学校，文章不如此不足以言文章。"

这时的周恩来同他在苏北的童年时代相比,已有了显著的变化,这不仅是在学识、眼界上,还在于他在东北交了很多朋友,身体也锻炼得很好。

但更大的变化,还是发生在他到天津进入南开学校以后。

1913年2月,周贻赓的工作有了变动,到天津改任长芦盐运司榷运科科员。15岁的周恩来随伯父一起搬到天津,住在元纬路元吉里几间狭小的平房里。这使他的生活环境又起了巨大变化。

来到天津,展现在周恩来面前的世界更加广阔和多样了。作为华北出海的门户、对外的通商口岸,天津林立着英、法、德、日、比、奥、意、美、俄九国的租界,弥漫着近代工商城市的社会氛围,这是奉系军阀统治下的东北难以相比的。

周恩来到天津后,于8月间考入南开学校。这是一所闻名国内、仿照欧美近代教育制度开办的私立学校,创办人是严修,校长是张伯苓,二人均是思想开明人士。

从这时起,整整4年间周恩来一直在南开学校学习,并且住宿在学校里,过集体生活,连假期中也是这样,很少回家。他不是不想家,只因"境遇困人,卒难遂愿",虽"泪盈枕席,竟夜不能寐",但也只好如此。因此,他对学校和周围的同学就格外依恋,"以校为家,以同学为兄弟"。

周恩来少年时期在沈阳读书时的优秀习作(历史图片)

从当时来说,南开学校的教育是比较进步的,并且很有特色。

第一章
少年才俊：周家宅院走出的革命者

学校的学制是 4 年，相当于中等学校。主科有国文、英文、数学 3 门。英文课每周 10 小时。次科有物理、化学、中国史地、西洋史地、生物、法制、体操等。从二年级起，除国文和中国史地外，各科都有英文课本。为了提高学生英语会话的能力，还请了美国老师来教课。三年级起，就要求学生阅读英文原著小说。学校还到日本购买了大批实验设备，让学生自己动手去操作。这在民国初年的学校中是不多见的。

在南开学校读书时的周恩来（历史图片）

学校对学生的学习要求极严。各门课程每月考试一次，期末有大考，留级和淘汰的都不少。能坚持到毕业并不是一件容易的事情。初入南开学校，周恩来的英文基础比较差，接连几篇作文教师评语亦不甚佳，周恩来思想上有很大的震动，自责曰："尚何面居于丁二班？"自警曰："若长此以往，恐降班有你，南开不久亦非汝插足之地矣！"从这以后，周恩来"发奋攻读，始同趋步"，并很快成为优等生，同时保持了国文突出的"传统"特点。在一次全校作文比赛中，他以一篇《诚能动物论》，"识见高超，理境澄澈。而通篇章法，复极完整合作也"，从而"冠冕群英"。经南开学校创办人严修选定，周恩来获此次全校作文比赛个人第一名。第二年，由于他品学兼优，经教师推荐，学校破例免除他的学杂费，他成为当时南开学校唯一的免费学生。

学校在道德品行方面也有严格的要求。全校在每星期三下午有一次修身课，由校长张伯苓和其他教师讲国内外大事和做人做事之道，有时也请校外的名流学者来校讲演。这种课程，对周恩来形成自己的修身之道很有影响。尽管品学兼优，在各种活动中都是积极分子，但他从不骄傲，从来不锋芒毕露，盛气凌人。相反，他总是尊重别人，总是那样温和诚实。他的同班同学陈彰琯在回忆中说，周恩来在学校里"给他的印象，概括成四个字：严肃活泼。在学时办事认真严肃；平时爱活动，很活泼，很有风趣"。这些显然同当时南开学校的校风有一定关系。

"知行合一，本吾校之特旨。"南开学校的特色不仅在于学习纪律严格，还在于学校积极提倡学生开展课外活动，要求学生在学校里不单是读书，而且要学会办事，养成自己管理自己的能力。论办事能力，这可是周恩来从小锻炼出来的强项。主持校报、参加剧团……"服役之事乃为人类所不可免"，周恩来总是甘于默默无闻地去做那些为公众服务的事情，从来没有在这方面吝惜过自己的时间和精力。毕业时，同学们在同学录中对他作了这样一段评语：君性温和诚实，最富于感情，挚于友谊，凡朋友及公益事，无不尽力。

在南开学校读书时的周恩来（历史图片）

由于他的聪明才智和热心为大家办事，他博得了同学们的信任。在学校里，周恩来先后担任过《校风》的总经理、演说会的副会长、国文学会干事、江浙同学会会长、新剧团布景部副部长、暑假乐群会总干事和班中干事。

入学的第二年，他和同班同学张瑞峰、常策欧三人发起组织"敬业乐群会"："以智育为主体，而归宿于道德，联同学之感情，补教科之不及。"会员最初是20

多人，后来逐步发展到280多人，占全校学生总数的三分之一。周恩来对"敬业乐群会"的发起和工作开展尽了极大的努力，但他却积极推举张瑞峰为会长，自己担任智育部部长。后来他才先后担任副会长、会长。他还主持出

南开学校东楼（历史图片）

版会刊《敬业》，一共出了6期。在1914年10月出版的《敬业》创刊号上，发表了周恩来的诗作《春日偶成》：

极目青郊外，烟霾布正浓。

中原方逐鹿，博浪踵相踪。

1916年10月出版的《敬业》第5期上，发表了他和老师原韵的诗作：

茫茫大陆起风云，举国昏沉岂足云。

最是伤心秋又到，虫声唧唧不堪闻。

这些诗作表达了周恩来对黑暗时政的忧愤之情，以及高飞致远的振翅之怀。

周恩来同老师的关系也很融洽。每隔几个星期，他总要在休息日到校长张伯苓家去长谈。张伯苓也很喜欢他，总是留他吃饭。吃的是贴饼子，煮稀饭，熬小鱼，张伯苓常对家人说：周恩来是南开学校最好的学生。南开学校

的校董严修十分欣赏周恩来的人品和才学，曾托人向他提亲，想把女儿许配给他。周恩来在一次散步时告诉张鸿诰说，"我是个穷学生，假如和严家结了亲，我的前途就一定会受严家支配"，因此辞却了。

南开学校的住宿生4人合住一屋，早上6时半打起床钟，这以前起床的人，动作要轻，不能影响别人，连走路都要踮着脚走。一打起床钟，学生们就立刻起床，盥洗，跑步，锻炼身体。上午上课，下午做实验和自修，下午4时起课外活动，晚上自修。每天晚上10时熄灯，熄灯后任何人不得再开灯。这些制度执行得十分严格。学生宿舍的各个寝室间还开展整洁评比。周恩来所住的宿舍在评比中获得过整齐洁净的嘉奖。

周恩来的生活十分俭朴。刚入学时，他学习和生活费用靠伯父支持。但伯父收入微薄，家里的生活还要靠伯母编织一些线袋、自行车把套、墨盒套之类的小东西作为补助才能维持，所以他的学费常常不能及时缴付。从第二年起，他虽然不用再交学杂费，但生活费用还需要自己解决。因此，他在课

周恩来（前排左一）同南开学校老师伉乃如（前排左二）和同学合影（历史图片）

余和假期经常为学校刻蜡纸、油印或抄写讲义,以换取一些补贴。他在学习期间穿的一直是布衣布鞋,夏天只有一件白长衫,入冬则是单薄的青棉袍,外面再罩一件已经泛白的蓝大褂。他吃的也很简单。因为没有钱包饭,几年里都只能在门口零买,或到小饭馆里零吃,这样可以省些费用。没有菜时,他就从家里带小罐酱来下饭。同学录中也写道:"君家贫,处境最艰,学费时不济,而独能于万苦千难中多才多艺,造成斯绩。"

1917年6月,周恩来以优良的成绩从南开学校毕业,并以国文最佳者获得特别奖。

"想去救国,尽力社会"

南开学校4年的学习生活结束了,毕业后该怎么办?这是摆在周恩来面前的难题。

"有大志向的人,便想去救国,尽力社会。"

他在南开学校学习的4年间,积贫积弱的中华民族还在一步步地陷入水深火热之中。北洋军阀争权夺利,竞相卖国以求后台支撑,袁世凯称帝,张勋复辟,一幕幕历史活剧在风雨飘摇的中国政治舞台上上演。早已立下振兴中华之志的周恩来,面对这黑暗的一切,他的爱国热情高涨。他渴望找到救国救民之路。这时,友人借给他一笔路费,帮助他去日本求学。

为什么日本对中国肆行侵略,还要到日本去学习?须知,日本过去也蒙受过外国列强的欺凌,明治维新后却一天天兴盛起来。作为中国的近邻,他们为什么能富强起来?中国为什么不能?这是包括周恩来在内的许多有志之士选择到日本留学的重要原因。

那时，中日两国之间有一个由日本政府指定学校为中国代培留学生的协定。协定中规定：中国学生凡能考取指定的日本大专学校之一的，可以享受官费待遇，直到学成返国为止。周恩来想，如能得到这个机会，他在日本求学的费用问题就解决了。所以他很想试试，去报考官费留学日本。

动身出国前，他先到东北探望了又调回这里工作的伯父，并回沈阳母校同师友相见。8月30日，他给同学写下临别赠言："愿相会于中华腾飞世界时。"

9月，他由天津登轮东渡。临行前夕，他写下了那首抒发青年时期救国抱负的著名诗篇：

　　　　大江歌罢掉头东，邃密群科济世穷。
　　　　面壁十年图破壁，难酬蹈海亦英雄。

到达日本后，周恩来见到了很多南开学校校友，得到他们不少帮助。由于在日本留学的人多，所以住处很紧张。周恩来在东京中辻区矢吹町的金岛建筑工具店二楼租得房间。这里左右各有一个房间，周恩来就住在左侧有6个榻榻米的房间。

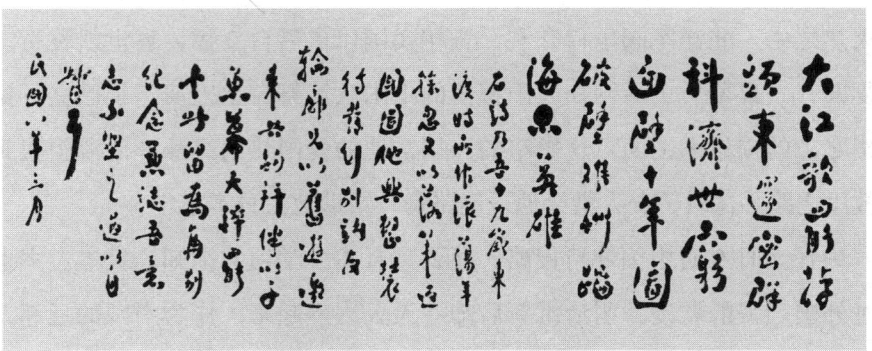

这是周恩来赴日前夕写的抒发救国抱负的一首诗。1919年3月，他在回国前将这首诗书赠南开学校留日同学，表示将要"返国图他兴"（历史图片）

第一章
少年才俊：周家宅院走出的革命者

后来，为了寻找房租便宜的地方，周恩来又多次移居。10月间，他进入神田区仲猿乐街7号的东亚高等预备学校补习课程，准备报考东京高等师范学校和东京第一高等学校。如果考取其中的一所，就可以得到官费学习的待遇。

周恩来明白，他到日本求学很不容易。日本学校的考试日期越来越近，家里的景况一天比一天困难，使他忧心如焚。他在1918年1月的日记里写道："我现在唯有将家里这样的事情天天放在心上，时时刻刻去用功。今年果真要考上官费，那时候心就安多了，一步一步地向上走，或者也有个报恩的日子……我一个人，除了念书，还有什么事做呢？用功呀，用功呀，时候不再给我留了。"

但他又不愿一味地死读书。他来到异国他乡，总想多从周围的实际生活中去学习。他在日记中写道："无处不可以求学问，又何必终日守着课本儿叫作求学呢？我自从来日本之后，觉得事事都可以用求学的眼光看。日本人的一举一动，一切的行事，我们留学的人都应该注意。我每天看报的时刻总要用一点多钟。虽说是光阴可贵，然而他们的国情，总是应该知道的。"

周恩来（中）和留日同学在东京合影（历史图片）

2月21日，是农历戊午年的春节。中国的老话是：一年之计在于春。周恩来在这天的日记中写道："我平生最烦恶的是平常人立了志向不去行。"接着就写下了自己在新的一年的计划："第一，想要想比现在还新的思想；第二，做要做现在最新的事情；第三，学要学离现在最近的学问。思想要自由，做事要实在，学问要真切。"

这时，《新青年》对他产生了巨大的影响。他在几天后的日记中写道："晨起读《新青年》，晚归复读之。于其中所持排孔、独身、文学革命诸主义极端的赞成。"

其实，周恩来在南开学校读书的时候，陈独秀主编的《新青年》早已出版，但那时因为学校里的事情忙，他对于《新青年》杂志也没有特别注意。有时候他从书铺里买来看时，亦不过过眼云烟，随看随忘。他从天津临动身的时候，有朋友给了他一本《新青年》第3卷第4号。他在赴日途中看看，很是喜欢。到东京后，他又从严修之子严智开那里见到《新青年》第3卷的全份，借回去看，受到一些启发，觉得"把我从前的一切谬见打退了许多"。但后来他又放下了。到了这时，他在极端苦闷中把《新青年》第3卷找出来，又读了一遍。其中宣传的新思想强烈地吸引了他，使他顿时感到眼前豁然开朗。"从今后要按着2月11日所定的三个主义去实行。决不固持旧有的与新的抗，也不可惜旧有的去恋念他。我愿意自今以后，为我的'思想''学问''事业'去开一个新纪元才好呢！"这倒真应了那句话："众里寻他千百度，蓦然回首，那人却在，灯火阑珊处。"

"风雪残留犹未尽，一轮红日已东升！"

是的，一片新的希望在他面前升起来了。这种新的信念是他过去未曾领略过的。因为他在精神上正处于极端的痛苦和烦闷中，这种新的信念带给他的震撼力量就格外巨大。尽管对他来说，这个"新"究竟是什么一时仍然是模糊的，不是那么清晰的。

这以后几个星期，周恩来集中精力准备东京高等师范学校的入学考试。

考试是在 3 月 4 日至 6 日进行的，还进行了口试，结果他没有被录取。这对他自然是个不小的打击。但他精神上并没有沮丧，而是全力以赴地投入下一次考试的准备。他制订了计划，每天读书 13 个半小时，休息和其他事 3 个半小时，睡眠 7 个小时。

但是，一场突发的爱国运动改变了周恩来在日本的生活，这就是反对日本对华提出二十一条的留日学生运动。有着强烈爱国心的周恩来，无法再沉下心来埋头考试，积极投身于这次留日学生爱国运动。他参加各种集会，散发爱国传单。5 月 19 日，他又参加了留日学生的爱国团体——新中学会。入会的那天，周恩来在会上发表了一篇讲演：

> 我们中国所以如此的衰弱的缘故，全是因为不能图新，又不能保旧，又不能改良。泰西的文明所以能发达的原因是因为民族的变换、地势的迁移，互相竞争，才能够一天比一天新。中国的民族是一系的，地位是永据的，所以无进步而趋于保守。文化不进则退，所以旧的也不能保了。再说我们二千（年）的历史，思想学术全都是一孔之见。泰东西的文化比较我们的文化可以说新的太多。他们要是主宰中国，决不能像元、清两朝被中国的民性软化了。我们来到外洋求真学问，就应该造成一种泰东西的民族样子去主宰我们自己的民族，岂不叫比着外人强万倍不止了么？所以我刚入这会，见着这个"新"字，心里头非常着痛快，望诸同志人人心中存着这"新"字，中国才有望呢！

末了，他把两句话作为给其他会员的赠言：哲学的思想，科学的能力。

由于周恩来积极地投入爱国运动，对 7 月 2 日至 3 日的东京第一高等学校入学考试顾不上再做多少准备。考试结果出来后，又因日文的成绩不够好，他没有被录取。周恩来的心情自然很沮丧。他在日记中写道："昨前两日试验失败，心中难堪异常。"这时正值暑假，7月28日，他离开东京回国探亲，在国内度过了一个多月，9月4日，他重新回到东京。

就在周恩来回国这段时间内，日本发生了席卷全国的米骚动，暴露出日本社会结构尖锐的内部矛盾。这使得本来就是到日本求学取经的周恩来越来越重视研究社会问题，并给予因俄国十月革命而广泛传播的社会主义思想更多的关注与研究。也正是在这时，他的思想较过去有了一个新变化。

此时，在日本，反映俄国十月革命和介绍马克思主义的著作已有很多，河上肇的《贫乏物语》、幸德秋水的《社会主义神髓》、片山潜的《我的社会主义》等，在书店里都可以看到。到1919年1月，河上肇又创办了《社会问题研究》杂志。河上肇后来在自传里说过："1919年1月以来，我之所以办个人杂志《社会问题研究》，原因大概是那时找到了真理的方向，尽管不懂，却决心宣传马克思主义吧。我开始啃《资本论》，大约也是那个时候。"这个刊物每月出版一期，从第一册起，连载河上肇的马克思主义的理论体系。河上肇写道："总之，唯物史观、资本论和社会民主主义是涉及理论与实际两方面的马克思主义的三大原理。这三大原理是根本贯穿着一条金线，此三大原理密不可分，就是所谓阶级斗争学说。"

已对十月革命和马克思主义有所了解的周恩来，立即成为这个刊物的热心读者。他思想的变化，在外观上体现出来，就如曾和他共住过一个多月的留日学生所说的那样：他沉着，冷静，不爱说笑话。每当谈论问题时，他总是讲些国家的大事，民族的前途，青年一代应该怎样学习。另一个印象是：他生活朴素，学习刻苦，博览群书，知识渊博，记忆力强，条理清晰。每次外出散步，他从来不在马路上溜达，而是走得很快，去书店翻书阅读。

在这个时候，南开学校决定创办大学部的消息传来，对日本社会渐趋失望的周恩来下决心回国学习，再图他兴。

"一线阳光穿云出"，留日经年，带着这种欣慰的心情，周恩来在4月间由神户乘船离开日本，返回祖国。

第一章
少年才俊：周家宅院走出的革命者

人人想向"觉悟"方面走

回到国内，周恩来尚未来得及考虑如何进入刚创办的南开学校大学部学习，五四运动的风暴就率先在北京刮起并迅速在天津得到响应。

1919年5月7日，天津各校学生举行示威游行；14日，天津中等以上学生联合会成立；25日，以女校学生为主体的天津女界爱国同志会成立，邓颖超担任讲演队长。

此时，周恩来还没有入学，只有一个南开学校的校友身份，但他没有因

南开大学主楼

五四运动时的周恩来（历史图片）

此而置身事外，而是"天天到南开去"，热情地投入各种活动中，积极出谋划策："宜审慎，有恒心，有胆力，方能成功。"

要想使学生爱国运动能坚持下去，必须注意爱国教育。为此，天津学生联合会决定创办《天津学生联合会报》。周恩来在南开学校曾先后主办《敬业》和《校风》，其才能为许多人所熟知，因此作为校友的他接到了主办报纸的诚意邀请。周恩来也自认为负些责任是义不容辞的，愉快地答应下来，并住进了南开学校。

办报纸可是个苦差事，不说最初的一无经费、二无纸张、三没印刷厂、四要向警察局立案，就说一俟办起来，编排、撰写、校对、印刷、出售等杂七杂八的事就更多了。周恩来把全部心血都用到工作上，事无巨细，几乎每一个环节都要管。为了扩大宣传，他们在7月12日的《南开日刊》上发表了周恩来起草的《天津学生联合会报发刊旨趣》，宣布《会报》将"本民主主义的精神发表一切主张"，"本'革心'同'革新'的精神立为主旨"。什么是"革心"？就是要从改造学生自身的思想着手。什么是"革新"？就是要改造社会。"至于一切的研究，还是须求社会的帮助，指导我们，以便共同得着大家新生命的所在。"

这篇《发刊旨趣》发表后，在社会上引起强烈反响，大批订报的函件纷至，到《会报》创刊前一天，订户已四五千。

7月21日，《天津学生联合会报》正式创刊，辟有主张、时评、新思潮、新闻、国民常识、函电、文艺、翻译八个栏目。在创刊号上，周恩来又以《革心！革新！》为题，撰写了发刊词。

会报一问世，即获好评。时任天津学生联合会副会长的马骏看过发刊词后，不禁赞赏说："这篇社论真带劲！这比我们站在几千人面前大喊一阵，可有用得多！"《少年世界》说："天津学生办的报有点价值的自然要算这报了。"上海的《新人》杂志说：《会报》"比较的更为敢言"，"'主张'与'时评'二栏又有特色。敢说是全国的学生会报冠"。

由此，周恩来通过这份会报，与学生们一起关注国内的各种重大事件，对天津学生的爱国运动起着呐喊助威、推波助澜的作用。随着运动的发展，周恩来感到有必要成立一个比学生联合会等更严密的团体，以吸纳运动中的一些骨干分子，从事科学和新思潮的研究。他的这个倡议，得到了郭隆真、张若名、谌小岑等人的赞同，他们迅速行动起来，积极筹备。

经过准备，9月16日的筹备会决定出版一种名叫"觉悟"的不定期的小册子，而新团体也因之就叫"觉悟社"。"觉悟"一词，是当时进步青年中一个十分流行的用语。觉悟社最早的会员共20人，为了表示男女平等，男女会员各10人，有周恩来、邓颖超、马骏、郭隆真、刘清扬、张若名、谌小岑等。这样，觉悟社就正式成立了。大家用抽签的办法决定代表各人的号码，周恩来抽到的是五号，即使用了"伍豪"的代名。经过大家讨论，周恩来被推举起草《觉悟的宣言》。

"觉悟"的声浪，在20世纪新潮流中，澎渤得很厉害。我们中国自从去岁受欧战媾和的影响，一般稍具普通常识的人，也随着生了一种很深刻的觉悟：凡是不合于现代进化的军国主义、资产阶级、党阀、官僚、男女不平等界限、顽固思想、旧道德、旧伦常……全认他为应该铲除应该改革的。有了这种"觉悟"，遂酝酿成这次全国的"学潮"，冲动了全国的学生界，人人全想向"觉悟"方面走。

《觉悟的宣言》宣布觉悟社的宗旨是"要本'革心''革新'的精神，求大家的'自觉''自决'"。为了实现这个宗旨，采取的方法有四："一、取共同研究的态度，发表一切主张；二、对社会一切应用生活，取评论的态度；三、介绍社外人的言论——著作同讲演；四、灌输世界新思潮。"

觉悟社成立后的第5天，在五四运动中享有崇高声望的北京大学教授李大钊即被请到觉悟社讲话，此后，徐谦来讲过《救国问题》，包世杰来讲过《对于新潮流的感想》，周作人来讲过《日本新村的精神》，钱玄同来讲过《研究白话文学》，刘半农来讲过《白话诗》等。他们还经常召开各种形式、各种规模的讨论会，讨论学生的根本觉悟，讨论家庭改造，讨论工读主义等。不能否认，觉悟社的每一位成员都有改造社会的愿望和为此而奋斗牺

觉悟社部分成员合影。后排右一为周恩来，右三为郭隆真，右五为马骏；前排右二为刘清扬，右三为邓颖超（历史图片）

牲的精神，但由于各方面条件的局限，他们不是每一个人都像周恩来一样在日本接触过马克思主义，对马克思主义有一种初步的认识。因此，讨论中也是各抒己见，想法不尽相同。邓颖超说过："五四运动是思想解放运动。一解放，就像大水奔流。那时的思想，受到长期禁锢，像小脚妇女把脚裹住，放开以后，不知怎么走路，有倒的，有歪的，也有跌跤的。那时是百家争鸣，各种思潮都有。我们也是受无政府主义思想影响的。""当时我们的思想还处于启蒙时期，就是说还不明确，不肯定，思想还在变动着，发展着。"刘清扬的回顾也证明了这一点：

> 以后我们常在一起开会、谈论和研究一些新思潮。那时我们都很幼稚，只有满腔的爱国热情，还没有一定的信仰。社会主义、无政府主义、基尔特社会主义等等，什么都谈论。共产主义是什么，我们都不懂得。

当然，觉悟社不是封闭的，但它对新会员要求很严，"资格必当具有'牺牲'、'奋斗'、批评同受批评的精神"。

不难看出，觉悟社的主要活动还是在校园范围内，并没有向社会上走得太远。周恩来也在9月间南开大学开学后，成为南开大学的第一期学生。邓颖超后来说过，觉悟社"只做过那些事情。那时候我们还是学生，活动以搞学生会为主，不可能有更多的时间从事社会活动"。

此时，国内的爱国学生运动已转到以抵制日货为主要内容上来。天津各界学生连续举行示威游行，并上街检查日货。外号"杨梆子"的天津警察厅厅长杨以德，对学生爱国运动施以严厉镇压，逮捕了各界代表马骏、马千里等20多人。1920年1月29日，以周恩来为总指挥的五六千名学生，奔赴直隶省公署请愿。群众推出周恩来、郭隆真、于兰渚、张若名4人为代表，他们不顾军警的阻拦，强行闯入省公署，全部遭到逮捕。这是周恩来第一次被反动当局逮捕。

被捕后,反动当局玩弄拖延战术,对他们既不公开审讯,也不释放。4月2日,周恩来和难友们通过秘密联络,发动绝食斗争。由于被捕的人中有天津各界的代表,反动当局也不能不顾忌社会影响,遂于4月7日将他们移送地方检察厅。

移送到地方检察厅后,被捕代表有了相对多的自由往来机会,并且能够阅读书报。他们共同议定:每天早晨做体操,每晚举行全体会议,并推举周恩来、马千里、于兰渚3人主办读书团,带领大家研究社会问题。周恩来分5次作了介绍马克思学说的讲演。正是在这段时间内,周恩来重新思考了许多问题,"思想是颤动于狱中"。经过思考,一种革命意识的萌芽,"从这个时候开始"了。

7月6日,检察官对周恩来等提起公诉,但在辩护人的辩护面前,公诉人理屈词穷。但他们岂肯善罢甘休?7月17日,天津地方审判厅仍以所谓

1920年1月,周恩来等在反帝爱国运动中被北洋军阀政府拘捕。在他们的坚决斗争和各界爱国群众的声援下,反动当局被迫于7月将他们释放。这是周恩来(四排右二)等出狱后的合影(历史图片)

"骚扰罪"对被捕代表判刑,其中周恩来被判处有期徒刑两个月,正是他被检察厅拘禁的时间。邓颖超回忆说:"公审的那一天,法庭上挤满了旁听的人群。天津河北三马路上的地方审判厅的外面,站立着伫候消息、声援代表的男女学生和各界的广大队伍。当局也感到众怒难犯,决心释放被禁的代表。但他们还是死要面子,不肯承认自己做下的错事,强把捏造的罪名,加在各个代表的身上,判定了若干日的拘禁,而这判定的日期恰恰和他们已被禁的日数相等。于是法官宣布期满释放。"

那时候,国内正掀起一个赴法勤工俭学的热潮。周恩来在狱中时,就有了赴欧洲求学的想法。这在他6月8日写给准备赴法的觉悟社社员李愚如的诗中即已表现出来:"你走了,不能送你,我作首诗送你吧!今天我从下午4点钟作起,作到6点半钟,居然成功了。这首诗的成绩,在我的诗集里,要算是'上中'了。"

……
到那里,
举起工具,
出你的劳动汗,
造你的成绩灿烂。
磨炼你的才干,
保你天真烂漫。
他日归来,
扯开自由旗;
唱起独立歌。
争女权,
求平等,
来到社会实验。

五四运动前后，相继有1600多名青年到法国勤工俭学，其中许多人由此转变为马克思主义者。图为1919年3月，首批留法勤工俭学学生从上海启程时的合影（历史图片）

推翻旧伦理，

全凭你这心头一念。

……

三月后

马赛海岸，

巴黎郊外，

我或者能把你看。

出狱后，周恩来一方面做着觉悟社的工作，一方面积极准备赴欧求学。

赴欧求学

经历了五四运动的洗礼，为了进一步探索救国救民的真理，周恩来于1920年11月7日自上海乘船启程，赴欧洲留学考察。为什么要到欧洲去求学？他到欧洲后不久写给表兄陈式周的信中说，自己去欧洲"主要意旨，唯在求实学以谋自立，虔心考察以求了解彼邦社会真相暨解决诸道，而思所以应用之于吾民族间者"。

周恩来此次赴欧求学，得到严修的推荐。严修还给中国驻英公使顾维钧写了介绍周恩来及另一位学生的信，并同替周恩来辩护的著名律师刘崇佑各资助周恩来500元，作为他赴欧的费用。周恩来在行前又同天津《益世报》商定，当他们的旅欧通讯员，经常为他们撰写通讯，以所得的稿费补贴旅欧的生活费用。

法国邮船"波尔多斯"号经过36天的航程，将周恩来、郭隆真、李福景、张若名等中国赴法学生送到了著名港口马赛。周恩来在巴黎做了短暂停留，即渡过英吉利海峡，来到英国首都伦敦。

来到伦敦，周恩

1922年，周恩来在柏林（历史图片）

来是想在这里求学的，因为"伦敦为世界最大都城"，"举凡世界之大观，殆无不具备，而世界之政治商业中心，亦唯此地是赖"。"故伦敦为世界之缩影。"而他的心中正是要多观多研："在伦敦念书，非仅入课堂听讲而已，市中凡百现象固皆为所应研究之科目也。"他深知妨碍自己求索的两大不利因素，一是语言，二是经费。对于语言关，正像他写给表兄陈式周的信中所断定的："唯弟所敢自信者，学外国文有两道：一求多读，一求多谈，弟则志在多读耳。"对于经费问题，鉴于伦敦的生活费用太高，他只好转向消费水平较低的位于苏格兰首府爱丁堡的大学。他在1921年1月写给表兄陈式周的信中说："弟在此计划拟入大学读书三四年，然后再往美读书一年，而以暑中之暇至大陆游览。今方起首于此邦社会实况之考察，而民族心理尤为弟所注意也。"

爱丁堡大学虽然同意免去周恩来的入学考试，只试英文，但考期在当年9月，开学则在10月间，屈指算来，他需要在这里等待半年之久，为了节省经费，他计划转赴法国，勤工俭学。因为爱丁堡的消费水平虽低于伦敦，但还是要比在法国高出许多。加之在法国的勤工俭学学生远远多于在英国的中

1922年，周恩来（右三）和张申府（右一）、刘清扬（右二）、赵光宸（右四）在柏林万赛湖（历史图片）

第一章
少年才俊：周家宅院走出的革命者

国留学生，所以周恩来只在英国待了5个星期，就回到了抵欧的第一站——法国。

来到欧洲，周恩来自觉地采取各种方式广读博览，涉猎各种学说思潮，以审慎求真的态度"对于一切主义开始推求比较"。在这种比较研究的过程中，他于1921年1月写信给表兄陈式周，交流他考察、研究后的体会："英之成功，在能以保守而整其步法，不改常态，而求渐进的改革；俄之成功，在能以暴动施其'迅雷不及掩耳'之手段，而收一洗旧弊之效。若在吾国，则积弊既深，似非效法俄式之革命，不易收改革之效；然强邻环处，动辄受制，暴动尤贻其口实，则又以稳进之说为有力矣。执此二者，取俄取英，弟原无成见……"从他在亲属面前自然表露的思想，我们可以看出他性格的另一面，即审慎求真地探求社会问题、探求学问、确立信仰。正如他自己所言："弟之思想，在今日本未大定。"经过一段时间的实地考察、潜心探究，他终于选择了共产主义作为终生信仰。

1923年，周恩来在巴黎中共旅欧支部所在地的门前留影（历史图片）

就在这一年，周恩来经张申府、刘清扬介绍，加入了中国共产党。1922年3月，周恩来给国内的同志写信，一则表示决心，二则互相勉励："我们当信共产主义的原理和阶级革命与无产阶级专政两大原则","我认的主义一定是不变了,并且很坚决地要为他宣传奔走"。信中还附了一首诗《生别死离》——

壮烈的死,
苟且的生。
贪生怕死,
何如重死轻生!
……
没有耕耘,
哪来收获?
没播革命的种子,
却盼共产花开!
梦想赤色的旗儿飞扬,
却不用血来染他,

1923年2月,中国少年共产党召开临时代表大会,决定改名为"中国共产主义青年团旅欧支部",周恩来任书记。这是会议期间在巴黎郊外布伦森林的合影。后排右六为周恩来,前排左二为赵世炎,左八为陈延年,左十一为王若飞(历史图片)

第一章
少年才俊：周家宅院走出的革命者

天下哪有这类便宜事？

从此，周恩来由一个孜孜以求救国救民真理的学子，成长为一个职业革命家。他积极参加留法勤工俭学学生的斗争，并发起组织旅欧中国共产主义青年团（中国社会主义青年团旅欧支部），并于1923年3月担任了执行委员会书记。他在给团中央的报告中说："我们现在已正式成为'中国社会主义青年团'的旅欧战员了，我们已立在共产主义的统一旗帜之下，我们是何其荣幸！你们希望我们'为本团勇敢忠实的战士'，我们谨代表旅欧全体团员回说：'我们愿努力毋违！'"

由于国内大革命运动发展很快，急需大批干部，周恩来遂于1924年7月告别生活了4年的欧洲，返回祖国。行程还是与那烟波浩渺的海洋相伴，但周恩来已不再是当年那位旨在去"推求比较"的热血青年。在他随身所带的旅欧中国共产主义青年团执行委员会给团中央的报告中写着这样的评语：

1924年，中国社会主义青年团旅欧支部部分成员在巴黎合影。前排左四为周恩来，左一为聂荣臻，左六为李富春；后排右三为邓小平（历史图片）

周恩来——浙江，年二十六，诚恳温和，活动能力富足，说话动听，作文敏捷，对主义有深刻的研究，故能完全无产阶级化。英文较好，法文、德文亦可以看书看报。本区成立的发启（起）人，他是其中的一个。曾任本区三届执行委员会，热心耐苦，成绩卓著。

遥望祖国，周恩来的人生将揭开新的一页。

/第二章/

鸿鹄之志：
为中华之崛起而读书

◎"为了中华之崛起！"这是周恩来在13岁时对老师的"为什么而读书"的回答。如果说这是周恩来年少时的一腔热血的话，那么，随着读书的增多、年龄的增长、阅历的增加，这一点越来越成为他一生读书学习的座右铭。

"为了中华之崛起！"这是周恩来在13岁时对老师的"为什么而读书"的回答。如果说这是周恩来年少时的一腔热血的话，那么，随着读书的增多、年龄的增长、阅历的增加，这一点越来越成为他一生读书学习的座右铭。也正是因为这一点，家贫而爱读书的周恩来，才能"独于万苦千难中多才多艺"，并成长为一代伟人。

启　蒙

周恩来4岁时，嗣母陈氏就教他识字。嗣母对他的要求很严格，每天黎明时刻就把他叫起来，在窗前教他读书、写字，教他背唐诗宋词："锄禾日当午，汗滴禾下土。谁知盘中餐，粒粒皆辛苦。""春种一粒粟，秋收万颗子。四海无闲田，农夫犹饿死。"……为了帮助他记忆，嗣母还经常与他比赛拼诗，即将一个个纸片上的单体字拼成原来的古诗，看谁拼得快。这种方式，不光需要有记忆，更要有诗般的创意。此时的周恩来当然不可能完全弄明白这些诗词的含义，但熟读唐诗三百首，不会作诗也会吟。良好的古典文学的熏陶，对他将来的写诗作文还是很有好处的。

此外，陈氏还经常给他讲故事，如《天雨花》《再生缘》等。至于太平天国、义和团、民族英雄关天培、巾帼英雄梁红玉等故事，更是讲者不倦，听者不厌。"幼时喜闻故事，凡有人能语余以奇闻怪事者，辄绕膝不去，终日听之不倦"，可见周恩来小时候是没少听各种各样的奇闻故事的。

关天培生在淮安系马桩，青年时从武。在鸦片战争期间，他指挥广东水师，积极协助林则徐禁烟抗英。后来，在抵抗英军侵略时，他战死在炮台。

据说他死后遗体不倒，连英国侵略者都不得不佩服他伟大的民族气节。在他死后，清廷封他为"忠节公"，而他出生的淮安城里就建有"关忠节公祠"。

六载固金汤，问何人忽坏长城，孤注空教躬尽瘁。
双忠同坎壈，闻异类亦钦伟节，归魂相送面如生。

周恩来曾要嗣母带他去关忠节公祠，对林则徐所撰的这副挽联及其所包含的故事，他有了更生动的理解与感受，终生不忘。直到1939年他回绍兴宣传团结抗战时，还谈到这副挽联，勉励同胞们勿忘关天培的民族气节。

对于家乡土地上的巾帼英雄梁红玉，周恩来也是钦慕不已。到河下北辰坊的梁红玉祠瞻仰，是周恩来与小伙伴们一起去的。

青眼识英雄，寒素何嫌，忆当年北房鸱张，桴鼓亲操，半壁山河延宋祚；红颜摧大敌，须眉有愧，看此日东风浩荡，崇祠重整，千秋令誉仰淮壖。

默诵楹联，梁红玉击鼓助宋军抗金的英姿仿佛就在眼前。是啊，比此红颜，又有多少碌碌无为的须眉该感到有愧呢？

一自金牌颁十二，常教热泪洒英雄。
奇冤不恨埋三字，和虏终惭失两宫。
南渡江山悲逝水，北征鞍马付秋风。
低徊往事成千古，祠宇空余夕照红。

位于淮阴的岳武穆祠堂，周恩来是和表哥万叙生一起去游览的。眼望"还我河山"的横匾，体会着"三十功名尘与土，八千里路云和月"的壮烈，想象着岳母刺字、风波亭遇害的精忠与悲壮，少年周恩来的心里久久不能平静……

直到嗣母去世前，周恩来几乎没有一天离开她。嗣母的教育，对幼年周恩来的性格形成和文化修养的影响是异常深刻的。40年后，他还深情地说："直到今天，我还得感谢母亲的启发。没有她的爱护，我不会走上好学的道路。"

在周恩来4岁生日那天，嗣母为自己的儿子买了一件生日礼物——一只小柳斗，寄望儿子将来的学问能用柳斗装。从此，这只小柳斗就伴随着周恩来，而今则被保存在他的故居内。

从5岁起，周恩来被送进私塾读书。那时进私塾，一要拜孔圣人，二要拜师。所谓一日为师，终身为父，叩头作揖是不可免的。这虽是封建礼法，却也说明了当时作为老师的至上地位。

开学那天，1903年3月5日，正是周恩来的5岁生日。这是有纪念意义的一天。周先生把他端详了半天，问道："学名起了吗？"

嗣母说："起了，叫恩来，恩德的恩，来去的来。"

周先生一听，点了点头说："恩来这名字好。既然这样，我就给他起个字吧。"他略为沉吟，说："我看就叫翔宇吧！这孩子长大一定能成大器，像只大鹏一样，飞翔在天地之间。"

从此，周恩来按旧式习惯，就有了三个名字，乳名大鸾，学名恩来，字翔宇。

那时的私塾，基本是从《三字经》讲起，再陆续学些四书五经、《千字文》之类，既学认字、写字，也做一番讲解。从盘古开天地，三皇五帝到如今，一切均来自先生之口，学生也是靠默诵记述而已。

周恩来6岁时，随生母万氏、嗣母陈氏到外婆家居住，并进万氏家塾读书。在这里，先生教的仍然是《三字经》《千字文》之类，周恩来由于基础较好，加之天资聪颖，对这些东西早已失去兴趣，只是每天能应付先生就可以了。更多的时候，他来到外公的书房，读那些古书。如《西游记》《三国志》《水浒传》《岳飞传》等，他在外公的书房里都看过。

但是生母也好，嗣母也好，她们对周恩来满腔关爱，却都没有看到周恩来学业有成的那一天。在周恩来9岁和10岁时，她们相继辞世。为了生计，父亲经常外出，作为家中最年长的孩子，周恩来不得不年少当家，照管家里的柴米油盐，外出应酬。长此以往，周恩来虽然在生活方面得到了锻炼，但艰难的生活，也必然影响到他的学业。

还好，住在他家附近的表舅龚荫荪家里办有家塾。这样，在承受着生活重担的同时，周恩来得以靠这层亲戚关系到表舅家的家塾里读书。他的这位表舅可是位新派人物，不但到过日本，思想上也是倾向维新，因此他家里除许多古籍外，还有一些宣传近代西方文明的新书和报刊，如《时务报》等。

经历了封建式私塾生活的周恩来接触到这些读物，特别是他第一次看到报纸，倍感新鲜。报上的天下大事，报上的外面世界，使周恩来深感天地无限，而自己的知识太少了。表舅有时还向他讲些鸦片战争、清朝腐败、孙中山同盟会反清的事情，使他的眼界更加开阔，思想上也有了变化，他不仅要做饱学之士，还要同爱国救国联系起来。也正因如此，周恩来后来曾对一位亲戚说："表舅是我政治上的启蒙老师，周先生是我文化上的启蒙老师。"

延安整风学习

从1942年起，中国共产党进行了一次大规模的延安整风运动。这一运动的特点之一，就是先通过学习，获得思想认识上的深化与提高。

延安整风运动的准备工作，从1938年党的六届六中全会以后就着手了。

长征到达陕北后的周恩来（历史图片）

1941年9月26日，中共中央书记处作出成立高级学习组的决定，毛泽东任组长，王稼祥任副组长，主要任务是研究马克思列宁主义理论和党的历史经验，以克服主观主义和形式主义等错误思想。同时决定成立各地高级学习组，组织高级干部学习。

根据中共中央的决定，在国民党统治区的南方局成立了有25人参加的高级学习组，开始整风学习，周恩来担任组长，董必武担任副组长。其他参加整风学习的人员，按政治水平和文化程度，分为中级和普通小组，按学风、党风、文风的顺序分三阶段进行学习。

根据国民党统治区的中共党组织处在斗争尖锐复杂的特殊环境这一特点，南方局要求贯彻中央"惩前毖后，治病救人"，既要弄清思想，又要团结同志的方针，采取团结—批评—团结的方法，进行正面教育，并将这一方针贯彻在南方局整风运动的全过程中。周恩来、董必武在每一个阶段都要做动员和总结，组织大家边学习、边讨论、边对照检查，使学习步步深入。中共中央经常将学习材料和有关历史文件陆续发送南方局。南方局的整风学习情况也定期向中共中央报告。这种学习，对党的干部来说是必要的。正如1942年6月13日毛泽东致周恩来的电报中所说："22个文件的学习在延安大见功效,大批青年干部(老干部亦然)及文化人如无此种学习,极复杂的思想不能统一。"

1943年春,周恩来在南方局干部学习会上作了《关于一九二四至二六年党对国民党的关系》的报告,系统地回顾了党在这个时期的历史经验教训。这年3月18日,他在整风学习中写出《我的修养要则》:

1939年,周恩来(后右)和中共南方局负责人博古(后中)、叶剑英(后左)、董必武(前左)、徐特立(前中)以及中共代表、国民参政员林伯渠(前右)在重庆红岩村合影(历史图片)

在重庆领导南方局工作时的周恩来(历史图片)

一、加紧学习,抓住中心,宁精勿杂,宁专勿多。二、努力工作,要有计划,有重点,有条理。三、习作合一,要注意时间、空间和条件,使之配合适当,要注意检讨和整理,要有发现和创造。四、要与自己的他人的一切不正确的思想意识作原则上坚决的斗争。五、适当的发扬自己的长处,具体的纠正自己的短处。六、永远不与群众隔离,向群众学习,并帮助他们。过集体生活,注意调研,遵守纪律。七、健全自己身体,保持合理的规律生活,这是自我修养的物质基础。

在整风学习中,《新华日报》广泛征求读者意见后,于1942年9月18日正式改版,并推出了《团结》副刊,周恩来亲笔起草了专刊的发刊词——《"团结"的旨趣》。

"曾子曰,吾日三省吾身:为人谋而不忠乎,与朋友交而不信乎,传不习乎?"这篇文章一开头,就引用了这段《论语》,周恩来随即对其作了现实的解释:"拿现代的语义讲,忠于人,就是忠于团体,忠于阶级,忠于民族,忠于国家,直到忠于人类。信于友,就是信于同类,信于同志。传习,就是勤于所学,勤于研究。一个人的反省功夫,能时时这样,而且做错了就改,不足的就加,那这个人的修养一定成功。"而《新华日报》实行改革,创办《团结》副刊,正是为了"做我们自己的反省功夫"。

周恩来接着写道:"我们自信是忠于民族国家,信于朋友同志,且愿勤于所学的,但我们愿认真地检讨自己,我们尤愿接受大众的批评;我们愿及时发现自己的错误,我们尤愿诚恳纠正这些错误;我们愿揭露错误的原因,讨论改正错误的方法,我们尤愿将这些原因和方法提供朋友们读者们做参考做借鉴。"

周恩来表明了真诚的自我反省的心愿,但客观地说,处在那种险恶的环境下,情况瞬息万变,工作紧张繁忙,加之资料相对缺乏,周恩来确实难以集

周恩来在重庆红岩村(历史图片)

中时间，系统地整理自己的认识。

1943年7月，周恩来回到延安后，这种系统的学习与认识整理才有了可能。

这年8月到11月，周恩来参加高级干部的学习。为了在马克思列宁主义的基础上总结历史经验教训，分清路线是非，特别是对第二次国内革命战争时期和抗日战争初期的经验教训进行总结，他在学习文件、参加中央会议的同时，阅读了大量历史资料，写出5万多字笔记，对过去的历史进行了再认识。

9月16日至20日，周恩来就1928年至1930年间共产国际对中国共产党的指示，进行系统的分析和研究。他认为，这个阶段中国革命正处于困难时期，"在形势上，工运似还没有到革命新高涨，而只是有一些新高涨的征候；农村却有了新发展、新高涨，然而也是不平衡的"。面对这样的现实，共产国际却一直坚持反对所谓右的错误，提出准备总罢工和暴动的口号。东方部起草各信，不从中国实际出发，而从国际趋势出发，致一切指示都偏左，给了立三路线及以后的错误以基础。这就找出了中国共产党这个时期工作中产生错误路线的国际原因。

9月21日至27日，周恩来对王明《为中共更加布尔什维克化而斗争》的小册子进行系统的分析和批判，写出题为《关于新立三路线的研究》的长篇笔记。他指出，在国际形势上，王明是急于要证明中国能首先胜利；在中国革命基本问题上，王明是急于要转变；在时局估计与任务上，王明是强调高潮，急于夺取一省数省首先胜利；在党的任务上，王明是急于实现全国的进攻路线。

经过3个月的学习，周恩来对自己参加革命20多年来的斗争历程进行了严肃认真的检查，总结了正反两方面的经验教训，写下两万多字的笔记。从11月15日起，他在整风学习会上做了5天的报告，从他自欧洲回国讲起，着重谈了六届三中全会以后到这次整风运动前的情况。在回顾中，他说:"经过大革命和白色恐怖的锻炼,坚定了我对革命的信心和决心。我做工作没有灰心过,在敌人公开压迫下没有胆怯过。""同时,我的本质还忠厚,诚实,耐心和热情。"对自己在斗争中的失误和不足之处,他也作了认真的检查,表示在今后"必须从专而精入手。宁可做一件事,不要包揽许多。宁可做完一件事,再做其他,不要浅尝辄止。宁有所舍,才能有所取。宁务其大,不务其小。这样,做出一点成绩,才能从头到尾,懂得实际,取得经验"。

1943年7月,周恩来回到延安参加整风运动和筹备召开中国共产党第七次全国代表大会。这是1944年在延安时的周恩来(历史图片)

延安整风运动的开展和学习,对周恩来的思想有着深刻的影响。他说:"做了廿年以上的工作,就根本没有这样反省过。"他表示,经过这几年的实践,对毛泽东的领导确实心悦诚服。

"这次学习是需要的"

中华人民共和国成立后,作为全国政务尤其是经济建设的"总管家",周恩来很少有时间坐下来集中精力读书,尽管他深知并强调要"活到老,学到老，改造到老"，但"日理万机"的客观现实使他无法抽身，也不可能静下心来长时间去读书。

"大跃进"的狂热与人民公社化运动的浪潮所造成的经济困难局面，迫使包括周恩来在内的党和国家的各级领导人不能不重新思考中国社会主义经济建设问题，并希望从有关的理论著作中寻找出思维转换的切入点。

晨曦初照，周恩来在工作（历史图片）

热衷于"大跃进"和人民公社化的毛泽东首先发出了读书的倡议。1958年11月9日，他给中央、省市自治区、地、县四级党委委员写了这样一封信：

同志们：

此信送给中央、省市自治区、地、县这四级党的委员会的委员同志们。

不为别的，单为一件事：向同志们建议读两本书。一本，斯大林著《苏联社会主义经济问题》；一本，《马恩列斯论共产主义社会》。每人每本用心读三遍，随读随想，加以分析，哪些是正确的（我以为这是主要的）；哪些说得不正确，或者不大正确，或者模糊影响，作者对于所要说的问题，在某些点上，自己并不甚清楚。读时，三、五个人为一组，逐章逐节加以讨论，有两至三个月，也就可能读通了。要联系中国社会主义经济革命和经济建设去读这两本书，使自己获得一个清醒的头脑，以利指导我们伟大的经济工作。现在很多人有一大堆混乱思想，读这两本书就有可能给以澄清。有些号称马克思主义经济学家的同志,在最近几个月内,就是如此。他们在读马克思主义政治经济学的时候是马克思主义者,一临到目前经济实践中某些具体问题,他们的马克思主义就打了折扣了。现在需要读书和辩论,以期对一切同志有益。

  为此目的,我建议你们读这两本书。将来有时间,可以再读一本,就是苏联同志们编的那本《政治经济学教科书》。乡级同志如有兴趣,也可以读。大跃进和人民公社时期,读这类书最有兴趣,同志们觉得如何呢?

  毛泽东1958年11月9日在郑州写的信中已说得很明白,读书的目的,就是要通过"三五个人为一组,逐章逐节加以讨论"的方式,澄清"一大堆

1955年6月,周恩来出席中国科学院四个学部成立大会,会议休息时,同学者在一起交谈。前排左起:周恩来、翦伯赞、范文澜、周扬(历史图片)

混乱思想",以解决"经济实践中某些具体问题","使自己获得一个清醒的头脑,以利指导我们伟大的经济工作"。有着反冒进经历的周恩来,领导国务院工作,自然对"大跃进"所带来的负面影响有着极为深刻的体会,早就急切地希望全党冷静下来,认真研究社会主义建设中的理论问题。因而,从其内心而言,周恩来确实是如毛泽东所认为的——"大跃进和人民公社时期,读这类书最有兴趣",并表示了与邓颖超相互交流的愿望。他在11月17日写给邓颖超的信中说:"连日下午中央在开会讨论郑州会议的文件,现在还没结束,内中关于两个过渡两个阶段,都有所探讨,望你加以注意研究,以便见面时与你一谈。"

11月下旬,中共中央宣传部在其内部刊物上登载了中国科学院经济研究所整理的有关苏联《政治经济学教科书》(第三版)的重要修改和补充材料,并于1959年1月正式出版发行此书。

周恩来对这本书的认真研读就从这时开始了。

1959年7月庐山会议上,毛泽东再次倡议读书:有鉴于去年许多领导同志,县、社干部,对于社会主义经济问题还不大了解,不懂得经济发展规律,有鉴于现在工作中还有事务主义,所以应当好好读书……中央、省市、地委一级委员,包括县委书记,要读苏联《政治经济学教科书》(第三版)。时间三至五六个月,或一年。

毛泽东还说:现在有些人是热锅上的蚂蚁,要让他们冷一下。去年有一年的实践,再读书更好。学习苏联经验,读苏联《政治经济学教科书》是比较好的办法。这本书缺点有,但比较完整……他们的缺点我们不要去学,但在去年,把苏联一些好的经验也丢了。

在毛泽东原来为这次会议拟定讨论的18个问题中,"读书"亦位列第一:

一、读书。高级干部读《政治经济学教科书》第三版下册。读者范围,由中央委员到县委书记,都要读。县级主要干部,首先是第一书记，另读三本书："好人好事"一本、"坏人坏事"一本、中央的政策和工作方法的文件一本。三本书不要超过十万字，七天能够读完，然后讨论三个星期，共学一个月。

众所周知，这次庐山会议并不是因讨论读书而气氛热烈，而是以批判彭德怀而影响历史。不过，有幸的是，在批判"右倾"机会主义和又一轮"大跃进"的迷雾中，读书之事并没有随之烟消云散。

在这一问题上，素有党内理论家之称的刘少奇开了一个重要的好头。1959年11月初，刘少奇与广东省委负责人及经济学家组成了一个学习苏联《政治经济学教科书》读书小组，进行了有名的"海南岛读书"。刘少奇的读书经验，得到毛泽东的肯定：

中央各部门的党组，各省、市、自治区党委，应组织起来读《政治经济学教科书》，先读下半部（社会主义部分）。现在一月差不多还有半个月，还有二月、三月、四月，以第一书记挂帅，组织个读书小组，把它读一遍；至于上半部（资本主义部分），也要定个期限。今年主要精力恐怕是读经济学。国庆节以前，把苏联《经济政治学教科书》读完。读的方法是用批判的方法，不是用教条主义的方法。这么一个建议，如果可行，就这么做。

毛泽东的这个建议当然可行，周恩来随即行动起来。1960年2月，他来到广东从化，召集李富春、李雪峰、陶铸、宋任穷、吴芝圃、许涤新、薛暮桥、王鹤寿、吕正操、陈正人等国务院、书记处、部分部委和中南局的有关领导，正式组成了《政治经济学教科书》读书小组。其中，许涤新、薛暮桥两位已是著名的经济学家。同时，采取"批判"的态度和方法，更使这种学习小组充满了学术研究的味道。

读书的方式是同刘少奇的经验一样的，即每个人把《政治经济学教科书》的社会主义部分近27万字的内容研读一遍，同时还要参加组里的研讨会，互相交流。

周恩来读书小组读了20天，他的读书

周恩来在列车上看文件（历史图片）

成果，可以说体现在他在研讨会上的三次系统发言中。

第一次（2月23日）着重讲了"过渡"问题，阐述我国过渡时期的五条基本方针；第二次（2月25日）主要阐述上层建筑尤其是思想意识与经济基础的关系及其前者的先导作用；第三次（3月2日）主要讲学习《政治经济学教科书》的方法，并对整个学习作了总结。

2月23日，周恩来在读书小组作第一次系统发言，主要阐述"过渡"问题。所谓"过渡"，实际上是以社会主义制度代替资本主义制度的过渡期。

在苏联的这本《政治经济学教科书》中，对于"过渡"问题是这样说的："社会主义经济不可能在资产阶级社会的范围内，在资本占统治地位的情况下产生，因此，为了用社会主义制度代替资本主义制度，在每一个国家中都需要有一个特殊的过渡时期，这个过渡时期开始于无产阶级政权的建立，完成于社会主义革命任务的实现——建成社会主义即建成共产主义社会的第一阶段。在资本主义社会和共产主义社会之间有一个从前者变为后者的革命转变时期。与这个时期相适应的是一个政治上的过渡时期，这个时期的国家不能是别的任何东西，只能是无产阶级的革命专政。"

周恩来的认识，从过渡时期的长期性展开。他认为：我国10年的历史证明，这个过渡要贯穿从资本主义到共产主义的整个时期，是一个比较长的过渡时期。为了实现这一过渡，必须完成两大任务：第一，"把革命进行到底"；第二，"生产力不断提高"。为此，我们就要坚持五条方针："社会主义时期总路线"、"两条腿走路"、"五大革命"（生产关系的变革，包括经济方面的三大改造，政治思想方面的百花齐放、百家争鸣，以及科学技术、文化教育和所有制方面的革命）、"四个现代化"、"逐步消灭三大差别"。

在这些认识中，不可能没有时代与历史的局限，在今天看来有不太妥当的地方，但在当时，通过读书所引发的这些思考，还是有思想深度的。

2月25日下午，周恩来作了第二次系统发言，重点讲了如何理解、学习毛泽东思想以及思想认识的变革问题。他说："思想意识的革命常常是居先的，只有思想先变革了，才能变革所有制。""思想认识又常常是落后于客观现实的。先驱者的作用，就是在事物还处在萌芽状态，甚至还在胚胎之中就能认识它，并推动人们去认识它，实现它。马克思、列宁的作用就在于此。所以，我们要认识思想意识的领先和落后两个侧面。有时思想就是认识了，但事物在不断发展，一时认识了，一时又不认识，这个问题认识了，那个问题又落后了……因此，要不断认识、不断实践。我们几十年来的经验极其丰富。苏联的经验也丰富，只是后来它没有总结。正因为这样，每个人的思想革新要居先。"

对于毛泽东思想，周恩来认为："如果说，马克思主义是产生在资本主义时代；列宁主义是产生在帝国主义时代；毛泽东思想就是产生在社会主义和帝国主义两大体系决战的时代，毛泽东思想要贯穿下去，一直到共产主义建成。""我们在学习毛泽东思想的时候，要把毛主席的著作前后贯穿起来看。至于整理毛泽东思想，要靠秀才，更重要的是要靠少奇、小平同志这样的党的领导人来总结。"

3月2日，周恩来在读书小组结束会上作了最后一次系统的发言，提出不能照抄照搬苏联的经验。他从斯大林的某些问题讲起：中苏两国情况不同，经验不能照抄。斯大林对中国革命有有利于中国革命的意见，也有不利于中国革命的意见。斯大林有他成功的一面，就是在一国建成社会主义，但弄得农业长期不能发展。斯大林第二个问题是肃清党内派别的问题，分了很多阶段，才战胜了反对派，统一了党的组织。但他将人民内部矛盾当作敌我矛盾处理，于是肃反扩大化了。斯大林第三个问题是领导卫国战争胜利的问题，斯大林有失去警惕性忽略防御的一面，但是敌人深入了，他还是坚决抵抗。斯大林三大成绩之下，都有他的片面性。一国胜利以后没有将革命继续下去；党内斗争极端化了；战争胜利后骄傲了，发展了大国主义……

周恩来指出，这次20天的学习不是结束而是开始。他说：

> 这次学了20天，仅仅是学习的开始。精读一下，20天是不够的，参考资料那么多；如果要把各个问题研究一下，不是两个月，时间要更长。学习是长期的问题。要分析这本书：哪些是对的，哪些是错的，好的加以肯定、发展，错的加以否定、批判；批判要有武器，就是要以马列主义、毛泽东思想作武器来批判，这样才完全……在我们的学习中，掌握和运用这个武器，本身也就是学习。运用这个武器，要有个实践过程，需要有个时间，不能说我们就马上会用了，顺手拈来就行了，不要看得太容易，还要有个长期的过程，要看作是个不断学习、实践、发展的过程。这次学习是需要的，通过这次学习，基本上是提高了一步，还要继续学习下去。

3月6日，周恩来回到北京。4月份，在他出国访问时，经李富春、薛暮桥等人商议，周恩来在读书小组的发言记录，以"从化读书会学习笔记"形式，印发国家计委、经委、建委等部委的读书小组和党组，作为学习材料。

| 第三章 |

家庭生活：
总理和至亲们的感情纠葛

◎对这样频繁的分离，究竟要承担怎样的精神痛苦，邓颖超曾这样坦率地说过："这次分别后，不知何日相会……无论是同志间，夫妇间，每次的生离，实意味着死别呀。"

◎周恩来与邓颖超被人们赞誉为"模范夫妻"，他们精心总结的夫妇生活中的"八互"（互敬、互爱、互信、互勉、互助、互让、互谅、互慰）精神，也成为所有夫妻间恩爱和睦的准则。

"我们是经过无意的发展,两地相互通信的了解,到有意的、经过考验的结婚,又经过几十年的战斗,结成这样一种战友的、伴侣的、相爱始终的、共同生活的夫妇。把我们的相爱溶化在人民中间,溶化在同志之间,溶化在朋友之间,溶化在青年儿童一代。"

在正确认识恋爱、婚姻、家庭等问题上,周恩来堪称楷模。他与邓颖超被人们赞誉为"模范夫妻",他们精心总结的夫妇生活中的"八互"(互敬、互爱、互信、互勉、互助、互让、互谅、互慰)精神,也成为所有夫妻间恩爱和睦的准则。

邓颖超:革命的终身伴侣

1956年,周恩来以自己的婚姻为例,同侄女周秉德谈了家庭伦理问题,语重心长地教育侄女要正确地对待恋爱和婚姻问题:"你们的终身大事应该由你们自己选择,自己决定。人们为了反对包办婚姻,要求婚姻自由、恋爱自由,奋斗了几十年。在解放后的新中国,你们得到了这种权利,你们是幸福的。但也可以听听旁人的意见。"接着,他就讲了自己同邓颖超定情的经过:"当我决定献身革命的时候,我就考虑,作为一个革命者的终身伴侣,必须也能一辈子从事革命,应该选择一个能够受得住革命的艰难险阻和惊涛骇浪的人作为伴侣,共同战斗。这样我就选择了你们的七妈(即邓颖超)。接着,就和她通起信来了。我和你们七妈在共同的斗争和长期的通信中,相互了解的基础是坚实的,是共同的革命理想和不畏艰险的奋斗精神把我们紧紧地连接在一起的。"

第三章
家庭生活：总理和至亲们的感情纠葛

周恩来和邓颖超是在1919年反帝反封建的五四运动中相识的。邓颖超原名邓文淑，祖籍河南光山，1904年2月4日出生于广西南宁。她幼年就失去了父亲，靠母亲杨振德行医和当家庭教师的收入来维持清贫的生活。在北洋直隶第一女子师范学校读书的邓颖超，是"女界爱国同志会"的讲演队长。这支学生讲演队是天津爱

周恩来和邓颖超结婚25周年纪念照（徐肖冰 摄）

国斗争中十分活跃、影响突出的一支宣传队伍。刚从日本留学归国的周恩来是《天津学生联合会报》的主编。报纸在周恩来主持下，立场鲜明，抨击时弊，揭露反动政府的卖国阴谋，宣传反帝爱国思想，在京、津、保等地声名鹊起，日销量最多时达2万余份。这在当时是一个不小的数字……

随着爱国运动的不断深入，为了加强斗争的力量，周恩来、邓颖超、马骏、谌志笃、郭隆真、刘清扬等20名男女青年，成立了天津学生爱国运动的核心组织——"觉悟社"，并出版了不定期刊物——《觉悟》。由周恩来执笔的《觉悟的宣言》举起了"革心"（对主观世界的改造）和"革新"（对客观世界的改造）两面旗帜：什么是"革心"？就是要从改造学生自身的思想着手；什么是"革新"？就是要改造社会。这两面旗帜，表达了中国进步青年在十月革命启发下，彻底反帝、反封建的革命要求，也体现了"五四"时期革

命青年"努力向'觉悟'道上走"的进取精神。

在这场爱国学生运动中,周恩来与邓颖超都是冲锋在前的勇士。在觉悟社内,他们又是志趣相投的战友。照常情,青年男女,特别是志趣相投的青年男女,在相互交往中产生爱慕是自然之理。但那时,周恩来与邓颖超这两颗充满激情的心,只在忙着救国,忙着斗争,丝毫没有心思去顾及个人感情。正如多年以后,邓颖超深情回忆往事时所说:

> 你和我原不相识,姓名不知。1919年,在我国掀起了"五四"爱国运动,反帝、反封建、反卖国贼,要救亡图存。这是以学生为中心的包括工农商的举国上下的最广泛的一次伟大爱国运动,反对签订《凡尔赛和约》。就在这次运动高潮中,我们相见,彼此都有印象,是很淡淡的。在运动中,我们这批比较进步的学生,组织了"觉悟社"。这时候,我们接触得比较多一点。但是,我们那时都要做带头人。我们"觉悟社"相约,在整个运动时期,不谈恋爱,更谈不到结婚了。那个时候,我听说你主张独身主义,我还有个天真的想法,觉得我们这批朋友能帮助你实现你的愿望。我是站在这样一种立场上对待你的。而我那时对婚姻抱着一种悲观厌恶的想法:在那个年代,一个妇女结了婚,一生就完了。所以在我上学的时候,路上遇到结婚的花轿,觉得这个妇女完了,当时就没有考虑结婚的问题。这样,我们彼此之间,都是非常自然的,没有任何别的目的,只是为着我们共同的斗争,发扬爱国主义,追求新思潮,追求进步。就是这样的,没有任何个人的意思,没有任何个人目的的交往,发展起来。我们建立起来的友情,是非常纯正的。

1920年11月7日,来自天津的周恩来、郭隆真、李福景等学生,启程到巴黎公社的故乡去进一步探求救国救民的真理。留在国内的邓颖超和觉悟

第三章
家庭生活：总理和至亲们的感情纠葛

社的其他社友，则开始走向社会。邓颖超到北京高等师范学校附属小学当了教员。

周恩来到欧洲初期，曾经有过一个走得很近的朋友，那是个美丽的姑娘，对革命也很同情。那时的周恩来，就像他自称的：思想"本未大定"。然而他对自己的表兄陈式周倾吐了"吾持之甚坚"的关于爱情与家庭的想法："家庭一事，在今日最资学者讨论，意见百出，终无能执一说以绳天下者。诚以此种问题，非仅关系各个民族之伦理观念……唯分而论之，则爱情为一事，家庭又为一事。中国旧式家庭之不合时宜，不待论矣；即过渡时代暨理想中之欧美现今家庭，又何尝有甚坚固之理论与现象资为模仿邪？……吾虽主无家庭之说，但非薄爱情者，爱情与家庭不能并论之见，吾持之甚坚。"可见，在尚未确立信念之前，周恩来是把爱情和家庭分开的。但有一点他是确定的，家庭必须以爱情为基础，正因为思想本未大定，所以他着意探究解决这类问题的正确途径。"弟于此道常深思，有暇甚愿与兄有所深论，兹特其发端耳。"不久，他确定了共产主义的思想信念，随之爱情、家庭问题的眉目也明晰了。他断然远离了那位"美丽的姑娘"，选择了邓颖超。

他们虽然相隔千山万水，但是从未间断彼此的联系。凭着鸿雁传书，他们交换着情况，交流着思想。邓颖超这样回忆道："曾记否？遥想当年，我们之间经过鸿雁传书，我们之间的鸿雁飞过欧亚大陆，越过了海洋，从名城巴黎，到渤海之滨的天津。感谢绿衣使者把书信送到我们的手里。有一次，我突然接到你寄给我的印有李卜克内西和卢森堡像的明信片，你在明信片上写了'希望我们两个人，将来也像他们两个人那样，一同上断头台'这样英勇的革命的誓言。那时我们都加入了无产阶级先锋队的行列。宣誓的时候，我们都下定决心，愿为革命而死，洒热血、抛头颅，在所不惜。我们之间的书信，可以说是情书，也可以说不是情书，我们信里谈的是革命，是相互的共勉。我们的爱情总是和革命交织在一起，因此，我们革命几十年，出生入死，艰险困苦，患难与共，悲喜分担，有时战斗在一起，有时分散两地，无

法国政府在周恩来旅欧期间居住过的地方——巴黎戈德弗鲁瓦街17号——设立的纪念牌（历史图片）

畏无私。"邓颖超将他们在国内组织"女权运动同盟"直隶支部，成立"女星社"、出版《女星》旬刊、创办《妇女日报》等战斗消息，不断写信告诉国外的社友；周恩来从法国寄来的"旅欧中国少年党"的油印刊物《少年》《赤旗》也使邓颖超等国内社友耳目一新。特别是周恩来撰写的那些学习马克思主义著作的心得，对工人运动中各种错误思想的批判，以及对国内政治经济等问题的分析文章，常使国内社友读后有茅塞顿开之感。

与此同时，国内社友还收到了由周恩来、郭隆真等编辑出版的油印刊物《觉邮》（即"觉悟社的邮箱"之意）。《觉邮》专登觉悟社社友彼此来往讨论问题的信件。受国外《觉邮》的启发，邓颖超等也在天津《新民意报》的副刊上，出版了不定期的《觉邮》专刊。在国内《觉邮》专刊第一期上便刊登着1923年1月周恩来给逸豪（即邓颖超）的信，谈的是德法问题与革命。

"周副主席，延安的同志们都说您和小超大姐是模范夫妻，你们是怎样恋爱的？"散步到杨家岭后沟的周恩来、陈毅、李富春被一群女孩子包围了。

周恩来饶有风趣地答道："我在法国勤工俭学的时候，好多同志都配上对了。我啊，就扳了指头算，算啊算，算到了你们的小超大姐。"

邓颖超则回忆道："你的侄辈让你讲你我的恋爱故事，你曾说，就是看到我能坚持革命。我也看到你这一点。所以，我们之间谁也没有计较谁的相貌，计较性格有什么差异，为共产主义的理想奋斗，这是最可靠的长期的相爱的基石和保证。我与你是萍水相逢，不是一见倾心，更不是恋爱至上。"

是的，觉悟社社友之间的通信，讨论的都是革命与斗争。但在信件之外，国内社友们还常会收到寄自法国的画片或贺年片，其中许多是周恩来寄来的。虽然许多社友都曾收到过周恩来寄来的信与画片，但唯独邓颖超收到得最多、最频繁。据廖似光大姐说："那是些漂亮的画片。邓大姐有一个相本哩！"1983年，邓颖超参观周恩来同志青年时代在津革命活动纪念馆，见到周恩来从法国寄给南开学校同学的明信片时也说，这样的明信片，她有100多张。邓颖超回忆说：

> 我不曾想到，在我们分别后，在欧亚两个大陆上，在通信之间，我们增进了了解，增进了感情，特别是我们都建立了共同的革命理想，要为共产主义奋斗。三年过去，虽然你寄给我的信比过去来的（得）勤了，信里的语意，我满没有在心，一直到你在来信中，把你对我的要求明确地提出来，从友谊发展到相爱，这时我在意了，考虑了。经过考虑，于是我们就定约了。

觉悟社的社友在一次通信中曾高兴地写道："我们大部分社友都站到马克思主义的旗帜下面了。"确实，他们在共同追求、探索真理的过程中逐渐成长了。而在周恩来与邓颖超之间，更由于为共产主义理想奋斗的共同信仰与决心，他们那种亲密的感情也逐渐发展了。他们就是在这种纯真的、志同道合的通信中定情的。

但是，我们定约后的通信，还是以革命的活动、彼此的学习、革命的道理、今后的事业为主要内容，找不出我爱你、你爱我的字眼。你加入了党，我加入了共产主义青年团，我们遵守党的秘密，互相没有通报。我们的思想受了国际、国内新思潮的影响，我们彼此走上了共同的道路，这使我们的感情不只是个人的相爱，而是上升到为革命、为理想共同奋斗，这是我们能够相爱的最可靠的基础；而且，我们一直是坚持把革命的利益、国家的利益、党的利益放在第一位，而把个人的事情、个人的利益放在第二位。

1925年8月8日，周恩来和邓颖超在广州结婚。这是1926年他任广东东江各属行政委员时和邓颖超在汕头的合影（历史图片）

1924年7月，周恩来从巴黎动身回国。他于9月到达广州，先后担任中共广东区委员会委员长和广东区委会常委兼军事部部长，同时还担任着黄埔军校的政治部主任。东征后，他又担任东征军总政治部主任兼国民革命军第一军政治部主任、副党代表。他的工作十分繁忙。

周恩来回国时，邓颖超仍在天津工作。她是天津最早的共青团员之一，1925年年初转为中国共产党党员，任中共天津地委妇女部部长。

周恩来与邓颖超虽在书信往来中已经定情,但周恩来归国后将近一年,却不曾有机会同邓颖超见上一面。据邓颖超自述,他们这一时期的恋爱史,还曾有过这样一段插曲:"1925年1月,高君宇同志在上海参加我们党的第四次全国代表大会之后,返回北京的途中,他特地在天津下车,到我任教的学校里看望我,因为,他受周恩来同志的委托来看我并带一封信给我,这样我们有缘相见,一见如故,交谈甚洽。高君宇同志和周恩来同志是在党的第四次全国代表大会期间相识的,两人欢谈甚深,彼此互通了各人的恋爱情报,于是高君宇同志做了我和周恩来同志之间热诚的'红娘',而恩来同志又做了我得见君宇同志的介绍人。"

这一段小小的插曲,对于他们的结合或许起着重要的作用。邓颖超有点不好意思地对高君宇说:"谢谢你做了我们的媒人。"言下之意是她同意了婚事。

这年7月,邓颖超奉命调往广州工作,由于南下途中在上海耽搁了一些日子,8月上旬才到广州。

当时,广东区委正全力领导省港大罢工,周恩来工作更为紧张。邓颖超乘船到达广州的这一天,周恩来竟无论如何抽不出时间去接她,只得委托秘书陈赓作代表,拿了一张邓颖超的相片,去码头接人。在熙熙攘攘的码头上,凭着照片认人谈何容易?即使像陈赓这样的机灵人,看花了眼也没有找见邓颖超,只得回去向周恩来致歉。

邓颖超当然不知道周恩来的这个临时计划。当她踏上码头,在人群中左顾右盼没有看到想念已久的周恩来时,只得照着通信地址径直找到住处去了。就这样,找上门来的邓颖超成了周恩来的新娘。在广州一间极其简朴的小房子里,他们结成了一对同心同德、患难与共、并肩战斗的革命伴侣。

我们是经过这三年时间,有选择地确定了我们的相爱关系。又经历了三年的考验,一直等到党中央调你回国,才在我们两地党的组织的同意下,我从天津到广州,于1925年的8月结婚了。当时我们要求民主,要求革新,要求革命,对旧社会一切的封建束缚、一切旧风习,都要彻底消除,我们那时没有可以登记的地方,也不需要什么证婚人、介绍人,更没有讲排场、讲阔气,我们就很简单地,没有举行什么仪式,住在一起。在革命之花开放的时候,我们的爱情之花并开了。

1970年,邓颖超把一张这年5月周恩来与她在西花厅院子里海棠花开时节的合影照片,赠送给她的挚友、北京医院副院长韩宗琦。照片背面是邓颖超亲笔写下的三个特殊年份:1919年、1925年、1970年。这1925年的含义,正是她与周恩来在广州结婚的年份。

有一次,周恩来在给侄女周秉德讲自己的爱情故事,当他讲到如何选择了"你们的七妈"时,在一旁凝神谛听的邓颖超不禁两手一摊笑着插嘴说:"怪不得那会儿突然连连接到你的信呢!"

随即,邓颖超郑

周恩来与邓颖超的合影(历史图片)

重地补充说:"婚姻、恋爱应该由自己决定,但是不要一见倾心,就决定终身。一致的思想,共同的信仰,性情的融洽,个性的契合,都要经过一定时间的、全面的了解,然后再确定关系。这样才能结成美满姻缘。"

"我们的爱情总是和革命交织在一起"

周恩来与邓颖超这对革命伴侣,在白色恐怖的地下斗争年代和战争年代,可以说是聚少离多,屡经颠危。

在他们结合一年之后,即1926年冬,周恩来便去了上海。1927年3月21日,他同罗亦农、赵世炎、汪寿华一起,领导了震惊中外的上海工人第三次武装起义。

周恩来当初接到中共中央要他前往上海的调令时,邓颖超已有了几个月的身孕,留在广州。因为秘密工作的关系,这以后他们之间连音讯都不通。"四一二"反革命政变后,广东的国民党右派也在4月15日对革命者进行了血腥的屠杀。邓颖超在"四一五"大屠杀时因难产住在医院里。当她得知外边局势的变化,正不知如何应付的时候,共产党员陈铁军在自己刚逃出虎口的

领导上海工人第三次武装起义的周恩来(历史图片)

危急情况下，受党组织委派，毫不考虑个人安危，同沈卓清一起赶到医院，告诉了邓颖超这个紧急情况以及党组织要她立即离开广州的决定，又幸亏得到好心的医生王德馨和护士韩日修的仗义帮助，邓颖超和她妈妈才于5月1日辗转到了上海。

到上海后，邓颖超即按周恩来所嘱用化名登报找他。那时，伍豪这个名字，国民党还不大清楚，就由邓颖超的母亲杨振德署名，登报找寻伍豪。周恩来看到后，立即派人去把她们接走。邓颖超先在一个医院内躲了两个星期，以后找了所房子，与周恩来在那里一起住了几天。不久，周恩来便根据党的决定在5月下旬去了武汉。虽然6月间邓颖超也奉命调往武汉工作，他们又得以短暂聚首，但7月下旬周恩来又根据党中央的决定去领导、指挥南昌起义了。周恩来只是在要离开武汉之时，才简单地告诉邓颖超他将去九江，其他什么都没有讲。邓颖超也什么都没有问。他们自觉地严格遵守党的保密纪律，即便在生离死别之际也是如此。在革命战争的岁月里，别离对周恩来与邓颖超来说像是家常小事。

在上海的地下斗争中，周恩来和邓颖超不断地换住处，"我们在一个地方居住的时间从未超过一个月"。而"早上从不知道我们晚上能不能再见"也就丝毫不奇怪了。即便后来他们到了苏区，因为周恩来经常战斗在前线，别离对他们夫妻来说仍是家常便饭一般。在长征途中，他们也分别编在各自的队伍里。部队到达黎平时，由于邓颖超肺病发作，大量呕血，他们才得以短暂地相聚。之后，直到过草地前周恩来患阿米巴肝脓肿，发高烧，昏迷不醒时，才把邓颖超接来，守护在他身旁。在行军中，有一天行进到半途，忽然天降大雨，邓颖超为了赶上周恩来，一下陷入沼泽，她不敢再动，等了很久，后面来了人，才把她慢慢地拉出来。

即便在中华人民共和国成立之后，他们也常常不能团聚。特别是周恩来为了共产主义事业，为了世界和平事业而几经艰险。1955年，在美蒋特务制造了"克什米尔公主号"飞机爆炸事件之后，周恩来毅然决然地出席了万隆

第三章
家庭生活：总理和至亲们的感情纠葛

1955年4月11日，台湾国民党特务阴谋暗害出席万隆会议的周恩来总理，制造了"克什米尔公主号"飞机爆炸事件。这是周恩来在纪念牺牲烈士遇难一周年大会和烈士遗骨安葬仪式上（历史图片）

会议。1957年，匈牙利事件时，周恩来访问了匈牙利……这些行程都有着极大的危险。但是，周恩来为了革命事业从不顾及个人的安危，邓颖超则是他革命工作的积极的支持者。

对这样频繁的分离，究竟要承受怎样的精神痛苦，邓颖超曾这样坦率地说过："这次分别后，不知何日相会？在白色恐怖的岁月里，无论是同志间，夫妇间，每次的生离，实意味着死别呀！"但共产党人是由特殊材料铸成的，他们能正确对待这种动荡无常的家庭生活。正是为了广大人民群众能安居乐业，过和平幸福的家庭生活，他们才自觉地舍生忘死。正如她在"克什米尔公主号"事件发生前给周恩来的信中所言："请你放心，我不会因为这些致引起我的悬念不安。虽然偶一念及，亦难禁忐忑，但一想到人民的利益，想到我们正从事着前人从未做过的光辉伟大的事业，则就忘我而处之泰然了。何况还有30多年的经历和考验哩！"

战争环境、工作需要，经常使周恩来与邓颖超分离，但他们无论何时都心心相印。他们的相互关怀、相互思念，在经常分处两地的情况下，显得格外动人。正如邓颖超1964年端午节书赠周恩来的条幅所言：

夫妻庆幸能到老，无限深情在险中。

相偕相伴机缘少，革命情义万年长。

八一南昌起义失败后，在撤退途中周恩来患病发高烧到40摄氏度。他因抱病安排善后，劳累过度，已经神志昏迷，由聂荣臻、杨石魂（当时的汕头市委书记）护送转移。他第一次从昏迷中醒来时，便问在身边做护理工作的一位女同志："邓颖超有没有消息？"这位同志答道："已到上海了。"他又问："你怎么知道的？"这位同志告诉他消息确实，他听后十分高兴。后来，他得知这位女同志的男朋友是个地下党员，远在湖南，便对她说："只要你们相爱，总会找到的。"这话既是对那位同志的慰藉，也表达了他自己执着的信念。

1947年3月，国民党把对解放区的全面进攻改变为向陕北、山东两翼的重点进攻，中共中央主动撤出延安。毛泽东、周恩来、任弼时留在陕北指挥西北和全国的解放战争。转战陕北战场的周恩来，在戎马倥偬之中，于中秋之夜（9月29日）抽空给邓颖超写了一封信，表达思念之情。这封信托人辗转送到邓颖超手中时，她正在晋察冀边区搞土地改革，和秘书楚平住在一个老乡家里。楚平开玩笑说："大姐的情书来啦！"邓颖超愉快地阅信后，诙谐地说："什么情书，是形势报告。不信你看！"

南昌起义时周恩来办公室旧址（历史图片）

第三章 家庭生活：总理和至亲们的感情纠葛

她大大方方地把信交给楚平。"今天是八月中秋，日近黄昏，月已东升，坐在一排窑洞中的我，正好修写家书寄远人……对月怀人，不知漳沱河畔有无月色可览，有无人在感想？……"楚平指着"八月中秋""对月怀人"等处说："这不是情书吗？落款处还特地写明了是旧历中秋写的哩！"

他们夫妻之间表达思念的方式，有时十分独特。1954年，为和平解决朝鲜问题和恢复印度支那和平问题，周恩来率领中国代表团出席了在瑞士举行的日内瓦会议。这时，国内家中的庭院里，娇艳的海棠花正在盛开。海棠，这是周恩来最喜欢的花，"落红不是无情物，化作春泥更护花"。邓颖超赶紧压了一枝，连同原来压好的一片红叶，一同装在信封里。

1946年，周恩来和邓颖超在梅园新村三十号院内（历史图片）

　　你喜欢海棠花，我也喜欢海棠花。你在参加日内瓦会议的时候，我们家里的海棠花正在盛开，因为你不能看到那年盛开着的美好的花朵，我就特意地剪了一枝，把它压在书本里头，经过鸿雁带到日内瓦给你。我想你在那样繁忙的工作中间，看一眼海棠花，可能使你有些回味和得以休息，这样也是一种享受。

挚爱深情（历史图片）

在寄送红叶的信中，邓颖超写道："红叶一片，寄上想念"，表达了真挚的思念之情。周恩来为回报亲人的问候，托人带回了压制好的日内瓦出名的芍药花。这两地相思的花和叶，后来被装在一个镜框里保存着，成为一件特殊的工艺品，也成为他们似海深情的永久见证。

然而，周恩来毕竟不是完人，在内政、外交诸事缠身时，他偶尔也有顾全不上的时候。就拿1951年3月来说，周恩来就有两次没顾得上与邓颖超联系。3月间，邓颖超因病到杭州疗养，她写信给周恩来："湖滨山岭，梅花盛开，红白相映，清香时来，美景良辰，易念远人。特寄上孤山之梅、竹、茶花、红叶各一，聊以寄意，供你遥领西湖春色也。"然而周恩来太忙，没有及时回信，正像他后来所说："你们行后，我并不觉得忙。只天津一日行，忙得不亦乐乎。"也许是周恩来一生忙惯了，一般的繁忙对他来说不觉得忙，只有到了最忙之时，他才偶尔称忙。但重要的是，他并不真的拿忙来为自己误信进行开脱，他给自己的行为定成"懒罪"，并自定了夫妻间的"处罚"办法：

第三章
家庭生活：总理和至亲们的感情纠葛

"西子湖边飞来红叶，竟未能迅速回报，有负你的雅意。忙不能做借口，这次也并未忘怀，只是懒罪该打。"忙中未忘，懒罪该打，这可以说是周恩来对待亲朋间来往的基本态度。邓颖超太理解自己的丈夫了，她不仅没有责备周恩来，相反却称丈夫的回信为"不像情书的情书"，笑言"回报虽迟，知罪免打"。月底，周恩来又一次忙得顾不上动笔。这次他用一种更轻松的语气表示了歉意："两星期前，陆璀答应我带信到江南。我当时曾戏言：俏红娘捎带老情书。结果红娘走了，情书依然未写，想见动笔之难。"

夫妻也好，朋友也罢，重要的是加强联络，随时相互关心，沟通思想感情，互相鼓劲前进。正像周恩来1959年9月18日给邓颖超的信中所说："这个时代总是要求我们多向前看，多为后代着想，多向青年学习。偶一不注意，便有落后的危险，还得再鼓干劲，前进再前进啊！"可是，在周恩来夫妻间的思念中，他却自愧不如自己的妻子。1954年6月，他接到邓颖超的信后，感慨地说："你还是那样热情和理智交织着，真是老而弥坚，我愧不及你。"当邓颖超在病中时，他在想念之下也只好说："忙人想病人，总不及病人念忙人的次数多，但想念谁深切，则自待后证了。"一旦他没来得及写信，"总觉得欠债似的"。

周恩来与邓颖超相知极深，因而相爱也极深。他们夫妻之间的恩爱，表现在相互之间无微不至的关怀上。

1939年夏，在延安，周恩来去杨家岭中央党校做报告。途中，由于乘马受惊，周恩来跌了下来，摔在路边的石头上，摔坏了右臂。由于当时延安的医疗设备简陋，将骨折错位接好，等拆去石膏之后，周恩来的右臂已不能伸直。党中央决定送周恩来到苏联就医。

此时邓颖超正在重庆。周恩来理解妻子的心情，怕她着急，就用左手给她写了一封亲笔信。邓颖超收到这封信后，心里虽十分焦急和担心，但很快镇静下来，并以最快的速度回到延安，陪同周恩来去了苏联。

20世纪50年代，邓颖超身体不好，而他俩的作息时间又不一致。每逢

1940年3月，周恩来在延安锻炼臂力的情景（历史图片）

邓颖超休息而周恩来要到卧室去的时候，他总是蹑手蹑脚，怕弄出声音惊醒了邓颖超。有时工作忙，不能见到邓颖超时，他也必让警卫员去告诉一声。

1960年夏季，邓颖超在协和医院做手术。当时，周恩来的外事活动已安排得满满的，无法抽身。他就让身边的工作人员在手术那天不断同医院取得联系，以便随时了解手术的情况。有一天，他还利用去机场接外宾之便，顺道到医院看望邓颖超。邓颖超见他日程排得那样紧，还抽身来看望自己，于心不忍，反劝周恩来注意适当休息，不要以她为念。邓颖超对周恩来的关心，也同样细致而周到。周恩来工作的特点是今日事今日毕，而需要他处理的事情又那么多，因此每每工作到深夜，经常通宵达旦。在三年困难时期，周恩来带头节衣缩食，一切按标准办。但为了给工作到午夜甚至通宵达旦的周恩来及同志们增加些热量，邓颖超总是想方设法地派人送上几块点心、一些糖果，或是一小盆素汤面。当然，这些点心都是他们自己开销。

邓颖超对周恩来的爱，首先表现在对他的理想、信念和工作的全身心的支持与关怀上。这样的支持与关怀倾注在生活中每一件细小的事情上：吃饭

第三章
家庭生活：总理和至亲们的感情纠葛

时的交谈、休息时的散步、作为工作调剂的看戏……在两人工作都十分繁忙的情况下，他们能这样见缝插针似的相互照应，相互安慰，是因为他们各自心里都有着对方。

1940年除夕，周恩来在重庆主持傅大庆和冯大璋的婚礼时，与新婚夫妻和来宾们交换了对爱情和婚姻的看法。他潇洒、风趣地说："我以为，在婚前要有正确的恋爱观，婚后要有正确的家庭观和生活观。我们有一个革命大家庭。在我们革命队伍里，除了夫妻关系，还有战友关系、同志关系。因此，结婚以后理应把革命工作做得更好。生活方面要科学地处理、安排，过革命者紧张、活泼的战斗生活。我和小超同志从结婚以来，互敬互爱，互相帮助，幸福美满……过去人们有一种错误认识，说结婚是爱情的坟墓。我们革命者认为：结婚是爱情的高级阶段，彼此了解更深，互相帮助更多，共同提高更快，对革命贡献巨大。我认为凡是革命的伴侣，都要用新的观点来看结婚。我和小超结婚后，10多年来，是爱情的上升和发展。在家里，我们是夫妻关系；从革命和政党来讲，是战友关系、同志关系。"

当周恩来说到这里时，坐在一旁的邓颖超补充说："我们还是师生关系。"

有的人认为婚姻是爱情的坟墓，有的人认为婚姻是命中注定的……而在周恩来和邓颖超看来，一个共产主义者的婚姻，应该是以爱情为基础的幸福美满型婚姻，它既是夫妻关系、战友关系、同志关系，还是师生关系。周恩来和邓颖超是这样认识的，也是这样实践的。

1943年，党中央决定安排周恩来和大部分工作人员离开重庆回延安工作。那时共产党同国民党关系非常紧张，随时有可能出事，只留少数同志在重庆坚持工作。临行前，周恩来日夜紧张地处理手头的事情。他要安排好同民主人士的联络工作，安排好办事处和《新华日报》的工作，要批阅许多重要的文件，忙得几乎连睡觉、吃饭的时间都没有。留下的同志为了给周恩来等人饯行，在那么困苦的物质条件下，千方百计搞了一点东西，准备了一点白干，举行了一次会餐。

1946年8月20日，为纪念廖仲恺遇害21周年，周恩来（右二）、董必武（右七）、邓颖超（右一）同廖承志（左四）、廖梦醒（左五）、经普椿（左二）等前往廖仲恺墓地扫墓（历史图片）

那天，大家动手把饭菜都准备妥当后，围坐在楼下静等着，等周恩来一道吃这顿暂时的离别饭，邓颖超代表大家上楼去请周恩来。请了一次，周恩来没有下来，请了第二次，他还是没有下来。看着大家都在等着周恩来，邓颖超第三次上楼去催。可他实在是太忙了，对邓颖超的催促，周恩来没有一点表情，邓颖超只好下楼来跟同志们一起耐心地等他。邓颖超知道周恩来有重要的工作必须抓紧时间完成，不忍心去打搅他，可是对同志们的热情，她深感过意不去，心里也觉着为难。后来，周恩来下楼来了，对让大家久等表示了歉意。他向大家敬了第一杯酒，然后，他举起第二杯酒，走到邓颖超面前说："我们俩也碰一杯吧！"他怕邓颖超为刚才的事情不高兴，笑着说："你还不愉快吗？让我们喝一杯欢乐的酒吧！"他们碰了杯，深情对视着，一切话语都在无言中得到了传递。

1943年，周恩来和邓颖超双双返回延安，参加整风运动。邓颖超受到了批评，但比她丈夫受到的批评却要少得多。有的妇女有了压力后，便和自己的配偶离婚或疏远了。也许，这是夫妻关系被政治斗争影响的一种必然反应。但周恩来与邓颖超这对夫妻与众不同，他们从朝夕相处中得到安慰和乐趣。马海德这样对英国作家韩素音说："他们常常手拉手一起散步。看到他们在一起，使人感到很振奋，就像见到冲破乌云的阳光似的。"韩素音这样写道："在这座史前穴居般的小城的窑洞里，传播小道消息十分盛行，几乎成了人们晚间茶余饭后的一项嗜好。但是，没有一丁点儿有关周氏夫妇的传闻。只有一次例外，周恩来登机去南京与蒋介石和马歇尔会谈前，在众目睽睽之下拥抱了颖超，并亲吻了她的面颊，整个延安都目瞪口呆了。在中国，当众接吻是从来没有过的。塔斯社当时驻延安记者彼得·弗拉基米尔佐夫讨厌延安的很多人，但是他无法挑出周和邓颖超的任何毛病。弗拉基米尔佐夫写道，'周的妻子也是周最好的朋友'。"

20世纪50年代初，周恩来考虑到中国人多地少，曾倡导过殡葬改革，改土葬为火葬。后来，他便与邓颖超相约，身后连骨灰也不保留。他说："这一点我做得到，不知你能不能做到？"邓颖超回答说："你能做到的事，我也能做到。"周恩来诀别人世之后，邓颖超实现了他生前的遗愿：把骨灰撒在祖国的江河大地上。

在对待周恩来故居的问题上，邓颖超也成为他的遗愿的监督者。周恩来在中华人民共和国成立初期，就不让家乡的亲属说出他住过的房子。后来又向他们建议，把房子拆掉盖工厂或学校。由于故乡人民对他的爱戴，当地政府和群众都不愿意这样做。后来参观的人络绎不绝，周恩来十分不安，1973年11月17日，他又对旧居处置作了三点指示：不要让人去参观；不准动员住在里面的居民搬家；房子坏了不准修。由于参观的人群依然千方百计地找来，1974年8月1日，周恩来又同亲属商量，用拆迁的办法来解决这个问题。邓颖超还说，费用可由他们自己承担。只是因为拆迁房屋要经当地政府批准，这件事一直没有定下来，周恩来的故居才得以保存下来。1976年11月，邓颖超从侄儿、侄媳处得知当地县委准备整修周恩来故居的消息，马上写信给侄儿、侄媳并转淮安县委，希望他们尊重死者生前多次表达过的愿望。

1958年11月2日至10日，周恩来在郑州参加了毛泽东召集的有部分中央领导人和地方领导人参加的会议。这次会议，广泛地讨论了人民公社化运动中出现的问题，对经济建设中的一些"左"的错误有所认识。为了使全党特别是党的高级干部更多地了解马恩列斯对于商品和价值法则等经济理论问题的观点，毛泽东建议读两本书，一本是《苏联社会主义经济问题》，一本是《马恩列斯论共产主义社会》。毛泽东特别强调：需要联系中国社会主义经济革命和经济建设去读这两本书，使自己获得一个清醒的头脑，以利指导我们伟大的经济工作。

作为中国社会主义经济建设的直接领导者和组织实施者，周恩来感到更有不断学习理论、提高认识之必要。在郑州会议上，毛泽东、周恩来和与会同志一起，认真地阅读和讨论了这两本书。周恩来在自己学习、研究的时候，没有忘记与邓颖超进行商讨。他曾几次打电话给她，急于与她交流这方面的思想。郑州会议结束后，中央决定11月21日至27日在武昌召开政治局扩大会议。周恩来于11月17日抽空给邓颖超写了一封信，他在信中说："本想谈一谈郑州会议的决议，现在又改到武汉会议去做决议，

周恩来与邓颖超同游八达岭长城（吕厚民 摄）

索性待见面时再说吧。"虽不能在信中细叙要谈的内容，但周恩来还是给邓颖超点明了见面所要交流的主题："连日下午中央在开会讨论郑州会议的文件，现在还没结束，内中关于两个过渡两个阶段，都有所探讨，望你加以注意研究，以便见面时与你一谈。"对于当时的所有制、社会阶段以及商品生产等重大问题，如何正确认识和处理，固然是周恩来认真研究、学习的事，同样也是作为周恩来妻子的邓颖超面临的问题。周恩来认为这是夫妻间共同的工作，是两人思想交流的一个重要内容。

德国哲学家黑格尔说得好："爱情是男女青年共同培育的一朵鲜花，倘若把它囿于'个人私生活'的狭小天地就要枯萎凋零，只有使它植根于'为人类幸福而努力奋斗'的无垠沃壤中才会盛开不衰。"相应地，随着双方年龄的增长，邓颖超也越来越注意从同志关系的角度，而不是囿于夫妻关系，要求周恩来多多注意身体。此类故事真是太多了，仅以1970年3月31日她写给周恩来的信为例吧。

恩来：

今天距你出访的日子只有四天了。我恳切地希望你能认真地注意考虑并采纳我以下的几点意见：

一、为了能够完成访问的任务，你务必争取在你行前和访问期间，掌握你的身体不要出现波动和变化，这是完成任务的首要的关键保证。为此，你无论如何要下决心在繁忙工作中，要有稍事喘息的安排，要做最低标准的一点精力储备。否则，可能引起极不利的影响。

二、必须打破你的习惯势力。由于你的身体变化，年龄增长，不可能仍像过去出访时那样忙劳不堪地走上旅途，到后又接着紧张地工作。故在行前要狠舍一些事物，凡能回来办的就留着回来再办，也可使繁从简。

三、你这次出访时间虽短，但都是很紧张的，脑力精神活动重多的，需有点储备精神，才能工作得好。否则，给人家看到一副疲劳相，也很不好。

没有机会和你面谈，只好用书面提出。希谅我是从全局和对敌斗争的需要提出的。

周恩来阅后，深知邓颖超的一片苦心，遂写道："同意你的好建议，我当照办。"

这就是他们的家庭。这个家庭，一如当年在他们身边工作过的人员所评价的：这个社会组织的细胞已完全同党的事业、同国家、同社会融为一体。这是一个伟大的、忘私无我的革命家庭。

1976年1月8日，一代伟人周恩来逝世了，举国哀恸，全球悼念。与半个多世纪同生共死的亲人诀别，邓颖超的心都快碎了，长期积压在心底的哀伤使她痛哭失声。她用最纯洁的鲜花，祭献于她心上人的灵前。她用周恩来生前对她的爱称，献上了用鲜花扎成的花圈：

悼念恩来战友——小超哀献

为了继续周恩来和她共同奋斗了几十年的未竟事业，邓颖超很快便从无尽的哀伤中振作起来。事后有人问她：为什么她捧着周恩来的骨灰盒迈出劳动人民文化宫的吊唁灵堂，走过一段不短的路程送上汽车时，竟那样庄严、肃穆、坚强、有力？她说："哭，哭不活恩来。哭，哭不垮'四人帮'。妖魔还在作怪，祖国和人民还在受难，我要继续战斗啊！"

周恩来生前最喜爱海棠花。庭院中的海棠树下，曾是周恩来邀请友好国家使节赏花之处，也是他同邓颖超散步的地方。邓颖超仍然保留了这个习惯：每当海棠花盛开的季节，她总是邀请国内外的朋友前来赏花，临行时还

第三章
家庭生活：总理和至亲们的感情纠葛

要赠送一束娇艳的海棠花。1988年4月，正值中南海西花厅海棠花盛开之际，84岁的邓颖超在观花之后，饱含对周恩来的回忆和缅怀，三次口述下一篇文字。但当文章整理出来后，她却表示现在不发表。她对身边工作人员说：如果有一天我也走了，喜欢海棠花的主人都走了，你们认为可以发表就发表，作为我的遗作……

今天，我们已可读到这篇文章，文章中的深情与信念，令人读罢不禁潸然泪下。

邓颖超哀悼周恩来，她献的花圈挽带上写着"悼念战友恩来——小超哀献"（历史图片）

  春天到了，百花竞放，西花厅的海棠花又盛开了。看花的主人已经走了，走了12年了，离开了我们，他不再回来了。

  你不是喜爱海棠花吗？解放初期你偶然看到这个海棠花盛开的院落，就爱上了海棠花，也就爱上了这个院落，选定这个院落，到这个盛开着海棠花的院落来居住。你住了整整26年，我比你住得还长，到现在已经是38年了。

  海棠花现在依旧开得鲜艳，开得漂亮，招人喜爱。它结的果实味美，又甜又酸，开白花的结红海棠，开红花的结黄海棠，果实累累，挂满枝头，真像花果山。秋后在海棠成熟的时候，大家就把它

西花厅外景（历史图片）

摘下来吃，有的把它做成果子酱，吃起来非常可口。你在的时候，海棠花开，你白天常常在繁忙的工作之中，抽几分钟散步观赏；夜间你工作劳累了，有时散步站在甬道旁的海棠树前，总是抬着头看了又看，从它那里得到一些花的美色和花的芬芳，得以稍稍休息，然后又去继续工作。你散步的时候，有时约我一起，有时和你身边工作的同志们一起。你看花的背影，仿佛就在昨天，就在我的眼前。我们在并肩欣赏我们共同喜爱的海棠花，但不是昨天，而是在12年以前。12年已经过去了，这12年本来是短暂的，但是，偶尔我感到是漫长漫长的。

海棠花开的时候，叫人那么喜爱，但是花落的时候，它又是静悄悄的，花瓣落满地。有人说，落花比开花更好看。龚自珍在《己亥杂诗》里说："落红不是无情物，化作春泥更护花。"你喜欢海棠花，我也喜欢海棠花。你在参加日内瓦会议的时候，我们家里的海

第三章
家庭生活：总理和至亲们的感情纠葛

棠花正在盛开，因为你不能看到那年盛开着的美好的花朵，我就特意地剪了一枝，把它压在书本里头，经过鸿雁带到日内瓦给你。我想你在那样繁忙的工作中间，看一眼海棠花，可能使你有些回味和得以休息，这样也是一种享受。

你不在了，可是每到海棠花开放的时候，常常有爱花的人来看花。在花下树前，大家一边赏花，一边缅怀你，想念你，仿佛你仍在我们中间。你离开了这个院落，离开它们，离开我们，你不会再来。你到哪里去了啊？我认为你一定随着春天温暖的风，又踏着严寒冬天的雪，你经过春风的吹送和踏雪的足迹，已经深入到祖国的高山、平原，也飘进了黄河、长江，经过黄河、长江的运移，你进入了无边无际的海洋。你，不仅是为我们的国家，为我们国家的人民服务，而且你为全人类的进步事业，为世界的和平，一直在那里跟人民并肩战斗。

当你告别人间的时候，我了解你。你是忧党、忧国、忧民，把满腹忧恨埋藏在你的心里，跟你一起走了。但是，你没有想到，人民的力量，人民的觉醒，我们党的中坚优秀领导人，很快就一举粉碎了"四人帮"。"四人帮"粉碎之后，祖国的今天，正在开着改革开放之花，越开越好、越大、越茁壮，正在结着丰硕的果实，使我们的国家繁荣昌盛，给我们的人民带来幸福。

……

同志、战友、

人民群众深切怀念周总理（历史图片）

伴侣，听了这些你会含笑九泉的。

　　我写的这一篇，既不是诗，又不是散文，就作为一篇纪念战友、伴侣的偶作和随想吧。

邓颖超
一九八八年四月

天伦之乐：全中国万万千千个儿童都是我的孩子

　　上有老，下有小，这是许许多多的夫妻所要面对的家庭生活状况。周恩来夫妇虽没有自己的亲生儿女，但夫妻双方的老人都被接到重庆同他们一起生活。

　　这是抗战时期的事。随着战局的变化，周恩来的父亲和邓颖超的母亲也一路辗转西行。1938年11月13日，周恩来在给邓颖超的信中即向她报告说："现两老均在衡阳道上，后日可往桂林，何时往贵阳，须待车通。"日军占武汉前，周贻能和杨振德由朱端绶姐妹带领护送，从武汉撤往长沙，辗转衡阳、独山、贵阳、桂林，于1935年夏抵重庆。在辗转途中，懂医术的杨振德热情地义务为伤病员诊治，周贻能也做自己所能做的工作……

　　两位老人来到重庆后，分别住在红岩村房主饶国模的楼上。后因日寇大轰炸，两位老人搬到重庆市郊磁器口的一个住处暂住。那时在八路军重庆办事处工作的张颖因患病也准备同两位老人同住。临走之前，邓颖超特地找张颖，嘱咐说：恩来的父亲经历与我母亲不同，过去的生活不像她老人家，应当多照顾点老爷子，常陪他散散步，下下棋，省得他不安心；把他照料得好些，也省得恩来分心。而周恩来也恰好在行前见到张颖，嘱咐她说：应当多

第三章
家庭生活：总理和至亲们的感情纠葛

照顾好邓老太太，她是一位革命的老太太，做什么事都不愿意别人帮忙，她半夜起来，或是出去倒水，都要多多照料她，乡下路难走，注意她的安全。还说，邓老太太眼睛不好，不要让她多看书，有时间给她念念报纸。

的确，在重庆工作过的许多同志，都知道周恩来同邓老太太之间有着一种特殊的诚挚的感情。邓老太太从年轻时起就一直追求进步和光明，性情刚毅。之后，她曾随着邓颖超到处奔波。在上海，她同周恩来、邓颖超住在一起，表面上以行医为职业，实则掩护他们做革命工作；在中央苏区，她在红军里当一名医生，为革命战士解除病痛；当周恩来与邓颖超行进在长征的行列时，她在国民党监狱的铁窗内，面无惧色。国民党反动派劝她写信给周恩来与邓颖超，让他们脱离共产党，她镇静沉着地回答："儿女之事，如今老人怎么管得了？蒋委员长不是也管不了他的儿子吗？！"（当时，蒋经国在苏联留学。）直到1938年，她才在中共党组织的帮助下到达八路军驻武汉办事处，

周恩来和董必武在红岩村同八路军办事处、新华日报馆工作人员合影（历史图片）

与邓颖超、周恩来重逢。对于有这样经历的一位老人，周恩来对她，除了有一种对长辈的恭敬，更多的是对革命队伍里一个真正同志的敬佩。

也是在重庆，邓老太太病重，邓颖超在身边服侍她。但是，在邓老太太弥留之际，邓颖超不在身边，邓老太太断断续续地说：你们以后不要管我了。等邓颖超和周恩来赶到跟前，老人已经逝世了。周恩来很难过，但他什么话也没有说，他站在不住流泪的邓颖超身边，两个人肩并着肩，站在邓老太太遗体前默哀了很久很久，他们虽然没有说一句话，但那默默的深情，更令人敬佩和感动。在场的同志看着这一切，都不由得落了泪。

邓老太太去世后，周恩来的父亲周贻能就成为与他们共同生活的唯一老人。周贻能，字懋臣，后更名劭纲，大排行第七。他于清同治十三年五月二十八日（1874年7月11日）生于淮安，曾考中秀才，并学做师爷。无奈他为人忠厚，虽多年学习但未果。随着家境每况愈下，出于生计，他只能去给人当幕僚、家庭塾师或者做做文书、收发之类工作。

"九一八"事变后，周贻能曾到上海，与正领导地下斗争的周恩来有过一段短暂的接触，也做了一些有益于人民的工作。

抗日战争时期，周恩来在重庆曾家岩（历史图片）

第三章
家庭生活：总理和至亲们的感情纠葛

周贻能对妻子万氏一往情深，一直随身珍藏着妻子的影像。但在上海，由于危险情况，在一次紧急转移时，万氏的影像丢失了。这是周恩来在中华人民共和国成立后对于不见母亲影像的判断。1937年全国抗战爆发后，生活无着落的周贻能被周恩来接到八路军驻武汉办事处。到重庆红岩后，周贻能因年事已高，只能做些看看门、扫扫院子的小事，曾在八路军重庆办事处所属的下土湾仓库帮助工作，得了个"仓库老太爷"的称呼。他与所有工作人员相处和睦，亲如家人。只是老爷子好喝上几口，重感情、向来孝敬父亲的周恩来，在忙碌之余有时也能和老爷子对饮几盅，但总叮咛他不要多喝，免伤身体。

1942年6月底，周恩来因小肠疝气发炎住进重庆歌乐山中央医院动手术。但病中的他仍未忘记叮嘱邓颖超等要照顾好老父亲，还在想着父亲过生日的事。7月6日，他写信给邓颖超，说："本星期六出院的计划是打破了，因为开刀起19天，应该是10号或11号，再过两三天出院，必须是下星期三了。所以我请你和爹爹商量一下，如果他愿意28号本天请人吃面，那就不必等我回来，免得他老人家不高兴。如果，他希望我在家补做，那就等我回来。不过据我所知，他的思想是很迷信的，过生日总愿当天过，儿子在不在跟前倒是次要问题呢。因此，希望你还是将就他一点罢！"

遗憾的是，父亲竟没能等到儿子出院、等到自己做寿就一病不起。7月9日晚，68岁的周贻能病情恶化，高烧不退。当晚，邓颖超写信告诉周恩来说："告诉你一事，就是爹爹在生病。病起于星期日，星期一上山始患，遂往视。病状，先大发冷，继之以发热（三十八度多），胸胃发胀，不思进食，较先一日热已稍退。当已由刘先生诊治，断为摆子，服奎宁丸。我更觉与饮食有关，因二日无大便，遂与刘医生商加服苏打与清导丸。星期二，热度更减，但未退尽，人不适，下午较重，晚间我遂下山，请谢卡安丽。星期三清早上山为老人诊治，当检查后，并取血验，待验血结果再处方。昨日老人较前更好些，体温只有三十七度五，晚间已坐起并与我略谈天。但今晨体温又高达三十九度，待午更高些，其状甚苦。我急无主，而验血结果尚未得，送医院，老人自始迄今均不肯，遂与董、钱商。请熊老板来试诊，诊断为疟疾，内中有热，食不消，故无大便（昨今已有，很少）。当日由熊处方，请示老人愿试服稍许，待今晚验血诊断来后再定。今日下午热稍退，已出汗，恐为恶性疟。这几日我均在山上招呼，你可勿念……因老人病，祝寿势必改期了，待你出院，待他老好再举行。"

从邓颖超的信中获悉父亲的病状，周恩来甚是担心。7月10日，他复信邓颖超，叮嘱道："爹爹的病状，除疟疾外，还宜注意他的年事已高，体力虽好，但他过分喜欢饮酒，难免没有内亏。所以主治他的办法，必须先清内火，消积食，安睡眠。东西愈少吃愈好，吃的东西亦须注意消化与营养，如牛乳、豆浆、米汤、饼干之类，挂面万不可吃。假使热再不退，大便又不通，则宜进行清胃灌肠，勿专当疟疾医。"他并表示："我对他的病，不很放心，望你转禀他好望静养，我在这里默祷他的康宁……"

由于年老，体力不支，虽有周恩来在医院为父亲默祷康宁，邓颖超再三延医救治，周贻能还是于1942年7月10日在红岩村离开了人世。因为周恩来手术后时间不久，身体较弱，大家又都知道他向来孝敬父亲，怕他知道了刺激太大，不利于他养病。这时，主持南方局工作的董必武就召集邓颖超、吴克坚、钱之光和童小鹏同志开会商量，大家一致的意见是，暂时不告诉他父亲去世的消息，待他出院后再让他知道。7月11日，邓颖超给周恩来的信中仍是就病论病，当然也向周恩来说明采取了最大的救治："我对爹爹的病的看法和你一样。所以，从星期一视疾后，当与刘医生商，除服奎宁外，兼服苏打。待星期二晨未大便，即去灌肠，无奈老人坚拒，只好加服清导丸。至星期三略清泻一次，体温减低，人亦较好，再后仍去灌肠，老人仍拒不肯。我苦难做主，而谢卡安丽已来诊视，只好待验血结果，同时，嘱服够量的奎宁。验血无其他病，疟疾则以服奎宁故，细菌不现。昨日再请武汉疗养院长及宽仁院长曾医生先后诊治，老人热渐退，唯心脏弱，脾脏肿大，用强心，营养及治疟剂。二度验血结果，仍无他病细菌。至饮食方面，开始二日，老人唯思食广柑及煮汁，强进米汤，后增豆浆、藕粉，但所进量不多；前昨更增葡萄糖饮注两液，挂面及一切不易消化之物均禁食。牛奶医生谓易发酵，最好不用。唯李老太爷每日来视，星期三曾以隔日送来之油炸麻花一条泡开水喂爹爹吃，事后我始知，或为星期四病增之一因。对爹病中一切，自当较你在家更当心负责。"

周贻能的灵柩被暂放在红岩沟内，同时重庆办事处决定派童小鹏和吴克坚到医院去看望周恩来，并约定，如果周恩来问到他父亲时，就回答"病有好转，请放心"，不要多说话。童小鹏回忆说："我和吴克坚怀着矛盾的心情去医院。在车上互相叮嘱要沉住气，不要露马脚，算是完成一项违心的任务。出了医院，我俩都汗流浃背。这是我有生以来第一次在周恩来同志面前说谎话。每想起此事，都很难过。"

周恩来不知真情，只"闻爹爹病渐愈，甚放心"，并感谢邓颖超的偏劳。待他把给邓颖超的信写完，下午送报的小孩到医院去，对周恩来说："老太爷因打摆子死了，现正在忙后事。"这话使得周恩来心神不宁，开始疑心大家在骗他，"等小鹏来又坚说无此事"。于是，周恩来"决心明日黄昏回山上了"。

7月13日，周恩来出院回红岩村后，问及老父，邓颖超见已无法隐瞒，就据实相告。这时，周恩来才得知父亲已去世3日。他当即悲痛欲绝，恸哭不止，并责问办事处处长钱之光为什么不告诉他，钱之光不敢回答。他又严厉责怪邓颖超："别人不了解我，你还不了解我？你为什么瞒我？"邓颖超只好流着眼泪向他认错。为此董必武只好向他解释："是为了你的身体健康，是组织上决定的。"周恩来这才不好再说什么，但当晚即为父亲守灵至拂晓。他又随即向延安的毛泽东发了份电报："归后始知我父已病故三日，悲痛之极，抱恨终天。当于次日安葬。"毛泽东随即复电："尊翁逝世，政治局同人均深切哀悼，尚望节哀。重病新愈，望多休息……"

7月14日，周恩来、邓颖超等在红岩村为老人举行了简朴的悼念仪式后，将周恩来父亲的灵柩安葬于小龙坎福元寺重庆八路军办事处公墓，墓前立有一块墓碑。7月15日，重庆《新华日报》刊登了周恩来、邓颖超联名为周贻能去世发布的讣告。这大概是我们党的领导人中唯一一位为父母亲去世而登报发讣告的。讣告内容全文如下：

显考懋臣公讳劭纲府君，痛于中华民国三十一年七月十日骤因数日微恙突患心脏衰弱，脾胃涨大急症，经医治无效，延至当晚十一时逝世，享年六十九岁。男周恩来适因病割治于中央医院，仅闻先父患疾，比于昨（十三）日遄归，方知已弃养三日。悲痛之极，抱恨终天。媳颖超随侍在侧，亲视含殓。兹业于今（十四）日清晨安葬于陪都小龙坎之阳，哀此讣告。至一切奠礼賻仪概不敢受。

伏乞矜鉴

男　周恩来

媳　邓颖超　泣启

中华民国三十一年七月十四日于重庆

中华人民共和国成立后，周恩来从我们国家人多地少的实际情况出发，带头平掉祖坟，退耕还田。1958年11月，周恩来派其办公室主任童小鹏去重庆，将"红岩公墓"平掉还耕，将周贻能、杨振德等人的13口棺木挖出火化，骨灰装入罐中埋进原墓旁水田中，不留痕迹，只在田头立一块刻有13位去世者名字的小碑。

常言道：一个家庭里有了孩子就有了欢笑，就有了天伦之乐。可是，大家都知道，周恩来与邓颖超没有自己亲生的孩子，这是因为一个"错误"。1925年11月间，周恩来率东征军进入汕头。当时邓颖超为了不拖累双方从事

第三章
家庭生活：总理和至亲们的感情纠葛

革命工作，"错误地"决定用中药打掉了第一胎。待第二个孩子出生时，因难产，且产后未得到好好休息，邓颖超从此以后失去了怀孕的可能性。

有时，得知某个孩子和他们夭折的孩子是同年出生时，周恩来也会颇有感慨地和邓颖超说："我到上海参加领导三次武装起义，失败了，你在广州难产，我们的孩子夭折了。我如果不离开广州，我们的孩子可能活下来了。"在这种时候，邓颖超总是内疚地说："我不该背着你打掉第一胎。那时我才21岁，年纪轻，看着广州革命形势好，你忙我也忙，就开了点中药打了胎。"但这种父母思儿之情，一瞬就过去了。

千万别以为周恩来夫妇没有天伦之乐，相反，周恩来和邓颖超都很喜欢孩子，都拥有浓厚的慈父、慈母心肠。1952年，周恩来在上海见到童年时代的同窗好友、表姐龚志如，表姐误解了周恩来："唉，美中不足的是你们没有一个孩子。"周恩来夫妇虽然没有亲生子女，但对革命烈士子女尽到了最好的父母的责任。

1937年，16岁的孙维世独自找到八路军武汉办事处，要求到延安去。办事处的工作人员不认识她，又觉得她年龄太小，就没有同意她的要求。她站在门口不肯离去，刚好被周恩来遇见，周恩来看到她哭得伤心，立即查问原因，知道她是老战友孙炳文的女儿，于是马上把她带进办事处，端详着这个早在广州就熟识的机灵孩子，连连叫着她的名字。不久，周恩来和邓颖超就派人把她送到了延安，

周恩来和邓颖超在莫斯科同中共驻共产国际代表团负责人任弼时等合影。前排右起：蔡畅、任弼时、邓颖超、孙维世。后排右起：张梅、陈琮英、周恩来（历史图片）

并写信给她的妈妈任锐说，他们愿把这个孩子当作自己的女儿。此后，他们给予孙维世的关怀，远比父母所能给予孩子的多。仅从周恩来与邓颖超通信中的一些片段，即可看出他们付出的心血。1948年3月7日，周恩来致信邓颖超："维世经过一年工作，人生观实际了许多，也懂得了不少，对她说来，的确是有长进。从性格上说，她仍是那样天真热烈，屡经挫折，仍能站住，这颇像我的女儿……一个可喜的后代，看着她在长成中，愿她能从你我的修养中学到一些好处，而去掉我们那些从旧社会带来甚或滋长过的坏处，这就需要你我有意识地教育她，而不要对于自己无批判地给她以盲目信仰的影响。"

其他如蔡和森的孩子蔡博，钱壮飞的孩子钱江、钱一平等，都是周恩来、邓颖超将他们找到并在他们成长的过程中始终给予关怀。

不仅革命烈士的子女，凡是在周恩来、邓颖超身边工作过的年轻工作人员，都曾感受过他们慈父慈母般的亲切关怀。

抗日战争时期，在八路军重庆办事处工作的荣高棠和管平夫妇有一个儿子，当时刚刚三四岁，非常可爱。周恩来和邓颖超都很喜欢他。那孩子平时总爱

周恩来和邓颖超同在莫斯科学习的烈士子女在一起。前排左起为张芝明（张太雷之子）、赵令超（赵世炎长子）、赵施格（赵世炎次子），后排左二为郭志成（郭亮之子）（历史图片）

第三章
家庭生活：总理和至亲们的感情纠葛

笑，周恩来说他是乐天派，大伙也就都叫他"小乐天"。"小乐天"跟邓颖超关系十分亲密，管她叫"大乐妈"。周恩来则把邓颖超叫作"大乐天"。"大乐天"一见到"小乐天"，总是要抱抱他，亲热一番。有一次，邓颖超正抱着"小乐天"亲热，有人抢拍了这个镜头，不久，这张照片上了办事处的墙报，旁边还写着周恩来为它题的一首诗，叫《题双乐天图》。诗曰："大乐天抱小乐天，嘻嘻哈哈乐一天；一天不见小乐天，一天想煞大乐天。"落款是"赛乐天题"。同志们围着看了又看，都很兴奋。周恩来和邓颖超一周左右从人称"周公馆"的曾家岩50号去一次红岩村办事处，有时在那里吃饭。邓颖超时常在饭后对"小乐天"说："去，找你'大乐爸'去玩。"于是，"小乐天"便爬到周恩来身上，搂着抱着，又是说又是闹，满口童言稚语，淘气中透着机灵鬼怪，逗得"大乐爸"笑得前仰后合。周恩来喜欢跟孩子玩耍，除了"小乐天"，其他几位同志的孩子都是他的"好朋友"。

多少年过去了，周恩来这种爱孩子的童心始终未泯。20世纪60年代的一天，他的侄女周保庄和爱人带着女儿来探望他和邓颖超，午饭后，周恩来与小外孙女玩耍起来。他和蔼慈祥，一本正经地做出种种儿童的姿态，跟孩子一起摆弄一个玩具娃娃。他已经60多岁，却如返老还童。祖孙俩玩得正高兴，忽然周恩来一失手，把玩具娃娃的头碰掉了。小外孙女嘟囔着，小手拍打周恩来抱怨道："姥爷不好！姥爷不好！把娃娃弄坏了……"周恩来只好正正经经地向外孙女"赔礼"："姥爷不好，姥爷给你修起来，行吗？"

周恩来和家人在一起（历史图片）

这样孩子才不闹了。直到周恩来把玩具修好,小外孙女才拍手欢笑起来。周恩来的亲属们都体会到:互敬互爱、和睦相处、互相尊重、共享天伦之乐,这些是周恩来历来提倡的家庭生活。

1963年1月31日,周恩来曾去拜访著名作家、盆景艺术家周瘦鹃,并说这次拜访"实现了8年前的愿望"。周恩来一边亲切地同周瘦鹃交谈,询问他的盆景园艺技术,了解他的创作情况,鼓励他"写出好作品来",一边抱起了周瘦鹃最小的女儿全全,逗着她玩,给她糖果吃。周瘦鹃见到此情此景,忽然热泪盈眶地对周恩来说:"总理,您为中国革命奋斗了几十年,听说还没有一个自己的孩子。我这个全全就送给您吧。"周恩来听后朗声笑道:"周老啊!全中国万万千千个儿童都是我的孩子,都是革命事业的接班人。这样,不是就不分你的我的了吗?"这就是周恩来的胸襟,他把爱心遍及全国的每一个孩子,因为他自己也是中华民族的儿子。

三段母爱:痛悔亲恩未报

周恩来在回忆童年生活时曾说到三个母亲。"我的生母慈祥、温柔,但文化不高,因为万家认为女人家不应该受教育。可是我从她的身上学到了善良和宽容大度的品德。我的生母是个爽朗的人,因此,我的性格也有她的这一部分……我与世无争。我的嗣母才学出众,她的父母很开明。她教我热爱知识,学会动脑筋。我的奶妈把我带到大运河边她自己的家里。我从她那里了解到劳动人民是如何生活的。她教我大公无私。"从母亲那里,周恩来继承了中国传统文化的许多优良之处,不论是从养育之恩,还是从教化之德,周恩来都把对先辈的情感深藏在心中,渗透在行动中。

第三章
家庭生活：总理和至亲们的感情纠葛

1946年9月，周恩来在接受美国记者李勃曼采访时，曾深情地追忆亲爱的母亲："我的母亲长得很漂亮，为人善良，生了三个小孩——我和两个弟弟……我出生不久，因叔父周贻淦病重，照传统习惯，把我过继给叔父。叔父死后，由守寡的叔母抚养。叔母即嗣母陈氏，是受过教育的女子，在我5岁时就常给我讲故事，如《天雨花》《再生缘》等唱词。嗣母终日守在房中不出门，我的好静的性格是从她身上承继过来的。但我的生母是个爽朗的人，因此，我的性格也有她的这一部分。"

1946年，周恩来和国际友人在一起（历史图片）

周恩来乳名大鸾。为了给大鸾吃奶，嗣母为他请了一位农妇蒋江氏为乳母。家境贫寒的蒋江氏心地善良，把大鸾看作自己的亲生儿子一样。勤劳俭朴的她，在信奉神仙的同时，也把许多农家知识、节俭的作风教给了大鸾，而大鸾也一直亲切地称她为蒋妈妈。大鸾同蒋妈妈的感情很好，以致他到天津读书时，蒋江氏还曾借了高利贷做路费，坐船到天津看望周恩来。

不仅如此，蒋妈妈的孩子也是周恩来的主要玩伴，他们经常一起玩耍，非常要好。中华人民共和国成立后，周恩来曾向淮安赴京的亲属们打听过蒋江氏和她的后代的情况。

就这样，大鸾在生母、嗣母和乳母的共同抚育下，度过了他的童年。

不幸的是，生母和嗣母在他9岁和10岁时相继去世，在他的心灵深处留下了悲痛的创伤。而他自12岁离开淮安，也只是在天津见过来看他的蒋妈妈一次。从此以后，对母亲的思念，便常常使他陷入对过去的回忆。1918年1

月 2 日，求学日本的周恩来，在举目无亲的异国他乡，在"嗣母亡后十周年忌辰"，写下了一篇日记：

> 我把带来的母亲亲笔写的诗本打开来念了几遍，焚好了香，静坐一会儿，觉得心里非常地难受，那眼泪忍不住地要流下来。计算母亲写诗的年月，离现在整整的 26 年，那时候母亲才 15 岁，还在外婆家呢。想起来时光容易，墨迹还有，母亲已去世 10 年了。不知道还想着有我这儿子没有？

在旅欧时期，他写的一封表明自己"当信共产主义原理"的信中说自己一来"天性富于调和性"，二来"求真的心又极盛"。这两大性格都与两位母亲的早年熏陶有关。1941 年春，周恩来在重庆进行了一次情理交融、十分感人的露天演说，极富感染力。在这次演说中，周恩来提到他嗣母被冷落了的墓地。他深情地说：我的母亲，我欠了她很多很多，可她的坟墓在日占区江苏。我多么希望能回去清扫她坟上的落叶啊。这是一个把一生献给革命和国家的游子所能为母亲做的最微小的事情了。可是，我连这也做不到……他的话语使每一位在场的人，包括一半华人血统、一半比利时血统的英国作家韩素音都感动地流下了热泪。抗战胜利后的 1946 年 5 月，国民政府还都南京，周恩来也率领中共代表团移居南京的梅园新村。周恩来在重庆送别会上对记者说："36 年了，我没有回家，母亲墓前想来已白杨萧萧，而我却痛悔着亲恩未报！""直到今天，我还得感谢母亲的启发。没有她的爱护，我不会走上好学的道路。"

此时的周恩来，其实是可以回家一拜母亲的，因为从南京到淮安只有 300 多里路，且那里已是解放区。但感情不能代替理智，顾小家不能忘了大家。据周恩来当年的卫士韩福裕回忆，1950 年元月，周恩来在怀仁堂为动员党内外部分同志过好土地改革关所做的报告中说："1946 年 5 月，我从重庆到南京，南京离我的老家淮安只有300多华里，我很想回去看看。因为淮安还有我的两个母亲（指生母万氏和嗣母陈氏）的坟……"说到此处，周恩来声音哽咽，两眼盈满了泪水，稍顷，他继续说道："可是经过再三考虑，我没有回淮安。当时我主要考虑三个方面：第一，那时淮安已经是解放区，我们的华中分局和华中军区都在淮安。我去淮安，不仅要增加他们接待上的困难，还可能暴露一些国民党原来不知道的东西；第二，我们周、万两家在两淮（淮阴、淮安）有许多亲戚朋友，我在那时回去，亲朋们免不了要去看我，他们很可能因为有了我这层关系而给地方上的土改带来麻烦；第三，淮安当时虽已是解放区，但是根据我经常同国民党要人和蒋介石的多次谈判，我得出的结论是，蒋介石肯定还要打内战。而内战一爆发，地处南京北侧的淮安将很快被蒋军占领。这样，我去淮安会见的一些亲友和群众就必然会遭到国民党的报复……"于是，这300多里路，对于周恩来来说，真的是咫尺天涯，无法走完啊！这又是一份怎样的亲情，一份多么崇高伟大的亲情啊！

由于母亲早亡，父亲经常离家谋生，周恩来过早地担起成年人的持家重任，刚满10岁就学会"佐理家务，井然有序"。生活的磨炼和不安于现状的渴求，为他日后形成不屈不挠的性格和严谨求实的作风，打下了良好的基础。而这一时期，八婶杨氏便成了他的实际抚养人和监护人。

"小时候，我和小伙伴们常常在文渠里划船，打水仗。大人们怕出事，把小船都锁起来，我们就悄悄地把锁拨开，划船远游，吓得家长们敲起大锣，满街满巷吆喝寻找。一天中午，我和几个小伙伴偷偷把船划到河下的状元楼，我八婶守在码头，左盼右望，直到太阳落山，才见我们的船影。她急忙跑步相迎，身子晃动一下，差点跌倒。我很怕，心想，这回少不了要挨一顿打！可八婶半句也没责怪，而是一把紧紧地搂住我，眼泪簌簌往下淌，这比挨了一顿打还使我难受，我忍不住地也哭了……"

八伯身体有疾，家境也不景气，但八叔、八婶还是尽力把周恩来兄弟三人照顾好。这一点，周恩来是感怀在心的。这从1918年1月他在日本听到八叔病故的消息后的悲痛即可见一斑。1918年1月8日，周恩来接到"八叔父故去"的消息，接连几天，他在日记中都记载了心情之坏："我身在海外，猛然接着这个恶消息，那时候心中不知是痛，是悲，好像是已没了知觉的一样。""想起家中一个要紧的男子也没有，后事如何了法？这几年来八伯同八妈的苦处已算受尽了，债务天天逼着，钱是没有，一家几口子饭是要吃的，当也当尽净了，卖也卖绝了，借是没处借，赊是没处赊，不要说脸面是没了，就是不要脸，向人家去要饭吃，恐怕也没有地方要去。""我想起我们做子侄的，现在既没有力量帮助几个伯伯去顾家，还一天一天的饱食暖衣，真真是没有一点良心了，要再不着实用功，那还成个人么！"

八婶的恩情，周恩来同样没有忘记。中华人民共和国成立后，他把健在的八婶接到了北京。八婶也想念他啊！婶侄见面，一番感慨唏嘘之下，话题由远及近，又由近及远。说到儿时的趣事，说到文渠，婶侄二人不免开怀大笑。已是共和国总理的周恩来高兴地对婶母说，在我们家乡还要挖一条大河哪！从洪泽湖一直挖到海，到那时候，淮安就更好了……看到侄儿那眉飞色舞的神情，听着他那朗朗的笑声，老人也被感染得高兴不已。由于婶母在北京待不习惯，周恩来只好让八婶返回家乡，但八婶的孙儿尔辉被留在北京，由周恩来供养他上学读书，这也算是对婶母早年一腔关爱的一种报答吧！

1956年10月下旬，八婶在淮安县老家患病，淮安县委送她到县人民医院治疗。后来，因病情反复，县人民医院便写信向周恩来汇报。10月29日，周恩来给淮安县人民委员会写了回信。信中除表示感谢外，他说："我婶母的病我们知道是无法治疗，今后一切治疗还要麻烦你们（请县人民医院治疗好了），不要向外地转治。如果治疗无效，一切后事也请你们代为办理，但要本着节约和简朴的精神办理。现寄去人民币贰百元作为治疗和办理后事的费用。如不够，我再补寄。"

在婶母去世后，周恩来在1957年4月19日又致信淮安县人委，寄去安葬婶母善后费用所欠的垫款25元，并且在信中说："我伯母家现还有陶华等人，今后她的生活费用均由我这儿接济，请当地政府对她勿再予照顾。"此后，周恩来对弟媳陶华治病期间所花费用也都如数寄还淮安县委。

母亲们把全部的母爱倾注在周恩来身上，而周恩来日后又把对母亲的爱全部报效给祖国和人民。在处理自己故居和周家坟茔地的问题上，他更是体现了无产阶级革命家的宽广胸襟和无私风尚。

故居：不要让人去参观

　　家乡亲旧，念叮咛：莫破故园沉寂；若问韶光何处住，烟树湘江历历！万朵祥云，一轮朝日，千古韶山碧！红娇紫艳，迥非淮水能匹！　　奈何不拆吾庐？永约三章：不要群莺集，不要惊飞梁上燕，不要添砖加茸。厚意深情，粉墙巨像，一帧表心迹。高风堪慕，清辉长想明月。

这首《念奴娇·故居约法》，是颂扬周恩来处理故居的感人事迹的。"高风堪慕，清辉长想明月。"了解这个故事的人，都会油然而生这样的崇敬之情。

周恩来故居在淮安县城驸马巷和局巷相接的地方，位置在城中心的镇淮楼和西北角的文通塔之间。所谓驸马巷，的确有人记得古代一位驸马在这里居住过。文通塔则是唐代的建筑，在当地也是有名的寺庙之一。

周恩来故居由东西相连的两个小院落组成。东边院子大门向东，临驸马巷，原有三进十三间房屋，其中第三进的三间是周恩来诞生和幼年生活的地方；第二进两间北屋以及和拐角相连的三间东屋是周恩来幼年读书的地方。

周恩来故居（历史图片）

西边院子大门向南，临局巷，原有三进十九间房屋，其中第三进有西南堂屋三间，是周家最古老的主屋；前有小屋两间，叫"亭子间"，是周恩来嗣母陈氏的住房。周恩来幼年过继给陈氏以后，就住在这里。在主屋和"亭子间"之间有一眼水井。在这个院落的西北角是一片较大的园地，过去曾有茅屋，种过瓜菜。

这两个院落是周恩来的祖父周起魁在淮安做县官时和他的二哥周昂骏合买的。买了这处住宅以后，他们就在淮安定居下来。由于周起魁做官时间很短，不太富裕，所以，这处住宅的标准，在当时的淮安只是中等或中下等水平。或者说，是绅士之家，绝非豪门巨富。当然，建筑还是颇为雅致的，灰瓦挑檐，一对小巧玲珑的石狮分守在油漆大门的两旁。

就是在这所宅院里，1898年诞生了举世闻名的周恩来。他从出生到12岁离开家乡，除在清江浦外祖母家住了三年外，都是在这里度过的。他12岁离开这里后，就再也没有回到这座生他养他的祖宅院落。

第三章
家庭生活：总理和至亲们的感情纠葛

早在中华人民共和国成立初期，淮安县委就对周恩来故居中行将倒塌的房屋进行了初步维修。对于这样一个诞生了中国共产党的卓越领导人、共和国总理的地方，怎能任其破落倒塌呢？！可以说，这种维修，既表达了淮安故乡人民的愿望，也表达了全国人民的心愿。

可是，当周恩来1952年从侄儿尔辉的来信中知道这件事后，"万分不安"。当时，他曾考虑将旧居交给公家处理，但由于八婶还在，又恐房子交给公家后，公家拿它做纪念更加不好，也就未提出什么处理意见。但他立即写信给淮安县委，制止今后再做维修，并很快用自己的津贴偿付了这笔修理费。

1953年，周恩来派警卫员护送在京的八婶回淮安。临行之前，他交代警卫员几项任务，其中之一，就是要淮安县委把他的旧居处理掉。显然，周恩来已同八婶有所沟通。淮安县委不难理解周恩来的心意与精神，但作为县委来说，也不能不从政治上以至革命传统教育等方面有所考虑。后来，县委对周恩来旧居西边院子的三间堂屋，还是进行了较大的整修。因为那是整个旧居的一所主要建筑，而且因年久失修而有点危险了。

这件事最终也传到了周恩来那里，他是从弟媳陶华来信中得知的。为此，1958年，淮安县副县长王汝祥去北京时还挨了批评。周恩来说："听说你们把房子翻修了？这不好！我不是一再给你们带信吗？"王汝祥说："是修了。因为尔辉是军人，我们是作为照顾军属处理的。"周恩来摇摇头，不以为然地说："我的房子不能修。坏了可以拆掉，砖头、木料可以盖工厂，我有权这样处理嘛！"

6月29日，周恩来特别致信王汝祥并转淮安县委，恳切而严肃地说：

> 前接我家弟媳陶华来信，得知县人委准备修理我家房屋，我认为万万不可，已托办公室同志从电话中转告在案。
>
> ……
>
> 现在正好乘着这个机会，由我寄钱给你们先将屋漏的部分修

好，然后将除陶华住的房屋外的全部房院交给公家处理，陶华也不再收房租。此事我将同时函告陶华，并随此信附去人民币五十元，如不够用，当再补寄。

在公家接管房院后，我提出两个请求：一是万不要再拿这所房屋作为纪念，引人参观。如再有人问及，可说我来信否认这是我的出生房屋，而且我反对引人参观……二是如公家无别种需要，最好不使原住这所房屋的住户迁移。后一个请求，请你们酌办；前一个请求，无论如何，要求你们答应，否则我将不断写信请求，直到你们答应为止。

两年以后，周恩来接见淮安县委另一位负责人刘秉衡的时候，又提到这件事。这一次就比较严肃了。周恩来说："1958年王汝祥同志来，我叫他回去处理掉我的房子，他骗了我，到现在还没有处理，是吗？"刘秉衡作了多方面的解释。周恩来听完以后，再次交代，说："我的房子一定要处理掉，绝不能同毛主席的旧居相比。"第二天，邓颖超又为这件事专门找刘秉衡谈了话，恳切地说："总理多次说了，一定要把他住过的房子处理掉，不能和毛主席旧居比。如果不拆，也可以用起来：办幼儿园，办图书馆，或者让人去住，总之要用起来，处理掉……这是总理一贯的意见，我完全赞同。"最后，她还郑重其事地说："他是中央领导人之一。你是党员，你们应该听他的正确意见嘛！"

刘秉衡回淮安以后，向县委如实汇报了周恩来的严肃嘱咐，感到不能再违背周恩来指示的精神了。经过慎重研究，淮安县委决定把周恩来诞生和生活过的东边宅院，作为县委学习室和儿童图书馆，西边宅院让群众住进去。如此处理执行后，淮安县委写信向周恩来做了汇报。不久，淮安县委收到国务院办公室的回信，说总理对县委的做法表示满意。

1961年8月，周恩来在接见侄媳孙桂云的时候，又详细询问了淮安县委对旧居处理的情况。孙桂云在无意中提到，尽管这样，还是经常有人来参观。周恩来对这个情况很重视。他说:"还是拆掉好,拆掉了可以盖工厂、盖学校嘛!"他还郑重嘱咐孙桂云说:"你们不要说出我住过的房屋,还要告诉邻居,叫他们也不要讲。"

然而拆迁房屋必须经当地政府批准,周恩来和亲属们也无可奈何。

"私人住宅,谢绝参观。"

从此周恩来旧居门前有了这样一块木牌,但它只是多少阻挡了前来参观者进入院内的脚步,却无法阻止愈来愈多的人来到驸马巷。毕竟,这种自发的崇敬之情,不是一块木牌所能抑制的。

怎么办?了解到这些情况的周恩来越发不安。他决定采取行政手段彻底解决这个问题,使之不留痕迹。

1973年11月13日晚9时,国务院办公室吴庆彤打电话给淮安县委说:"最近周总理听到反映,要动员住在他家的居民搬家,还准备整修房子,准备开放让人参观,请县委调查有没有这样的事,向国务院办公室汇报。"

接到电话的第二天,淮安县委就委派一位常委去周恩来旧居了解情况。一直居住在这里的周恩来的侄儿周尔辉反映,没有人动员居民搬家,也没有整修过房屋;自发来参观的人,大都被谢绝了。当晚,淮安县委向国务院办公室如实汇报了情况。

11月17日,国务院办公室又给淮安县委来电话,正式传达了周恩来关于处理旧居的三条指示:

一、不要让人去参观;

二、不准动员住在里面的居民搬家;

坐落在江苏省淮安市的周恩来纪念馆(历史图片)

三、房子坏了不准维修。

第二天，淮安县委常委会正式作了研究，并根据周恩来的指示作了三项决定：一、不动员住在里面的居民搬家；二、不维修房屋；三、县委在干部会上动员大家不组织、不带领人们去参观。淮安县委还在当晚向国务院办公室做了汇报。

11月30日晚，国务院办公室又来电话，说："周恩来对县委决定的三点表示满意；以后要派人检查你们的执行情况。"隔了5天，国务院办公室负责同志又给县委书记打电话，询问对"三条"的执行情况，回答说："认真执行了。"

事情至此，应该说该解决的都解决了，然而并非如此。

1974年8月1日，周恩来见到侄媳孙桂云时，又当面问了"三条"执行情况。孙桂云汇报说："都执行了，但外地人千方百计找上门来，实在没有办法。"周恩来思索了一下，问："把房子拆了，你们搬个地方住，行吗？"在场的邓颖超表示支持，并说："拆迁吧，我们给钱。"孙桂云说："拆迁房屋要经政府批准，我们自己不好决定。"

周恩来点点头。最后，他嘱咐说："你们要劝说前来参观的人，叫他们到韶山去瞻仰毛主席的旧居。"

孙桂云充分理解伯伯的意思，会心地点了点头。

平祖坟：为生者留一块耕地

周起魁与二哥周昂骏在驸马巷买了宅院后，剩下的钱便只够在淮安城外买一块坟地了。根据自古以来的国人传统，家族墓地很重要。它不仅是家族

第三章
家庭生活：总理和至亲们的感情纠葛

的脸面所系，死时的哀荣是要大大超过生时的啼哭的；它还主家族风水，决定家族盛衰荣辱，其种种功用简直不是一本两本书所能尽言的。

周恩来小时候，自然去过祖辈、父辈的坟茔地，并少不了在每年清明去扫墓祭奠。从祖父周起魁始，周家坟地陆续埋葬了包括他生母、嗣母在内的数位亡灵。

但自从他12岁离家，他就再也没有回到这一片维系着他们家族"前途命运"的"风水宝地"，即使在1939年他前往绍兴探望宗族，为祖宗扫墓，举行各种仪式时，也未前往淮安。因为那里是日占区，他不能回去。1946年，他来到南京梅园新村，总算有机会可以回去，但正如前面所说，考虑到各种因素，特别是内战风云即将到来，他虽痛悔"亲恩未报"，但也只能遥望淮安而不能回。

中华人民共和国成立了，身为国家总理的周恩来从没有想过衣锦还乡，在父母的墓前烧香祭祀，而是在1953年请人向家乡淮安县委和县政府转达他的意见：平掉周家祖坟，把坟地交集体耕种。此后他又多次郑重表明以上意见，强烈要求地方政府按他的意见办。在1958年6月29日的那封信中，他即写道：

> 我家有一点坟地，落在何方，我已经记不得了。如淮安提倡平坟，有人认出，请即采用深葬法了之，不必再征求我的意见。我先此函告为证。

谁不敬爱自己的父母？在中国传统中，没有比挖祖坟更令人切齿的报复行为了。相应地，平掉自己的祖坟，也是大逆不道的行为。但中国有中国的国情，传统的东西有它需要扬弃和变革的内容，这就是死者坟地在一年年不断地扩大，与生者争夺着有限的土地资源。何为敬？何为不敬？又岂能以坟地的有无或大小来简单地判定？！当年，年轻的共和国掀起的一场全国性的平

101

坟风暴，正是为了从死者的坟地中尽可能多地扩大耕地面积，为了让生者更好地生活下去。20世纪60年代，周恩来曾经说过："这样，肥沃的土地就可以用来耕种……农民的土地太少了，坟地太多了……"

在这种情况下，严于律己的周恩来主动地做出了表率，一如他的侄儿周尔辉所说："叔叔充满了责任感。他决定铲平周家墓地，正值全国处于饥荒的时候。他必须做出自我牺牲的表率……"

周恩来把这一特殊任务交给了自己的侄儿周尔辉去完成。本来，1965年春节前夕，周恩寿得悉哥哥要平掉淮安祖坟，曾自告奋勇地主动"请战"。他比哥哥还早一年离开故乡淮安，和哥哥一样再也没有回去过。随着年龄的增长，特别是从工作岗位上退休以后，思念故乡之情与日俱增，他曾多次提出回淮安的要求，可哥哥都没有应允。而这次是一个千载难逢的好机会。

但周恩来没有同意。"为什么？"思乡心切的周恩寿不解地问道。

周恩来解释说："你的身份不同，是周恩来的弟弟。你回去后，省里、县里都要接待你，既影响人家工作，又造成浪费。我看还是等在西安的尔辉回去办吧，他母亲在淮安，是探家，不会惊动地方领导。"

周恩寿觉得哥哥言之有理，自己便不好再说什么了。

周尔辉领命回到家中，即把周恩来的意见向有关部门及家人做了汇报和说明。经核实，周家的坟地现在属于淮安县城郊公社闸口大队第五生产队，从1958年县机关干部在周家茔地上绿化以后，松树都已长到三四米高了。这样，他们又和第五生产队的干部取得了联系。下面的文章为我们介绍了这次平坟的经过：

> 这已是1965年农历的除夕，周尔辉和嫂子孙桂云会同县里领导，来到了第五生产队。随即，正在为过年忙碌的第五生产队的社员被广播喇叭召到了大队部，并被要求带着锹锨。
>
> 带着锹锨到大队部？这可是从未有过的稀罕事！不明所以的社

第三章
家庭生活：总理和至亲们的感情纠葛

员们三三两两到大队部会齐了。

见人员已到齐，生产队长王开成即向大家布置说："本来今天是不打算出工的，可是县委有一项特殊任务，那就是把我们周总理家的祖坟全部就地平掉，所有坟中棺材就地下沉到一米以下……"

"什么？平总理家的祖坟？！""这是谁的主意？！"人群中有人发出了质问。"是周总理自己的嘱咐。"闸口大队党支部书记接过话头，"不光你们想不通，我们想不通，就是把全国六亿人找来也未必有个想通的。现在请县委领导和总理亲属代表直接向大家交代这件特殊任务。"

孙桂云告诉大家，总理说，我们周家祖茔地在你们闸口五队这许多年，得到了你们的爱护，他感谢大家。总理说："我们国家耕地太少。人死了、不做事了，还要占一块地盘，这是私有观念的一种表现。平掉土坟，不但扩大了耕地面积，也是破旧俗立新风的一场革命。"这是他老人家早就想好了的事，他要带个头。所以，这次我家孩子他叔尔辉从北京回来时，总理向他交代了这项任务。说到这里，孙桂云指着那位青年军人说："如果不把我们周家的祖坟平掉，尔辉回北京就没法向我们的伯伯交差！"

沉默的人们明白了，这的确是"北京来的"意见。

"要说增产，我们全县一百多万亩土地，哪还在乎这半亩地？"县里的领导声音哽咽了，"但我们敬爱的周总理总是时时想着国家，事事想着人民。我们既然敬爱他，那就要听他的话，照他的意见去完成这个任务。"这位县领导讲不下去了。群众也无话可说了。在孙桂云和周尔辉的带领下，人们心怀敬意地走到周家祖茔地，先刨走松树，再一一挖开七座坟包，把墓中的十三口棺材一一抬上地面。从棺材前挡板上留下的铭志，人们辨认着每口棺材的主人：周恩来的祖父周攀龙先生，他的妻子曾氏；二祖父周昂骏先生，他的妻子郑氏；周恩来的小叔父周贻淦先生；周恩来的生母万氏、嗣母陈氏以及周恩来的八叔周贻奎、婶母周八太等。人们把底坑挖深，再一口一口深埋下去。其中周恩来的祖父和二祖父的棺木比较大，人力抬不方便。他们又从县邮电局借来木料搭成三角支架和能起重的"油葫芦"，先把棺材吊起来然后再慢慢放到挖深的坑里去，经过整整一天的劳动，周家的祖茔地变成了一片平整的粮田。

春节过后，周恩来在北京听了周尔辉汇报的平坟经过后，不仅表扬他做了一件好事，还特意嘱他的秘书从他的工资中给生产队汇来70元钱，"汇款人简短附言"栏内写着："此款支付生产队平坟工资和赔偿青苗损失费。"

在平掉淮安周家坟地之前，周恩来已把客死重庆的父亲的坟墓做了处理。1942年，他的父亲周贻能在重庆病故后，即安葬在小龙坎福元寺的一块墓地。中华人民共和国成立后，一向孝顺的长子周恩来并没有因循旧规，把父亲棺木迁回淮安周家坟茔地，同生母合葬。倒是重庆市委考虑到他父亲生前曾做过有益于革命的工作，就把他父亲的棺木葬到了革命烈士公墓。周恩来知道后，要求他们立即把棺木迁出。重庆市委一来觉得没有什么不妥，二来觉得既然已经葬入公墓，也就没必要再迁出。但周恩来没有忘记这件事，1954年他派办公室的一位同志专程前往重庆，督办此事。结果，周贻能的棺木从革命烈士公墓迁出，葬到了一个荒僻的小山腰上，且没有立墓碑。到"大跃进"的1958年，毛泽东提出，死人应该给活人让路。周恩来带头响应号召，火化了他父亲的遗骨，把骨灰放在坛子里深埋了。

在平掉了淮安周家坟地之后，周恩来又做了更多的工作，费了更大的周折，把祖籍远在浙江绍兴的曾祖父周樵水的坟墓也平掉了。

第三章
家庭生活：总理和至亲们的感情纠葛

十条家规：唯人生赖奋斗而存

国有国法，家有家规。这是周恩来生前在自己的家庭生活中曾立下的十条不成文的家规：

1. 晚辈不准丢下工作专程来看望他，只能在出差顺路时去看看。
2. 来者一律住国务院招待所。
3. 一律到食堂排队买饭菜；有工作的自己买饭菜票，没有工作的由总理代付伙食费。
4. 看戏以家属身份买票入场，不得用招待券。
5. 不许请客送礼。
6. 不许动用公家汽车。
7. 凡个人生活能自己做的事，不要别人去办。
8. 生活要艰苦朴素。
9. 在任何场合都不要说出与总理的关系，不要炫耀自己。
10. 不谋私利，不搞特殊化。

这十条家规，自觉地渗透到周恩来家庭生活的每一个细节中，清清楚楚地反映着周恩来公私分明、不搞特殊化、提倡艰苦朴素的优秀品质。

这十条家规的每一条上都发生过一些令人肃然起敬的故事。

1946年6月，周恩来在南京与国民党谈判，"正值万忙之中"。此时他的

周恩来在中共代表团驻地梅园新村十七号院内（历史图片）

堂哥周恩夔偕嫂子陆淑珍找来，请求帮助。周恩来在"无法再谋一面"的情况下，于6月11日写信给兄嫂，道出了自己的肺腑感受："相别几近30年，一朝晤对，幸何如之。旧社会日趋没落，吾家亦同此命运，理有固然，宁庸回恋。唯人生赖奋斗而存，兄嫂此来，弟处他人檐下，实无可为助。"但他同时表示："倘在苏北，或可引兄嫂入生产之途，今则只能以弟应得之公家补助金5万元，送兄嫂作归途费用，敢希收纳。"

"人生赖奋斗而存"，可以说是周恩来一生的写照，也是他的家规、家风的核心内容。

周恩来有一个堂兄，抗战时，曾帮助中国共产党建立过电台，但后来竟屈服于压力，加入了国民党，中华人民共和国成立后一度被关押。这个堂兄的孩子因家庭关系，入党一直未能转正。后来，这个孩子来找周恩来。周恩来帮助他正确地认识家庭问题，鼓励他接受党组织的考验，并说："不能因为你是周恩来的亲属就去干涉你的转正问题。"多年以后，这个堂兄的孩子终于靠自己的努力，入党转正了。

1964年8月10日，周恩来抓住在外地的一些亲属恰巧都因公在京的机会，召集了一次家庭会。他在讲话中借用历史上过五关的英雄故事，赋予思想修养新意，教育亲属和晚辈要过好五关：思想关、政治关、亲属关、社会关和生活关。

第三章
家庭生活：总理和至亲们的感情纠葛

周恩来首先谈了过好思想关的问题。他教育晚辈：必须树立正确的宇宙观，掌握马克思主义的唯物论和辩证法，思想方法不对头，看一切问题都会看不准，甚至颠倒了是非。所以，一个人活到老，做到老，学到老，改造到老。在一年之前，他就曾对一个侄子说过类似的话：要永远感到不足，思想才能不断进步。我革命40年了，难道没有一点旧思想了？要革命一辈子，学习一辈子，改造一辈子。

讲到如何过政治关，周恩来教育亲属们：要站稳无产阶级立场，只有立场正确，才能有正确的观点和方法，才能更好地为人民服务。在这之前的8月2日，周恩来已召开过一次家庭会议，那次主要讲了如何正确认识和对待自己的封建家庭出身问题。周恩来对家庭出身上的这块"疤"看得很重。他从自己的堂祖父讲起，讲到祖父周起魁任淮安府山阳县知县的事。他说，尽管他没有田产，也不出租房屋，但仍然属于剥削阶级；因为全家是靠做官吃饭，这个官是为封建地主阶级服务的，所以不可能做到清廉。周恩来讲了自己由受封建教育，到受无产阶级爱国主义教育，后来受马克思主义的教育，逐渐走出封建家庭，走上共产主义者的道路的历程。他要求亲属，要与封建划清界限，必须向工农学习，走与工农相结合的路。他讲这是属于过政治关即立场的问题。

讲到过亲属关时，周恩来说：我们是出身于旧家庭，我要带领你们向无产阶级投降。"投降"这两个字不大好听。20年前延安整风时，文艺界人士也怕听这两个字。后来，朱总司令讲话，对自己的前半生作了自我批评以后说，我现在才投降无产阶级。那些人听了，才考虑到应该向无产阶级投降。否定封建的亲属关系，不是消灭他们，而是改造他们，拖着他们跟无产阶级走，把他们改造成新人。

接着，周恩来详细地谈了过社会关和过生活关问题。最后，周恩来强调："这五关中，一头一尾，思想关和生活关最重要。"

周家三兄弟：量材施教，以冀有成

周恩来兄弟三人。二弟恩溥，字溥宇，乳名"小和尚"，生于光绪己亥年。三弟恩寿，字同宇，乳名"小黑子"，生于光绪甲辰年二月二十三日，即1904年4月8日，后过继给四伯父周贻赓为子。

周恩来在生母和嗣母去世后，便承担起长子当家的责任，并要照顾两个弟弟。他带着"小和尚""小黑子"离开了生活三年的清江浦的舅舅家，回到了淮安驸马巷自己的老家居住。在八婶的帮助下，周恩来兄弟三人过着艰难的日子。此时的周家大院与往日相比，显得有点凄凉。过去，"这屋里总是亲友盈门，本族亲友及外地亲属经常登门……有时候这些亲友一待就是几个月，甚至几年……周家是个典型的绅士之家，很讲究面子和身份。对于本家的任何人，我们都从不拒供住房和费用，哪怕是我们得借钱或到当铺里去典当"。而今的周家大院，则只能说是越来越冷清了。"以往客客气气、慷慨大方的邻居现在对周家也敬而远之了。只有奶妈蒋江氏，虽无工钱，却毫不动摇，继续照顾着恩来和他的两个弟弟。"

由于家道中落，八叔又身有残疾，周恩来三兄弟和八叔一家的日子之艰难可想而知。房子典押的典押，拆掉的拆掉。"他的叔父贻奎和婶母在家翻箱倒柜，找出一些衣物、瓷具、书籍和字画让恩来拿到淮安城里的当铺典押。当铺的柜台高高在上，好不威严，使来典当的人顿生畏惧和自惭的感觉。恩来自幼个小，不得不把双臂高高地举过头顶，才能把要典押的东西放到柜台上。"后来，周恩来被姨表舅龚荫荪接到他家的塾馆寄读，"小和尚""小黑子"因年龄还小，便留在周家大院，在挖野菜、捉迷藏、爬树、摘野果、打

第三章
家庭生活：总理和至亲们的感情纠葛

弹弓之类的活动中迎接一个个春夏秋冬。

1910年春天，远在奉天（今辽宁省）谋事的伯父周贻赓将12岁的周恩来接出了古城淮安。二弟"小和尚"留在八婶家，三弟"小黑子"寄食在清江浦的十四姨妈家。"小和尚"由于受教育较少，比较任性。1916年夏，一次，因对八婶的管教不服，"小和尚"竟离家出走，一个人摸到扬州的十三舅万富之家中。此时，周恩来正在天津就读南开学校，从十三舅的来信中知道了这件事。周恩来很快给舅舅回了信，要"小和尚"去天津。万富之为"小和尚"筹足了路费，并且让表哥万叙生送他到浦口车站。

"小和尚"到了天津后，周恩来于8月15日给舅舅万富之写了一封信，信中写道：溥甥"现寓四家伯处，拟令其暂束身心，俾一切习惯渐变故态，然后再量材施教，以冀有成。唯恨时机已晚，不克受完全教育。七载荒废，责在父兄。今而后知教育子弟事，非可疏忽视之，致贻后日无穷之悔也"。"此后管束之方，尚望不弃时赐教言，俾作指南，以匡甥之不逮，是为至盼。"

周恩溥后来曾到东北生活，再后来又到山东谋生，1944年年底在山东病逝。

周恩来的三弟周恩寿因出生后皮肤稍黑一些，家里人便顺口喊他"小黑子"，并以此作了乳名。1918年，14岁的周恩寿来到了天津，给四伯父当了过继子。1921年他也考入南开中学读书。在这所新型学校的进步思潮影响下，他于1924年春加入中国社会主义青年团，同年冬转为中国共产党党员。1925年，周恩寿受党组织派遣，以入北平宏达学院学习为掩护，到北平市做党的地下交通和宣传工作。

1926年1月，经党组织决定，周恩寿进入黄埔军校第四期政治科大队学习，同年6月毕业后，进入北伐的国民革命军，任总政治部宣传员。1927年春改任武汉邮电检查委员会主任，并继续参加北伐宣传的筹备工作。就在这期间，周恩寿因年纪轻，涉世不深，仅因一件生活小事而离开队伍一段时间。一向律己甚严的周恩来知道后非常生气，严厉地批评和处理了弟弟。年轻的周恩寿又害怕又爱面子，内心很痛苦。几十年后，有人曾向周恩来问起这件事，周恩来坦诚地说："我那时年轻，火气大，是我对他帮助不够。"表现了他对弟弟的负疚之情。

1928年年初，周恩寿离开了革命队伍，也自行脱离了共产党。随后，他只身前往吉林的四伯父处。在吉林时，他担任吉海铁路局检查课的课员，过起了平民生活。谁料，他在这里，竟帮了哥嫂一个大忙。

1928年5月上旬，周恩来、邓颖超化装成一对古董商人夫妇，从上海秘密乘坐日本轮船，拟经大连、东北赴莫斯科出席中共六大。船经青岛时，受到日本侦探的注意。特务跟踪他们到大连，并对他们进行盘查。邓颖超后来回忆过这段经历：

> 当轮船刚停靠大连码头，我们正准备上岸时，驻大连日本水上警察厅上来几个人，对我们进行盘问。首先问恩来同志是做什么的？他回答是做古玩生意的（实际我们携带的箱子里一件古玩也没有）。又问你们做生意的为什么买那么多报纸？我们说，在船上没事可以看看。他们又问到哪里去？回答，去吉林。问到东北干什

中共六大会址（历史图片）

么？答去看舅舅。他们当即让恩来同志跟他们去水上警察厅。在那里，他们又详细询问恩来同志出生年月日、学历、职业等，当问到你舅舅姓什么？叫什么？回答他姓周，叫曼青。问他是干什么的？答：在省政府财政厅任科员。他们问你舅舅姓周，你为什么姓王？恩来同志说：在中国舅舅和叔叔是有区别的，姓氏是不一致的，不像外国人舅舅、叔叔都叫uncle，因此，我舅舅姓周，我姓王。对方又说：我看你不是姓王而是姓周，你不是做古董生意的，你是当兵的。恩来同志伸出手去说：你看我像当兵的吗？他们仔细端详不像当兵的手，然后开抽屉看卡片，对恩来讲，你就是周恩来。恩来又反问他们，你们有什么根据说我是周恩来呢？我姓王，叫王某某。他们的一系列的盘问，恩来同志泰然沉着地一一作了回答。他们为什么怀疑是周恩来，可能与在黄埔军校任职有关，有卡片。

从水上警察厅回来后，周恩来和邓颖超销毁了接头的证件。当天下午，他们离开大连，坐火车前往长春，然后转往吉林市，去看望他的四伯父。在车上他们仍被人跟踪。邓颖超回忆说：

上车后发现同我们坐对面的乘客是日本人，用中国话同我们攀谈，我们也同他聊天。当时，已识破他是跟踪我们的。

到长春后，似乎没有人跟踪了，住进旅馆，周恩来立即换上长袍马褂，把胡子刮掉，又乘车去吉林。到吉林后，周恩来先住进旅馆，没敢直接去四伯父家，而是用乳名写了一封信，请旅馆的人送到四伯父家。信上只简单地写着：问舅父好。下面签着"大鸾"两个字。周恩寿一见到哥哥那熟悉的字迹，知道他到了吉林，并根据信中对四伯父称"舅父"这一情况判断，他的处境一定很危险，就悄悄地前往旅馆接回了哥嫂。

中共六大秘书处办公楼旧址（历史图片）

周恩来、邓颖超在伯父家停留了两天。由于接头证件已全部毁掉了，他们只有另想办法。经商量，周恩来一人先启程去哈尔滨的二弟恩溥处住下，翌日再让周恩寿陪邓颖超赶去哈尔滨会合，并由邓颖超、周恩寿在哈尔滨火车站等候比他们晚启程的李立三，并终于等到了。这样，在周恩寿的掩护下，周恩来、邓颖超和李立三安全地去了苏联。1974年，已经病重的周恩来对他的侄儿、侄女说：虽然你们的父亲那时脱了党，但我相信他不会出卖我们，实际上他还掩护了我们。

周恩来在长征路上时，养育他多年的四伯父在天津病逝。周恩寿无法将这一噩耗告诉哥哥周恩来，为替哥哥尽侄子对伯父的孝道，他思忖再三，避开国民党特务和日本密探们的耳目，在讣告的下款印上了人们并不熟悉的周恩来乳名"大鸾"。

1936年，在哈尔滨担任税务监督署股长的周恩寿，与在哈尔滨电业局工作的满族姑娘王士琴结了婚。1943年，周恩寿与妻子王士琴以及两个孩子一起从哈尔滨迁到天津，与四伯母杨氏住在一处。

1946年2月，正在军调处执行部工作的周恩来从北平发电报给弟弟，要他到北平见面。自从在哈尔滨火车站一别，他们兄弟二人已经有18年未见面了。

周恩寿来到北平，与哥哥叙完离别之情后，向哥哥提出继续参加革命的要求。一贯遵守组织纪律的周恩来不便自己做主，就叫他去找北平军调部的中国共产党代表叶剑英。叶剑英代表组织，让他继续隐瞒身份，回天津以做生意为掩护，为党组织提供活动经费和医疗器械、药品等紧缺物资，在隐蔽战线上继续为革命做贡献。遵照叶剑英的安排，周恩寿回天津后开办了一处"民生货栈"，并按规定与天津地下党员周世昌联系，药品、经费等均通过周世昌转交给党的组织。

1947年7月，周恩寿被国民党特务机关天津警备司令部稽查处逮捕。在狱中，周恩寿除了承认是周恩来的弟弟，没有暴露为党工作的任何蛛丝马迹。后来他经人保释出狱。1979年中组部对此事的最后结论是："周同宇（即周恩寿）同志1947年被捕期间总的表现是好的，出狱后继续同我党地下党员周世昌同志保持秘密联系。"

1949年4月，北平解放不久，周恩寿和王士琴便从天津前往北平见兄嫂。周恩来因工作太忙，直到深夜才与他们匆匆见了一面。王士琴第一次见到周恩来，很拘束。周恩来却很随和地问王士琴："你是哪里人啊？"王士琴不好意思地回答："我的家乡不太好，我是哈尔滨人，是东北的。"那时，因为东北很长一段时间在日本人占领之下，北平有一部分人对东北人印象不太好。周恩来马上睁大眼睛表示不同意："东北有什么不好呢？我就喜欢东北，因为我就是吃东北的高粱米长大的。"王士琴听了这番话，轻松了许多。周恩寿向哥哥表示，希望能继续为革命做点工作。周恩来对弟弟说："我看你应先去上华大，学习后才能为人民工作。"

1950年，周恩寿从"华大"学习毕业，被分配到北京钢铁局当科长，后来又调到冶金部。他曾先后担任过华北钢铁局工务处副管理师、重工业部钢铁局供销处秘书、购运总站副站长和仓库管理科科长等职。后因病不能坚持正常上班，1959年，周恩寿被有关部门安排到内务部任专员。

由于家里孩子多，夫妻工资低，周恩寿家的生活常有捉襟见肘之窘。周恩来对弟弟的生活尽可能地给予资助，每月都给以补贴。同时，弟弟家"三个较大的孩子平时住校，到寒暑假和星期六就都住在西花厅，星期天再去看父母"。但自己照顾是一回事，要组织上照顾则是另一回事，周恩来不希望弟弟因为自己的关系而受到特殊照顾。

周恩来得知周恩寿调到内务部后,向内务部部长曾山多次提过意见,又在会上讲了这件事。他说:"周某人的弟弟在内务部做参事,不管是什么原因去的,总没有好影响。他在工业部时能够工作,我不干涉,现在当参事等于拿干薪,那就要考虑了。"会后,周恩来又对曾山讲:"同宇不能坚持正常工作,就应该按有关规定办理因病退休手续,如果他因此在生活上发生困难,我个人给予补贴……我讲的绝不是客气话,是要你们按规定去办的。"

周恩寿到了内务部后,因患胃溃疡,经常请假休养,仍然不能正常上班。曾山认为周恩来要周恩寿提前退休的话只是说说而已,也就没当回事去办。但周恩来没有忘掉,不久,周恩来很严肃地对曾山说:"你再不办,我就给你处分了,他不上班,不能拿全工资。"就这样,周恩寿于1963年6月提前一年办理了退休手续。打这以后,周恩来也把对周恩寿家的经济补贴提高到了每月200元,这几乎花去周恩来自己工资的一半。

1964年8月,周恩来在西花厅对弟弟说:你已退休一年了,退休时我说过,现在小学的二部制多,孩子一放学回来就野了,吵嚷打闹得很乱,你现在拿着国家的退休金,应该为人民做点事情。你可以把孩子们组织起来活动、学习。周恩寿马上回答:"已经做了。"周恩来接着又说:"你是我兄弟,你身体不好,人家让你够年龄退休,而不是退职,一定会说是因与我的关系,这样你就要表现出模范行动来。你尽点义务,虽然劳累,但是你的精神一定会好的。"

"文化大革命"期间,江青一伙儿为了整倒周恩来,硬是无中生有地把周恩寿说成是"刘少奇黑线上的人物",并发难到毛泽东、周恩来处。周恩来十分明白江青等人的险恶用心,于1968年2月在谢富治"拘留"周同宇的请示报告上令北京卫戍区将周同宇"拘捕审查"。直到1975年4月末,经毛泽东过问批准,周恩寿才得以释放回家休养,并在"文化大革命"后获得改正,只可惜他的长兄再也看不到这一切了。

第三章
家庭生活：总理和至亲们的感情纠葛

侄子周尔辉的"特殊待遇"

周恩来虽然没有自己的孩子，但由于家族关系，他的侄子、侄女等晚辈并不少。对于这些晚辈，周恩来要求也很严格，从小教育他们要树立长大后到农村、到基层，当农民、当工人、做普通劳动者的思想。周恩来还教育他们说："你们要严格要求自己，带头执行党和国家的各项政策规定，不能利用亲属的职权搞特殊化。"

在这些晚辈当中，周尔辉算是一位代表，因为他不仅生于淮安，长时间工作在淮安，而且是周家这个大家庭中唯一一支"留守"淮安，并一直延续住至中华人民共和国成立后的一家；他还是享受到几次"特殊待遇"的一位。

周尔辉是周恩来八婶的孙子，他的爷爷周贻奎即前面提到的周恩来的八叔，在周恩来父辈的兄弟四人中排行老三。他的父亲周恩硕是周恩来叔伯弟兄中的老二，中华人民共和国成立前被日本鬼子和汉奸杀害，留下母亲陶华与八婶共同操持着家务。

中华人民共和国成立初期，周尔辉一家十分贫困。1952年，八婶两次带着尔辉来北京看望周恩来，后来就把他留在北京读书。

当时，北京既有专门为干部服务的干部子弟学校，也有各方面条件比较好的重点中学，周恩来没有选这两类学校，而是把周尔辉送入由私立汇文中学刚刚改为公办、条件比较差、学生主要是普通劳动者子女的北京市第26中学住校学习，当时学生住校时有两种伙食标准：一种是每月9元，一种是每月7元。周恩来只让尔辉吃每月7元标准的伙食，并一再叮嘱尔辉，无论是谈话还是填写表格，都不允许透露和伯伯的这层关系，若人家知道你是总理的侄儿，就会处处照顾你，迁就你，你就会产生优越感，进步也就慢了。

周尔辉在伯伯身边读书多年，每逢星期六从学校乘公共汽车到中南海，从西北门回到西花厅，星期一一早再乘公共汽车返回学校，没有用过一次伯伯的小车。因为周恩来工作特别忙，即便在他身边念书的人也很难和他见上面、说上话。偶尔碰上与周恩来一起吃上一顿饭，周恩来也只问问学习情况，鼓励尔辉他们要好好学习。周尔辉印象最深的是，伯伯曾对他说："我们供养你念书，不仅因为你是我的侄儿，是家族关系，而且是为了减轻社会负担，如果我们不给你学习、生活费用，国家、社会就要多一份负担。这，你懂吗？"

不仅如此，几年的读书生活中，周尔辉在生活上一直很俭朴，从不提出什么要求。一次，他希望有一个小箱子装装自己的日用品。周恩来知道侄儿的要求后，没有给他买，而是找出一个已经破成两半的旧箱子，让他修修再用，一直用到这个箱子已经破成两片板，无法再修的时候为止。1958年，周尔辉要到湖南去参加劳动锻炼，对伯伯说："我想买一个箱子。"周恩来说："好啊，我给你一个比箱子更好的东西。"周尔辉愣住了，见伯伯拿出一个保存完好的用土布缝制的、便于放在驴马背上的马褡子，他告诉周尔辉："这是我在延安时期用的。你拿去用吧，很方便呢！"

周尔辉从来没有透露过自己是周恩来的侄子，也从没得到学校的什么特殊照顾。后来，直到他中学毕业后考上北京钢铁学院，在申请入党的过程中，组织上到淮安去调查了解他的家庭出身和社会关系，才知道他和周恩来的关系。

周尔辉在北京钢铁学院毕业后，留校工作了。他29岁了，因为种种原因还没成家，最后从淮安老家谈上了一位小学教师，名字叫孙桂云。1961年7月3日，他们俩在周恩来住所中南海西花厅举行了婚礼。侄子结婚了，也算了了周恩来这位当伯伯的一桩心事，高兴之下，他送些什么礼物呢？

一床周恩来用过的半新的格子床单，一件周恩来穿过的短袖衬衫，一条周恩来穿过的旧毛料裤子，还有一幅"松鹤长寿"的织锦画。这就是伯伯周恩来和伯母邓颖超为这对新婚夫妇特别准备的礼物。周恩来笑着对尔辉和桂云说："没有置办新东西，这一条旧床单、两件旧衣服，不要嫌不好。当年，我和你七妈在广州结婚时，比这还俭朴，也没有请客，没有买新衣服，条件比现在艰苦多了。可是你们要懂得，艰苦朴素光荣嘛！"邓颖超则补充说："结婚是人生一件大喜的事情，是你们的终身大事，你伯伯特意安排陪你们小夫妻一起吃顿饭，喝两杯喜酒；一起陪你们合照留影，留作纪念；一起带你们去看一场戏，就算为你们贺喜了。"小两口一听，真是喜不自胜，多少年来，伯伯也没有这么"款待"过他们啊！这真是结婚大喜啊！

7月3日婚礼这天，北京的周家亲属及一些故交、身边工作人员都来了，可是外地的周尔辉母亲陶华、弟弟尔萃没让来。两桌婚宴是周恩来自己掏钱办的，可事后他在党小组会上作了自我批评说："周尔辉结婚我不该搞那么'大'的场面，希望大家都能引以为戒。"事隔多年，周尔辉夫妇谈起伯伯赠送的特殊的结婚礼品和结婚仪式，总是笑容满面地说："对于伯伯和七妈的精心安排，尤其是对二位老人的心意，我们终生不忘。"

周尔辉和孙桂云结婚后，组织上为了照顾他俩，准备把孙桂云调到北京钢铁学院子弟小学任教，并先把户口、工作关系等转到了北京。一次，这对新婚夫妇去西花厅看望周恩来和邓颖超时谈起此事，正在组织领导精简城市人口、努力克服三年经济困难的周恩来惊讶地说："噢！那么容易呀？！要是人家不接收呢？！"

"不接收，我就再回淮安去呗。"孙桂云爽快地说。

周恩来不放心地又问："你真高兴回淮安？"

尔辉替她回答说："她真高兴回淮安，我也高兴回淮安。"

周恩来笑着说："好啊，就这么说定了。"

事后，周恩来立即批评了有关单位，并做工作说：照顾夫妻关系，为什么不能从大城市朝小城市调，而偏偏向首都挤呢？没多久，周尔辉夫妇还在蜜月中，北京钢铁学院就按周恩来的意见将新娘的户口关系退回了淮安。

周恩来对他们说："这几年遭受自然灾害，中央调整国民经济，北京市大量压缩人口，国务院也正在下放、压缩人员，你们为什么搞特殊化，不带头执行？"他还说："任何时候都要防止特殊化，学校里学的东西也可以带到家乡去发挥作用嘛！"

怕他们夫妇想不通，邓颖超又耐心地对周尔辉夫妇进行说服教育。邓颖超说："伯伯是抓压缩城市人口工作的，他要带头执行这项政策。"邓颖超又拿出一封信和一些钱交给周尔辉说："这信是给组织上的，对你不能特殊照顾，不能因为安排你夫妻工作而影响别人；这是补助你们的生活费。在你们工作没安排前，生活费全由我们负责。"这样，在伯伯、伯母的动员下，加之那时青年人在大城市还是小城市工作无所谓，孙桂云也就愉快地返回了淮安。孙桂云回淮安不久，周尔辉也在伯伯、伯母的劝说下愉快地调回了淮安，并遵从当地组织上的安排，在淮安县中学当了一名普通教师。

周恩来在知道周尔辉要调动前，特意派人到淮安进行了调查，看在调动上、安排上有没有给予特殊照顾的地方，在确认没有照顾后，才让周尔辉调回淮安。

离开北京之前，邓颖超和周尔辉、孙桂云夫妇一起吃饭时，谆谆告诫说："你们有和伯伯的关系，可能办什么事要快些。不过娃娃呀，有些事就是办了，也得改回去，而且有关领导还得挨你们伯伯的批评。"

周尔辉回到淮安后，一直在淮安县中学当一名普通的教师，先后教过数学、政治等课目。在"文化大革命"中，周尔辉曾作为淮安县中学革命师生代表之一赴京，周恩来在百忙之中与周尔辉约谈了50分钟之久，这是周尔辉一生当中唯一一次与伯伯周恩来的单独长谈，也是周恩来给了他众多侄儿、侄女等晚辈们的一次"特殊照顾"。那是1966年10月，周恩来也是对那场突如其来的"革命"不甚理解的人之一，他借此了解一些基层运动的发展情况，并教育他的亲属晚辈们要"相信群众、相信党"，做一名"经风雨，见世面"的共产党员。

1976年1月8日周恩来与世长辞后，周尔辉痛不欲生，恨不能插翅飞到北京来见伯伯最后一面。但他也收到了"听到消息后千万不要来京"的加急电报，一家人只好在家里，也是周恩来出生的房屋里布置了一个小小的灵堂。全家人一边哭一边做花圈。1月13日，江苏省委将周尔辉、孙桂云选为群众代表，随省委领导一起飞赴京城，参加了他们敬爱的伯伯的遗体告别仪式和追悼会，这是在周家亲属中周尔辉又一次享受到的"特殊待遇"。追悼会结束后，周尔辉哭着要带几件伯伯的遗物回去做纪念，邓颖超告诉他："伯伯的遗物处理要中央研究决定，你们的请求我知道了……"

后来，周尔辉收到了由中共中央办公厅寄来的一个小包裹，里边是周恩来生前用过的一条被誉为"百衲巾"的旧浴巾，一顶军帽。后来，这块一共打了14块补丁的旧浴巾在淮安周恩来纪念馆展出，述说着周恩来艰苦朴素的生活。

"布衣暖，菜根香，读书滋味长。"晚辈中谁成了工人、农民等普通劳动者，周恩来总是特别喜欢，十分关怀，积极支持，热情鼓励。

1958年，侄子周荣庆到河南农村当了拖拉机手，和其从部队退休的妈妈一起参加农业生产劳动。周恩来知道后，很高兴地写信支持：

兰芳同志并荣庆好：
  听大姐读你来信，很高兴。你们首先进入公社生活，我们祝贺你们……
  祝好！

周恩来

这封言短情长的家信，字里行间体现了周恩来对晚辈的厚爱和期望。

周恩来的另一个侄女周国盛当了工人,他对此寄予极大的希望,热情鼓励说:"我们周家没个工人,国盛当了工人,就要好好培养她做个好工人。"

1968年12月23日,《人民日报》套红发表了毛泽东的一段语录:"知识青年到农村去,接受贫下中农的再教育,很有必要。"一个震惊神州大地乃至世界的知识青年上山下乡运动从此掀起了高潮。

革命圣地延安在这场"人口大迁徙"中,成为数万名知识青年的首选之地,在这数万人的行列里,有北京市第35中学1967届初中毕业生——周秉和。

周秉和是周恩来的亲侄子,在家排行老五,老六是周秉建。对自己侄子赴延安插队,周恩来是大力支持,这种支持当中,甚至还包含他对延安的那一份特殊的情感。

周秉和回忆临行前与伯伯见面的情景时说:"'文革'开始后伯伯一般不会客,见到他的机会很少。当伯伯知道我要报名去延安插队的消息后,破例请我去他那里并和我共进晚餐,可见他很重视这件事。吃完饭,我提起去延安插队的事情时,心情还有点紧张,因为父亲在受审,没有生活来源,去插队还拿不定主意。我急切地想听听伯伯的意见,只见伯伯略思片刻,微微抬起头,直视着我——想不到我这个不成才的孩子居然能作出这样的决定。他笑了起来,会意地和伯母点了点头,一字一句地说:'好!我支持你去延安。'"

接着,周恩来又谈了几句话,除了教育秉和要有吃苦耐劳的准备、向贫下中农好好学习,还拿出一些钱,叫他去买一个半导体收音机,要他关心时事,了解中央精神,不要放松政治学习。

拿着伯伯、伯母送给他的插队"礼物"——半导体收音机,16岁的周秉和登上了西去的列车。

到陕北的第一年,周秉和来到了离延安县城90里远的冯庄公社新科大队。这里是山区,基本上没有水,劳动和生活条件都比较艰苦。除了新建的

第三章
家庭生活：总理和至亲们的感情纠葛

窑洞潮气很大，粮食也不够吃，配给的粮食中有相当一部分是黄豆，而知青干的活却不轻松，搞基建、拉石头、送粪、掏羊圈……对于当时十六七岁正处在长身体阶段的他们来说，这些活是很重的。面对这些困难，周秉和牢记临行前伯伯的嘱托，作了吃苦的准备，同其他知青一样，在一年多的时间里，经受了艰苦生活与繁重劳动的考验，和当地农民结下了深厚的感情。

1970年年初，周秉和从陕北回京探亲，到中南海西花厅看望伯伯，利用吃晚饭的机会向伯伯谈了自己在延安农村插队的感受，同时把一些所见所闻以及他感觉到的工作中的问题，向伯伯做了汇报。周恩来非常关心在延安插队的北京知识青年，很想全面了解延安的情况，他要求秉和再找一两个和他一起插队的知识青年来谈一谈。周秉和想起过去曾在周恩来身边工作的一位老同志的女儿在延安李渠公社插队，就把她找来了。他俩一起向周恩来和邓颖超汇报了延安插队知青的情况和在延安的所见所闻。

他们首先谈到延安当地人民生活还很贫苦，时而可以看到从榆林下到延安要饭的老乡，有的老乡家里还在吃糠，有的人家里几口人共盖一条被子……延安当地的老红军常常回忆起毛主席当年在延安时的生活，他们说现在的生活不如毛主席在时那样好。周恩来听到这些，心情十分沉重。尤其听到延安现在还有要饭的、吃糠的，周恩来十分吃惊，脸色变得很不好。这之后，他们又谈到延安现在还有买卖婚姻，女子出嫁还用秤称，按斤数收礼钱，还有赌博等现象；知青管理不好，学习、住房无人管，知青之间相互闹矛盾，打架无人过问；有的知青的东西常常被偷；有的知青受当地农民体罚；等等。

周恩来仔细听完他们所讲的情况，表示中央会重视知青在延安的问题，不仅中央会重视，陕北也会重视的。谈话结束时，周恩来神情严肃而又慈祥地问周秉和："你能不能表个态，到底回不回延安去？"也许，周恩来是怕侄儿不想回去了，因为那里是如此的艰苦。

周秉和虽不知伯伯的神态为什么变得严肃起来，但仍然不假思索地表了态:"我肯定回延安!"

周恩来加重了语气,似乎要再试探一下周秉和的决心,问道:"那你能不能向我保证?"

周秉和以发誓的口吻一字一句地答道:"我肯定能向您保证!"

这时,周恩来脸上才露出了欣然的笑容。

春节过后不久,周秉和带着伯伯的嘱托返回了陕北,先后到延安地区枣园、何庄坪插队落户。他牢记伯伯和伯母的教诲,积极参加劳动,刻苦锻炼,拜农民为师,并积极参加政治活动,受到当地农民的赞扬,担任了团支部书记和民兵连长,在农村入了团,入了党,1972年4月初被当地贫下中农推荐上大学,跨入了清华大学的校门。

"我坚决支持你上山下乡"

周秉建是周恩来的侄女,1968年中学毕业后,她像哥哥周秉和一样,积极报名上山下乡,不过,她不是要到陕北,而是要奔赴辽阔的内蒙古大草原。

对于侄女的想法和行动,周恩来表示很赞成。在周秉建离京的前夜,周恩来对她说:"秉建,我坚决支持你上山下乡,到内蒙古大草原安家落户。我要求你沿着毛泽东指引的知识分子与工农相结合的道路永远走下去,一定要迎着困难上,绝不能当逃兵。"周恩来还嘱咐她说:"你去的是牧区,是少数民族地区,要很好地注意少数民族的风俗习惯。"

邓颖超给她讲了红军长征时经过少数民族地区的故事,周恩来又接着说:"所以,你到了蒙古族地区也要尊重那里的风俗习惯;还要学习他们的语言。"周恩来知道周秉建在家里不吃牛羊肉,特地要求她到牧区后锻炼吃牛羊

第三章
家庭生活：总理和至亲们的感情纠葛

肉，过好生活关。

1970年12月，申请参军的周秉建获得了批准，她很高兴地写信告诉了伯父、伯母。周恩来接到侄女的信，立即派秘书到部队了解她入伍的情况：她是怎么被批准参军的？是否通过正常手续？部队是否考虑到她是周恩来的亲属才同意她参军的？为此事，周恩来还向总政和有关军区的负责人提出要求调查和处理。要知道，此时还是"十年动乱"时期，部队那可是一个特殊的地方，不是一般人随意能进、又有很多人想进的地方，这就难怪周恩来要对侄女的入伍参军予以高度重视了。

1971年元旦，身穿绿军装的周秉建高高兴兴地来到北京看望伯父、伯母。不想，伯伯一见她就说："你能不能脱下军装，回到内蒙古草原上去？你不是说内蒙古草原是广阔天地吗？你参军虽然符合条件，但内蒙古这么多人里挑上了你，还不是看在我们的面上？！我们不能搞这个特殊。"

周秉建接受了伯父的批评，表示愿意回牧区去。她回到部队，向首长报告了周恩来的意见，但部队还是把她留了下来，以为周总理那么忙，说过之后就会把这事给忘了，拖过几个月，也就不会再说什么了。但没有想到，周恩来一直没有忘记这个他认为"搞了特殊"的事，知道部队没有立即让周秉建返回后，严厉地说："你们再不把她退回去，我就下命令了。"

结果，周秉建只好脱下心爱的军装，回到草原。周恩来这才高兴了，对侄女说："你回去以后，还要住蒙古包，住到生产队去。我没有孩子，但要教育侄子、侄女走这条路。"他语重心长地一再叮嘱周秉建说："要看到旧的习惯势力残余的影响，还是很严重的，对你的歧视可能小，对你的特殊照顾可能大，要防止这一点。"

有一次，周秉建回京探亲，周恩来和她一起吃饭时，询问了她的年龄和今后的打算后，慈祥和蔼地说："要在当地找一个蒙古族青年，在内蒙古安家。""就找那里的蒙古族青年，和牧民青年谈恋爱好不好？"还说："王昭君就是匈奴民族的儿媳妇嘛！你可以向她学习，做个蒙古族的儿媳妇嘛！这也是加强民族团结的一种体现,你在这方面要增进蒙汉民族的友谊和团结,做个好样子,起个模范作用。"

周秉建完全实践了周恩来对她的嘱咐和教育。20多年来,她在牧民乡亲们的帮助下,适应了牧区的生活,学会了放羊、骑马、说蒙语,习惯了睡蒙古包,真正成了草原女儿。后来她考上大学,参加了工作,又与蒙古族的一位青年结婚,成为一名蒙古族人的妻子和蒙古族孩子的妈妈。

1974年周恩来病重住进医院后,周秉建回到北京,知道伯父病重,非常想念,恨不得马上跑到医院去看望。但当时中央有规定,只有中央负责同志才可以到医院去。周恩来知道后,说:"我也很想见她,可我不能违反党中央的规定。组织上决定了的事,就应坚决执行。"周恩来在病重时期,还曾留下这样的嘱咐:希望他的亲属留在各自的工作岗位上,不要来北京。如果他们一定要来北京,应该自己花路费,一分钱也不要政府开支。

就这样,直到周恩来逝世,周秉建也没有见到疼她爱她的伯父。1976年1月8日,周秉建突然接到从北京发来的电报:"见报勿归"。这是怎么回事?她很纳闷。第二天早晨,她听到电台在哀乐声中广播了周恩来与世长辞的噩耗,悲痛至极的她这才明白了那封电报的意思,也明白此生再也不能听到伯伯的亲切教诲了。

/ 第四章 /

淮安情结：
总理一生未返乡之谜

◎就像一个长年在外的游子看到了久别的母亲一样，周恩来神情专注地注视着机翼下的故乡淮安！也许他怕打扰机组人员的驾驶，也许他已沉浸在对故乡一桥一巷的回忆之中，周恩来只是看，没有说一句话。

◎从他12岁离开家乡到东北开始，到他78岁在北京逝世，66个春秋，66个年头，周恩来再也没有回到那生他养他的古城淮安。

1910 年，周恩来 12 岁；1976 年，周恩来 78 岁。

从他 12 岁离开家乡到东北开始，到他 78 岁在北京逝世，66 个春秋，66 个年头，周恩来再也没有回到那生他养他的古城淮安。

难道他不想回吗？不！他说过，"一个热爱祖国的人是没有不爱他的家乡的"。他同许许多多的爱国者一样，挚爱自己的家乡，魂牵梦绕那片熟悉的土地。也正因此，离开家乡的他与渴望他回来看看的家乡之间，不曾中断过感人的故事，不曾中断过那种游子深情。

"快到淮安上空了吧？能不能拉下一些高度让我看看老家？"

周恩来为什么一直没有再回家乡看看？如果仅仅是以没时间来回答是难以服众的，周恩来虽然日理万机，但多年间的南来北往，一天半天的时间总不至于完全抽不出来。

他的亲戚说："尽管他在那里的童年生活并不愉快，但是他并不怨恨那里的房屋，也不讨厌淮安。他只是不想让他家获得任何特权。事情就那么简单。"

他的朋友说："周总理没有回淮安，因为他明白，他如果回去，他的各门亲戚马上会得到地方官员们的青睐和特殊照顾……这是难以避免的……"

事情就这么简单。但它的过程却是漫长的，66 年啊，从中华人民共和国成立时算起，也有 27 年啊！于是，想念周恩来的家乡人民，从 20 世纪 50 年代起就不断地有了宁信其真的传说：总理要回来！总理要回来！

第四章
淮安情结：总理一生未返乡之谜

伟人归故里，家乡人也多了一番流淌在心底、外溢在脸上的骄傲与自豪。为此，淮安专门拓宽了南门大街等街道，疏浚了文渠，维修了淮安的两座古老文明的象征性建筑——文通塔和镇淮楼……

一天天、一年年过去了，周恩来没有回来，渴望的人们，多少有些失望的人们，又传说起周恩来在飞机上瞰望淮安故乡的故事。于是，飞越淮安的每一架飞机，都被可爱的淮安人民寄予了无限深情，因为他们相信，敬爱的周恩来总理就在这架飞机上，瞰望着故乡，瞰望着故乡的人民。

周恩来故乡——历史文化名城江苏淮安（历史图片）

可爱的淮安人民不可能看到飞机上的周恩来，但周恩来确确实实是在飞机上瞰望过故乡。据周恩来的卫士成元功回忆，周恩来的座机每次起飞前，机组人员总要事先把《飞行日志》送呈总理，上边标明何时起飞，何时到达，沿途经过哪些地方，等等。凡是看到要途经淮安上空时，周恩来就会感慨地说："这次经过我的老家上空，如果天气好能让我看看故乡就好了。"短短的话语流露出周恩来对故乡的无限眷恋之情。

1959年1月的一天，周恩来从广州开完会乘专机返回北京，那天天气特别晴朗，万里无云。当座机快飞临淮安上空时，周恩来突然从座位上站起来，不顾飞机的颠簸摇晃，踉跄着走向驾驶舱。成元功怕他跌倒，忙站起来紧跟着他往前走。周恩来进入驾驶舱后，对正在全神贯注驾驶飞机的机长袁桃园说："小袁，快到淮安上空了吧？能不能拉下一些高度让我看看老家？"

袁桃园一听，明白了周恩来的意思，立即回答说："可以。总理，您坐下吧。"说着，副驾驶站起身来让周恩来坐到他的位置上。袁桃园机长很快地降低了飞机的速度和高度。

就像一个长年在外的游子看到了久别的母亲一样，周恩来神情专注地注视着机翼下的故乡淮安！也许他怕打扰机组人员的驾驶，也许他已沉浸在对故乡一桥一巷的回忆之中，周恩来只是看，没有说一句话。当时也在飞机上的周恩来经济秘书王扶林回忆说："总理12岁离开淮安，虽然没有再回去过，但他对淮安有很深的感情。那次他在飞机上看淮安，我也在飞机上。事后，周总理对我说，他看到了文通塔、里运河都没什么变化，只是鼓楼附近的街道好像变了……"

飞越淮安上空了，袁桃园转过脸来说："总理，要不要再盘旋一圈，让您再仔细看看？"周恩来摇了摇头说："不用了，那又要多费汽油了，我们还是赶回北京吧。"直到这时，他才依依不舍地从副驾驶的座位上站起身来，并微笑着对机长、副驾驶说了声"谢谢"，在成元功的搀扶下，回到了自己的座位上。

周恩来坐下后，双眼有些湿润，好久没有说话，完全陷入了对生他养他的故乡的深深回忆之中。

"代我问乡亲们好"

是的，周恩来对养育自己的那片故土始终充满深厚的感情，一直深深地怀念着自己的故乡和父老乡亲。淮安人民当然不会忘记周恩来总理在几年前请筱文艳代他"问乡亲们好"的感人故事。

第四章
淮安情结：总理一生未返乡之谜

1952年，我国举办第一届全国戏曲观摩演出大会，参加的有来自全国各地的23个剧种，来自上海人民淮剧团的筱文艳也参加了这次大会。这天中午，筱文艳正在招待所的楼下洗衣裳，周恩来在于伶的陪同下来到招待所。他见到筱文艳便随和地问道：

"同志，盖叫天先生住在哪个房间？听说他病了，我们想看看他。"

戏中的筱文艳（历史图片）

筱文艳并未认出来人是周恩来，随手指一指楼上，说："盖老先生住二楼。他昨天发过烧，今天好了，现在到外边去了。"

周恩来听她说盖叫天不在，道了声谢，就离开了这里。筱文艳望着他的背影，忽然一愣，心想：这位同志怎么好生面熟，好像在哪里见过？她脑海里一阵紧张地搜索，实在是想不起来，只好去问于伶。

于伶告诉她："来的是周总理啊！怎么，你没有认出来？"

筱文艳这才恍然大悟，是周总理，以前在报纸上看过照片，怪不得这么面熟。她不住地后悔：我怎么连总理都没有认出来呢？如果能和他多说几句话也好啊！什么时候才能再见到总理啊！

没想到，筱文艳几天之后就真的再一次见到了周恩来。那是会演结束后，起源于周恩来家乡的淮剧被点名到北京怀仁堂为党和国家领导人专场演出。上海人民淮剧团筱文艳、盖叫天演出的《千里送京娘》和《种大麦》两出小戏情节生动，妙趣横生，博得台下一阵阵掌声。

演出一结束，多年没有看过家乡戏的周恩来就大步流星地来到后台和演员们握手，祝贺他们演出成功。筱文艳这回可看见周恩来了，激动地迎上前去。周恩来紧紧握住她的手，祝贺她演出成功："你的戏演得很好，祝贺你！"

这时，周恩来又告诉她，刚才毛主席也看了戏，他说你们的《种大麦》舞蹈不错，就是戏剧矛盾少了些。筱文艳马上回答说："谢谢总理转达主席的指示。我们回去一定好好修改。"

周恩来一听她那一口地道的苏北乡音，两道乌眉立即扬了起来，亲切地问："你是哪里人呀？"

"我是淮安人。"筱文艳兴奋地回答。

"噢，那我们还是同乡呢。你老家在城里还是在乡下？"

"住在乡下。"

"哪一个乡？"

"车桥东乡。"

"车桥？不错。小时候我和家里人去赶过一次庙会，是从涧河坐小船去的。"周恩来马上陷入深情的回忆，停一下他才又问："你回过家没有？"

"我5岁离家，20多年了还没回去过。"筱文艳是童年随父母逃荒到上海，后来从艺的。她第一次见到周恩来，当然不能详细诉说。

"我老家在淮安城里，可是已经40年没有回去过了。不知乡亲父老生活得怎么样？你如有机会回去，代我问乡亲们好。"

"好，我一定记住，回去给您向乡亲们问好。"

从这之后，周恩来每次见到筱文艳，都要问上几句。有一次，趁在上海开会的机会，周恩来还专门去看了筱文艳等演出的淮剧《水斗》《断桥》等戏，还为筱文艳题写了"努力学习，精益求精"的勉词。筱文艳入党了，周恩来也向她表示祝贺。

1956年，筱文艳偕上海人民淮剧团第一次回到家乡淮安，为家乡父老们演出了《秦香莲》《水漫泗洲》等拿手好戏。她牢记周恩来的嘱托，从剧场演到广场，从城里演到乡下，总是不忘代周恩来"向乡亲们问好"。

"我这淮安人也得尽点淮安人的责任"

1958年7月，正值盛夏时节，淮安县副县长王汝祥受县委委托到北京去见周恩来总理。县委交代他的任务是：一、汇报淮安工作，请总理对发展故乡的工农业生产给予适当"照顾"；二、向周总理直接请示他的旧居处理问题。

从淮安出发上路，王汝祥的心里总是在想，都说总理日理万机，他能有时间接见我吗？到北京后，王汝祥忐忑不安地来到国务院说明了来意……

"父母官"来到北京，几十年未回故乡的周恩来也很高兴，想着见见家乡来客，了解一下家乡的情况。7月25日，他就安排时间接见了王汝祥，还请"父母官"吃了饭。

家乡人见面，自然是一番问长问短，不过，周恩来因时间有限，也不能把想问的都问到。而王汝祥是第一次见到周恩来总理，心情激动之下，本来想好的话也不知说明白了没有。会面时间不长，周恩来因为还要接见来访的外宾，就对王汝祥说："我和你的事改日再谈吧。"

两天之后的7月27日，夜色将临之时，王汝祥如约走进中南海西花厅，只见周恩来已等候在他的办公室门外。

"吃饭了吗?"周恩来见王汝祥走来,老远就打招呼,并迎上来握手,拉着王汝祥一同步入会客厅,在藤椅上促膝坐下。周恩来颇有歉意地说:"老王,这次你来,我招待不周,仅让你吃个便饭,你一定要嘀咕我这个老乡太小气了。"

"不,不,总理,那天我吃得很好。"王汝祥怎么也想不到周恩来会这么客气。周恩来摇了摇头:"你们在下面招待客人可能比较丰盛,可是,国务院有待客标准,作为国务院总理,我也不能例外啊!"

王汝祥明白了周恩来的意思,知道这是总理的一种解释,他不好再说什么。周恩来随即转了话题:"听说你们要重建我老家房子?这不行,不要因为我是总理嘛!"

"不是重建,是修理。房子年久失修,快要倒塌了,我们只是把它扶扶正。是因为尔萃(周恩来的侄子)参军了,地方上要拥军优属,这是我们应做的工作。"

"我那房子要倒了,就把它拆掉。"周恩来像是没听见王汝祥的话似的,继续说,"你们对城里地主的房子是怎么处理的,我家那房子,我看可以没收。"

"没收?!"王汝祥没料到周恩来会说出"没收房子"的话,一下子愣住了,不知怎么回答才好,但没收无论如何是不能答应的。好一会儿,王汝祥才想出"对策":"总理,城市没搞土改,怎么能随意没收房子?"

周恩来听后,忍不住仰头大笑道:"好,不谈没收,不谈没收。"

谈话气氛就这样不知不觉地活跃起来,话题也进入了淮安的工农业生产情况。

此时正是"大跃进"的高潮期,举国上下都难挡浮夸风、"卫星热",淮安自然也不例外。说到农业产量,王汝祥一开口就说粮食亩产有5000斤。周恩来一听霍地站起来,面色严峻,沉默不语,在大厅内踱了几步后,双眸现出复杂的神色,然后语气严肃地说:"干劲要鼓,但要实事求是!"

第四章
淮安情结：总理一生未返乡之谜

王汝祥说淮安农业搞得很不错，除了有些浮夸在里面，还有一层意思，就是为发展地方工业的想法做铺垫。上次谈话，他没有将来意和盘托出，只是转弯抹角地以汇报故乡情况为由，暗示家乡办工业有困难，想请周恩来为发展淮安工业解决钢材问题。这一次，他说着说着，就奔向办工业的主题。

王汝祥在想方设法地寻思着如何"不辱使命"，周恩来内心早已明了其意，一语道破："你是来找我这个老乡开'后门'的吧？"

周恩来话音刚落，王汝祥的脸上顿时火辣辣的。他虽不愿意承认是来"走后门"的，但又不能否认，确实是有这层意思嘛！

见王汝祥语塞，周恩来知道自己所说不差，但他并没有顺着"走后门"批评下去，而是中肯地建议说：今后一年，淮安还应将主要力量放在农业上，如粮食产量显著增多，就可调整耕地，多种经济作物，或增加储备和外调任务，在这样的农业基础上，地方工业的原料、资金、市场都容易解决，就更有利于发展。因此对地方工业，除手工业和土法生产的以外，不宜搞得过多，不如集中力量先将铁木农具厂搞起来，然后再及其他。当然，不论办什么工厂，都要首先面向农业，由省里统筹规划。办厂要用钢材，也得由全省统一安排。

说着说着，周恩来把话锋一转，微笑着说："老王，老乡之间可不兴搞贿赂啊。"

"贿赂？！"王汝祥听了大吃一惊，他这才想起来这次进京，带了一些淮安土产茶馓，托总理办公室的同志转交给周恩来，表达家乡人民的一点心意，没想到周恩来竟认真起来。王汝祥一时不知如何回答，只好说："这是家乡人民的一点点心意，请总理尝尝。"

"尝尝？整整一大铁盒子哩！不准请客送礼，是我们国务院的规定。"

"这……"王汝祥尴尬极了，心想：要是周恩来总理真的把这盒茶馓原封不动地退回，那我回去可怎么向县委、县人委和全县人民交代啊？

周恩来看出王汝祥的心思，抬手抚摸着鬓角，哈哈笑了起来："看，都把我当成黑脸包公了,这么多年,你是第一位从家乡来找我的'父母官',好吧,我也只好破例地来个'执法犯法'了。"接着,周恩来十分感慨地说:"离开家乡太久了,连你这'父母官'都不理解我了。"沉思片刻他又轻声问道:"文渠没有堵塞吧?"

"没有。"

"小时候,我和小伙伴们常常在文渠里划船,打水仗……"

谈到童年,周恩来娓娓叙来,仿佛他又回到了淮安,回到了驸马巷,回到了那一群群儿时的伙伴互相追逐、淘气玩耍的时代……王汝祥一见周恩来沉浸在故乡情中,便趁机说:"总理,您老离开家乡这么多年,现在家乡变化不小,请总理回去看看。"

周恩来点了点头,无限感慨地说:"是啊,我何尝不想回去看看!1946年,我在南京梅园新村时,有一回梦见自己又在文渠里划船,醒来后便想,将来全国解放了,我一定回去看看。可这些年多少事情等着我们去做。有时候工作忙,遇到棘手的事情,难遣的烦恼,紧张得饭都顾不上吃,觉也不能睡,真想立即回去约几位童年时代的朋友,爬爬鼓楼(指淮安镇淮楼),放放风筝……可是……"

王汝祥知道周恩来回去也难,只好说:"总理,工作再忙,您老也要注意休息啊!"周恩来微笑着未置可否,沉默片刻,他才说:"老王,你是'父母官',我的心里话对你不隐瞒,我讲个故事给你听听。你给裁判裁判。有这么一个摆渡的,他在湍急的河流中,把船划到了河中心,这时,他感到很疲劳,而对岸又是乘客很向往的地方,你说,这个摆渡的该怎么办?"

王汝祥琢磨着周恩来的话,很快领悟了其中的意思:革命尚未成功,同志仍需努力。周恩来是把自己比作那个"摆渡"的,他还要把国家与人民送到繁荣富强的彼岸去啊!所谓鞠躬尽瘁、死而后已,不就是如此吗?!

王汝祥还在感慨万分地体会中,周恩来递过一封信,信封上写着"江渭清、刘顺元、惠浴宇同志收"。周恩来说:"你从家乡老远来,我不能让你空手而归。我这淮安人也得尽点淮安人的责任。这封信你交给江苏省委,你们的困难尽量请他们帮助解决。"

接过信,王汝祥就忙着往口袋里装,该看不该看他还是心中有数的。

倒是周恩来发话说:"你可以打开看看,信的内容与你们的意图符合不符合?"

王汝祥没有打开信的意思,嘴里却连声说着:"行行行。"

周恩来见状,不禁风趣地说:"不看,回去交不了差,不要后悔哟!"

王汝祥说:"不会,不会。"

转眼间,两三个小时就过去了,王汝祥起身向周恩来告辞。周恩来送他缓缓走出会客厅。握手道别时,王汝祥再次邀请周恩来在百忙之中抽出点时间回故乡看看。

周恩来微微点头,紧紧握住王汝祥的手说:"请代我向家乡人民问好,代向淮安的机关干部问好。噢,还有,要实事求是地把《淮安日报》办好,每月按期寄给我一份。"在第二次接见后,周恩来还为淮安县委写了"鼓足干劲,力争上游,多快好省地建设社会主义"的题词,并为《淮安日报》题写了报头。

事后,人们得知了周恩来写给江苏省委负责同志的信的内容。在这封信中,他写了淮安县委向他提的要求,明确地表达了他个人对这些问题的看法,特别是在写到淮安县委希望他帮助解决钢材问题时,他说:"王汝祥同志这次来,想在北京解决钢材问题,我当然不能那样做!"信中还特别声明,他不了解淮安情况,给淮安提的建议"不一定对,所以千万不要认为这是成熟的意见,更非组织上的意见"。

"把人民群众的生活切实安排好"

1958年12月,中共中央在北京召开全国农业社会主义建设先进单位代表会议,淮安县是先进单位,淮安县委决定派副书记颜太发为代表去参加这次会议。

"作为一名淮安人,能亲眼见到周总理的神韵风采,聆听他那亲切的教诲,确实是一件无比幸福的事。"王汝祥的赴京经历,令淮安县委的领导们羡慕不已。这次颜太发心里想,如果到北京也能见见周总理该多么幸福!这是他多年的夙愿。

会议一连开了好几天,都没有周恩来接见会议代表的消息,会议的主持和讲话人也都没有他。随着会期一天天过去,颜太发的心也越来越感到失望:看来这次会议期间是不可能见到总理了。然而,一个晴朗的下午,淮阴地区代表团带队的同志突然通知颜太发:"周总理明天上午要接见几个代表,你是其中之一。"颜太发一听,先是一愣,几乎不敢相信自己的耳朵,竟连着问了好几遍。

终于可以见到周总理了!颜太发的心情一下子又变得紧张起来,老是考虑明天见到周总理时,可能问他哪些问题,他该怎么回答才好。特别是淮安县的粮食总产量,是说王汝祥说过的16亿斤,还是说县委交代的10亿斤(实际上还要少得多)?

第二天早饭后,一辆面包车把颜太发等11位被接见的代表送到了中南海西花厅。周恩来神采奕奕,既亲切又随和地和大家一一握手,同时仔细地询问每一个人的姓名(被接见的人事先已有一个名单),接着就先和大家一起在

第四章
淮安情结：总理一生未返乡之谜

西花厅后院他的办公室前合影留念。

颜太发忽然灵机一动：总理一定会被安排在中间，于是他就抢先一步站到后排中间的位置，心想这样照下来和总理一定靠得比较近。哪知周恩来没有站中间，临拍照时，他往左边一站就照了。他身边的工作人员好像很习惯了，根本没有人请他到中间。周恩来生前曾三次会见他家乡的"父母官"，但是，留下的照片却只有与颜太发等在一起的这一张合影。

照完相，周恩来就把大家领进西花厅会客室，听大家的汇报。最后，周恩来才问到颜太发："你说说，今年淮安的农业怎样，收成好不好？"

颜太发有点心慌意乱，赶紧回答说："您7月底给我们县委的指示，对我们的鼓舞很大，今年农业生产超过了预期水平。"随即他开始了具体的汇报。

周恩来满面笑容地听着，不住地点头，还不时地用铅笔在本子上记着。当颜太发忐忑不安地汇报全县粮食总产量是10亿斤时，果不其然，周恩来插话问："7月底王汝祥来我这里汇报的是16亿斤，现在怎么少啦？"

颜太发的心顿时紧张起来，忙解释说："先前是估计的产量，后来经过核实没有那么多。"颜太发说到这里时，额头上已渗出了汗珠，声音也比较低。

周恩来却似乎没有注意到他的心理变化，平静地说："实事求是嘛，收多少就应该报多少。"

一听这话，颜太发脸上感到火辣辣的。因为当时淮安连10亿斤也没有收到，还不是周恩来说的要"实事求是"啊！

听完汇报以后，周恩来对颜太发说："丰收了是好事，但不能盲目乐观。一定要脚踏实地，乘胜前进，千万不能自满。回去以后，你们要把群众充分发动起来，按照社会主义建设总路线的精神去做。"

中午，周恩来招待被接见的11名代表，他身边工作人员都回家了。也许是周恩来深深怀念着家乡吧，他特意把颜太发安排在他身边的位置上落座，并不住把菜夹到每一个人的碗里。他一边吃饭，一边和颜太发谈话："老家人都有米吃了吗？""市民买得到蔬菜吗？""北乡的旱改水成功了没有？"……

周恩来问得很细，问话中饱含对故乡人民的无限关爱之情，颜太发也是边吃边回答，轻松随意中，先前那种紧张的心情逐渐消失了。周恩来也好像觉察了似的，非常高兴地对颜太发说："这样好，我们是家里人嘛。"

吃完饭，周恩来领着大家来到会客室，他又一次叮嘱颜太发，要搞好农业，一定要动员群众多养猪。猪多，肥多；肥多，粮就多。这是人人都明白的道理。猪养多了，群众生活改善得也更快一些。生猪还能出口，为国家换取外汇，买回农业机械等。他一再告诫颜太发说，养猪也一定要和农民落实政策，采取一些必要的鼓励措施，把养猪的事认真抓起来……

交谈中，时间不知不觉地流逝，很快已是下午4点多钟了。大家依依不舍地向周恩来告辞。临别时，周恩来又一次握着颜太发的手说："回去以后，一定要照毛主席'关心群众生活'的话去做，把人民群众的生活切实安排好，把市场供应抓好。只有这样，才能把群众的积极性充分调动起来，搞好我们社会主义的经济建设！"他一直把大家送到西花厅的前院，等人们一一上车了，周恩来还站在那里向大家挥手告别。

"一定要服从省里的统一安排"

1960年初夏，中共淮安县委书记处书记、淮城人民公社党委第一书记刘秉衡受淮安县委、县人委的重托，代表淮安人民去北京看望周恩来总理，向周恩来汇报家乡的生产建设情况，请求国家计委批准淮安建一个纱厂，并请周恩来为革命烈士塔题词，顺便带去周恩来家中祖辈的影像。

同刘秉衡一起赴京的还有王树荣、陈阜两位同志。到了北京，他们立即和总理办公室联系，住进了远东饭店。国务院机关事务管理局一位姓王的女同志陪同他们游览首都,等待周恩来接见。刘秉衡他们都是第一次到北京,都想多看一看首都的风采,游览首都的名胜古迹,但是一想到自己肩负着县委、县人委的重托,想着应如何简明扼要地向周恩来总理汇报工作,他们的游玩之心也就无影无踪了。

这天晚上,正在一个朋友家的刘秉衡接到周恩来办公室的电话:周总理今晚要接见他们。刘秉衡他们一听,立即匆忙收拾了一下,乘上国务院派来的车子,直驶钓鱼台国宾馆。因西花厅维修,周恩来此时暂住在钓鱼台国宾馆。

来到周恩来在钓鱼台的临时住地,王树荣、陈阜两位同志被安排在楼下小会议室等候,周恩来的秘书何谦把刘秉衡领进了二楼接见大厅。大厅内迎面是一幅泼墨山水画,中间放着两张沙发,沙发中间的茶几上左边放着一支铅笔,一个本子。大厅两边还有十几张沙发。刘秉衡正在环视着客厅内的陈设,周恩来身穿淡蓝色彩条毛巾浴衣从西门进来,满面春风,神采奕奕,一边走一边说:"你来啦,请坐。"

刘秉衡紧紧握住周恩来的手:"总理好!"周恩来说:"今晚一定要把你们接来,明天我就要去天津。吸烟吧!"

刘秉衡说:"不会。"

周恩来说:"我也不会吸烟,那么吃水果吧。"说着他就很利索地拿起刀子削苹果,刘秉衡连忙拦住。

"咱们都是共产党员,又是老乡,随便些嘛。"周恩来一边说一边介绍了在座的几位办公室的同志。刘秉衡坐下后,两眼凝视着周恩来,心情激动,无法平静,神态显得过于拘谨。

周恩来随口问道:"你是哪里人?"

"是淮安人。"刘秉衡答。

"城里还是农村?"

"在农村。"

"一直在淮安工作吗?"

"是的。"

"是第一次来北京吗?"

"是。"

"来了几天了?"

"四天了。"

"都玩了哪些地方?"

刘秉衡把几天来在北京游览的地方告诉了周恩来,激动的心情也逐渐平静下来了。

周恩来又问:"在北京还准备看望哪些人?"

刘秉衡说:"想去看国家计划委员会副主任叶林、原淮安县工委书记许邦仪同志,已去过叶林同志办公室,未见到他本人。"

"叶林,我已经同他打招呼了,许邦仪在哪个单位?"

"高级党校党建教研室。"周恩来办公室副主任刘昂同志说。

周恩来说:"你们还可以去看看杨述同志。"

周恩来所说的杨述同志,曾任中共北京市委宣传部部长,连同叶林、许邦仪在内,他们都是抗战时期参加革命的淮安人。

接着,周恩来询问了淮安城里的一些古建筑的情况:"东岳庙还在不在?有没有修理过?还有人去进香吗?我小时候去过那里。"

刘秉衡答道:"'大跃进'时办工业,东岳庙腾出来做了工厂的车间,东西厢房的菩萨都搬到紫霄宫去了,东岳大帝的坐像后来也搬到紫霄宫去了。"

"鼓楼(今淮安镇淮楼)向南的石板路改没改变?"

"'大跃进'中,我们拓宽了南门大街、响铺街、东门大街,这几条街都铺了沙石路面。"

"三恩桥还在吗?"

"在。"

第四章
淮安情结：总理一生未返乡之谜

"文渠还有没有船通河下？"周恩来接着说，"小时候我曾乘船到河下玩过……"周恩来所询问的淮安以上几个地方，正是他在1959年1月在飞机上看到的几个地方。

刘秉衡说道："由于整修道路，改变了文渠上的拱形桥，桥面低了，有篷的船现在已通不过了。"

"驸马巷、曲巷（现名局巷）还是不是沿用老名称？"

"还是老名称，不过原来靠近曲巷的双副街也拓宽了，与西长街成了直线。"

"我家院内的榆树还在不在？水井坏了没有？"

"都还在。"

"淮安城内地下水位高，吊桶只要系一庹长的绳子就可以打水了。"说着，周恩来还张开双臂比画了一下。

这时，在座的一位女同志插话："听说总理的老家不是在浙江绍兴吗？"

周恩来说："那是祖籍，从我祖父就迁居淮安，我的母亲是清江浦人，外祖父很有名气，周围城乡群众称为'万八太爷'……"停了一下，周恩来又说："当时淮安城里的孩子难得下乡。有一次，我同乳母蒋氏一起上外祖父家，从西门上船，谁知乳母晕船，她一个人只好上岸步行。那是夏天，里运河边长满芦苇蒿草，拐弯时，我看不到乳母就急得要哭，待船拐弯我又见到乳母时才高兴地笑起来。到了板闸，我下船看了看她，又上船，才到了清江。"说到这里，周恩来请刘秉衡帮助他了解一下乳母蒋氏还在不在，并说："小时候同她的孩子一起玩，很要好。"

谈话中，刘秉衡也乘机邀请周恩来到南方时，抽空到淮安看看，并深情地告诉他："家乡人民十分想念您！"

周恩来说："南方常去，可是苏北交通不便，我12岁离家，到今年整整50年了。"他一边说一边伸出右手，竖起5个手指："我也很想回家乡看看，但有好多事要做，只好等有时间再说吧。"

1961年，周恩来在磁县农村召开座谈会（杜修贤 摄）

接着，刘秉衡向周恩来汇报了淮安的农业生产情况，周恩来强调说："要把农业搞上去，农业是国民经济的基础。"

当刘秉衡汇报粮食产量时，周恩来神情严肃地说："对我要说实情，实事求是，收多少，就报多少，不要浮夸、不要说假话。"并说："搞好农业生产，一定要把水利搞好。"

刘秉衡说："苏北灌溉总渠搞好后，淮安用水方便多了，水患基本消除了，只是渠北的排涝问题还未得到彻底解决。"

"现在是长旱谷多，还是水稻多？"周恩来关切地问。

"我们在渠北搞了旱改水，现在全县大部分是一麦一稻。"

周恩来又问："农具厂办起来没有？还办了哪些工业？"

刘秉衡向周恩来汇报了1958年他写给江苏省委的信的落实情况：淮安已和无锡结成了协作关系，解决了淮安办工业的很多问题，设备要啥给啥，没有资金先运回安装使用，把生产搞起来再付款。农具厂上马后，先后又办起了化肥厂、农机修造厂、缫丝厂、内衣厂和化工厂。

周恩来听了很高兴,说:"你们首先要把支农工业搞好。"

刘秉衡见周恩来很高兴,就趁机汇报说:"我们淮安种植了10万亩棉花,年产可达10万担皮棉,想建一座35000锭的纱厂,请国家计委批准立项,并帮助解决成套设备。"

周恩来听后随即问道:"这件事你们有没有向江苏省委报告,省委是什么意见?"

刘秉衡说:"已向省里报告了,省里还没有意见下来。"

周恩来很和蔼地说:"你们种了棉花,就要办纱厂,那大城市怎么办呢?上海的纱厂就吃不饱了。我看还是不办为好。你们要顾全大局,全国一盘棋,江苏还要考虑苏南和南通需要棉花哩,你们一定要服从省里的统一安排。"

刘秉衡沉默了。停了一下,他又向周恩来汇报淮安准备建一座烈士纪念塔,想请周恩来题个词。

周恩来说:"我就不题词了,你们要我写什么字我就给你们写好了。"

"想请您写'革命烈士纪念塔'几个字。"刘秉衡说。

"好,那我就写这几个字。"说着,周恩来翻开本子,用铅笔竖写一行"革命烈士纪念塔",写好后又念了一遍。在座的一位总理办公室的同志说:"要不要加'淮安'两字?"

周恩来说:"不要了,外地在淮安牺牲的同志也很多嘛。"略停了一下,周恩来语气较重地说:"我们订一个君子协定,我给你们把字写好,你们也给我办一件事,替我处理好老家的房子和祖坟。这件事前次王汝祥来我已说过,至今还未落实。"

周恩来说:"你们的心情我是理解的。我的故居不要留在那里让人参观,如果有人要参观,就请他们去韶山瞻仰毛主席的故居。房子可以公用,办托儿所、办学校,或做生产车间都可以,祖坟地上的棺木可以深埋,不要占地,不能影响机耕,上面可以种树、种庄稼。"

谈着谈着，时间已经到了午夜，刘秉衡怕周恩来身体劳累，几次请他早点休息，他总是说："见到你们不容易，再谈谈，再谈谈。"这时何谦同志替他加了一件大衣。周恩来让在座的一位办公室的同志把刘秉衡他们这次带来的周恩来家族前辈的影像拿出来看看，因为周恩来在淮安的亲属都认不出哪幅是周恩来母亲的影像，所以刘秉衡他们这次就把周恩来老家现存的10多幅影像全部带来了。

周恩来一幅一幅地过目，不时地告诉人们这一幅是他家什么人，那一幅又是什么人。可就是不见周恩来生母万氏的影像。周恩来辨认着，沉思着。最后他分析说，可能是被他父亲带在身边，一次在上海被国民党抄家时失落了。他还说，这些影像画得很好，几十年了都未褪色。

接着，周恩来又谈到了替他侄子周尔辉找对象的事。周尔辉在北京钢铁学院上学时一直遵循伯父的教诲，没有透露过他和伯伯的关系，直到申请入党，组织上派人到淮安了解情况，才知道他是周恩来的侄儿。这次周恩来要求他们回淮安后，在淮安帮助尔辉物色对象，并要刘秉衡他们帮助外交部总务司请两名既会做淮扬菜，又会制作茶馓的淮安厨师。

周恩来说："明天请你们吃饭，邓大姐在家陪你们。"又说："你们到我这里，不要公家花钱了，回去的车票我替你们买。"

刘秉衡马上说："车票已请建筑工程部的同志代买了。"

"那么饭店的食宿费由我们结算吧。"

"我们外出参观多，很少在饭店用餐。"刘秉衡又赶忙说。

这时已是凌晨1时30分了，刘秉衡再一次请总理休息，并起身向周恩来告辞。周恩来问："随同来的其他同志呢？"

刘秉衡告诉总理说："同来的王树荣、陈阜两位同志现在楼下。"

周恩来一听，即下楼看望了王、陈二人。刘秉衡向周恩来作了介绍，周恩来同他们一一握手，并问道："你们来过北京没有？"

王树荣说："就这一次。"

第四章
淮安情结：总理一生未返乡之谜

"你们认识我吗？"

"认识。"

"今天才见到怎么就认识了？"

"我们在报刊上、电影上常见到您。"

周恩来一听，仰着脸哈哈大笑起来，随后又说："你们以后要常来北京。"

夜已经很深了，刘秉衡又一次向周恩来告别。

这时，周恩来对秘书何谦说："天已不早了，做点夜餐吃吧！"

何谦说："他们已在下边吃过了。"刘秉衡忙说："不必了，总理，我们这就回去了。"

第二天下午，周恩来让邓颖超请刘秉衡他们到家里做客。邓颖超也和刘秉衡他们进行了亲切的交谈。邓颖超怕他们的思想问题没有完全解决，又反复地同他们讲道理。她说："咱们每个共产党员都要听党中央的，恩来同志是党中央副主席啊，你们要按他的意见办，听他的。"并风趣地说："在处理故居和祖坟问题上，我是新的'夫唱妇随'，最近我请童小鹏同志去重庆处理了我父亲的坟墓，淮安现在有没有搞深埋？未搞的也可以等一下，不要引起群众不安。"邓颖超还就妇女运动中的一些问题，向他们了解情况并且作了一些宣传教育。

刘秉衡说："我们办起了内衣厂、缫丝厂、化工厂、服装厂、鞋帽厂，女工多了，街道上的妇女大多参加了社会主义建设。"

邓颖超还问："有没有妇女当领导干部的？"

刘秉衡告诉她："现任领导班子中还没有。抗战期间的县委书记李凤同志就是女的。还有女县长孙兰。"

邓颖超说："要注意培养，充分发挥妇女在社会主义建设中的作用。"

邓颖超又问他们这次来京还有什么其他事。刘秉衡说："还要请建筑工程部帮助设计内部招待所图纸。"

邓颖超听了，严肃地说："我们党的七届二中全会规定了经济建设的方针,你们搞内部招待所,首先要考虑经济、实用,然后才能考虑美观、大方。"

刘秉衡表示回去后向县委汇报,一定按党的方针办。

晚上,邓颖超为他们安排了便餐,又招待刘秉衡他们看电影,先放的是《万紫千红总是春》,后一部是《笑逐颜开》。

回淮安后,刘秉衡把周恩来的指示向县委做了汇报,县委进行了认真的研究。关于故居房屋的问题,确定西部仍为周恩来堂弟媳陶华的住宅,东部作为县委机关学习室,一幢房子里摆上学习用的桌椅,一幢存放图书资料。并由刘秉衡代表县委向周恩来、邓颖超写信汇报了处理意见。不久,周恩来办公室秘书组给刘秉衡回了信,说总理、邓大姐对淮安的处理意见很满意。

关于革命烈士纪念塔题字的事,由于他们返淮后不久,就贯彻中央"调整、巩固、充实、提高"的八字方针,纪念塔暂时停建了,淮安也就没有再要周恩来题字。

"坚决照中央文件精神办"

1962年,中央在北京召开七千人大会。淮安县委书记邵凤鸄、副书记王纯高赴京参加会议。

准备赴京之前,淮安县委常委谈了许多问题。在讨论工作之余,有人提出,周总理一直惦记着故乡,可就是一直没工夫回来看看,是不是顺便带点家乡土产,给他这位老乡尝尝,一来表达故乡人民的一点心意,二来也让他老人家高兴高兴。可是,也有人提出,上次送了一些莲子、藕粉等土特产去,周总理和邓大姐虽然勉强收下,却付了100元钱,并回赠一箱名贵的酒,

第四章
淮安情结：总理一生未返乡之谜

1962年年初，中共中央召开扩大的中央工作会议（即七千人大会）。周恩来在会上针对浮夸风等不良倾向，强调要"说真话，鼓真劲，做实事，收实效"。图为毛泽东、周恩来在七千人大会上（历史图片）

后来又写信批评我们没有学好中央文件，不好再送了吧。县委常委们争论了半天，商量的结果是：采取一种折中的办法，土特产少带一点，选带那些最有淮安特色又最不值钱的。带什么呢？常委们想到了淮安的麻油茶馓。

茶馓是淮安特有的一种茶食，和普通馓子比起来，略为精致一点，主要是技术上巧妙。茶馓是采用上好白面用麻油炸成的，环绕成各种形状，有的似一朵正待开放的金菊，有的状如一把木梳，有的如摆尾的游鱼等。由于做工独特精细，1930年曾获巴拿马国际博览会的银质奖，是一种触之即碎、香酥可口的普通的油炸面食，是驰名中外的面点。当时只有几毛钱一斤，比较便宜。

为了带给周恩来总理品尝，淮安方面特意找了手艺最好的师傅，选了上等面粉和麻油，炸好以后，立即装到一只特制的白铁皮小桶里。一路上，邵凤翥、王纯高小心翼翼，一怕丢失，二怕因颠簸而碰碎。因为这里装的是淮安人民的心意呀！

到北京以后，经过联系，邵凤翥、王纯高两人把茶馓送到西花厅总理办公室。秘书们都知道周恩来的脾气，当即劝他们把礼物带走，说总理是从来不收礼品的。邵、王两位一再解释，说这不是什么礼品，是他家乡人炸的一点馓子，只是一点不值钱的东西，不过是表表家乡人民的心意罢了。秘书们再三劝说也没用，无可奈何，只好暂时代收下来。

过了两天，邵凤翥、王纯高两人被电话召到江苏代表团秘书处。两人一见那白铁皮小桶，傻了眼，知道茶馓被退回来了。周恩来办公室的一位秘书再三向他们解释说："你们的心情，总理完全理解。但是，总理说，茶馓一定不能收。为了这点茶馓，你们用白铁皮做桶子，这也是个浪费……"

还有什么话好说呢？邵凤翥、王纯高两人沉默了半晌，又恳切地对秘书说："这样吧，已经带来了，总不好再带回去。千里迢迢一片心，我们就照收粮票照收钱，请你还是给总理带去吧！"

秘书笑了，他说："你们的主意，我们早给总理说过了，不行！你们过去不是送过一次莲子、藕粉吗，总理付了钱，你们这次又来了。要是再收下来，以后还会有人送的。总理再三嘱咐，茶馓一定不能收，还叫我带给你们一份中央关于不准请客送礼的文件，要你们好好学习……"说着，递给他们一份文件，上面有周恩来用铅笔写的批示："请江苏省委、淮阳地委、淮安县委负责同志认真阅读一下，坚决照中央文件精神办！"

邵凤翥、王纯高仔细读了周恩来的批示，内心深受触动，周总理是这样的严于律己，这样的廉洁奉公、一丝不苟，真是令人崇敬啊！

周恩来的秘书要走了，邵凤翥、王纯高两人含着眼泪请求秘书转告周恩来总理："感谢他老人家对故乡干部的教育。我们一定要以总理为榜样，发扬党的好传统、好作风，我们一定记住他对家乡干部的教诲，永远记住，世代相传……"

第四章
淮安情结：总理一生未返乡之谜

"青年人要注意多关心社会上的事情"

1971年6月12日，周恩来陪同外宾访问南京，那天上午，铁道部浦镇车辆厂和化工部南京化学工业公司的基干民兵们被通知到麒麟门，为贵宾表演打靶和列队欢迎客人。

打靶结束后，民兵们排起整齐的队列，威武雄壮地接受周恩来总理和贵宾们的检阅。周恩来陪着贵宾绕场一周，好让在场的人都能就近看到他们。

当周恩来健步走到阚素华的面前时，见到这位大个子姑娘一身戎装，威武俊秀，他便下意识地停下脚步，伸出温暖的大手，亲切地问："你这么高的个子，哪里人啊？"

"淮安人。"阚素华挺直身子大声回答周恩来的问话。阚素华是浦镇车辆厂的基干民兵，她的父亲是淮安流均沟南高庄（今淮安市流均镇溪南村）人，中华人民共和国成立前逃荒到南京落户的。阚素华是个1.70米的大个子姑娘，因此，列队欢迎时总是排在队前或队尾。

"你知道我是哪里人吗？"周恩来显得很高兴，紧跟着追问一句。

"知道，也是淮安人。"

"那好，我们是同乡啊！"

"是……"阚素华凝望总理的两眼模糊了。

忙于陪同外宾的周恩来，实在无暇同阚素华这位老乡拉家常，他紧紧握着阚素华的手，语重心长地对她说："你们要后来居上啊！"说完，周恩来留下深情的一瞥，留下对青年一代的深切期望，陪同贵宾匆匆离开了靶场。

周恩来一行刚刚离开，场内人就沸腾了。他们把阚素华围了起来，问刚才周总理和她谈了些什么,有的还要和她握一握刚才周总理握过的那只手。人们尽情地欢笑着,与阚素华这位淮安姑娘一起分享着被周总理亲切关怀的幸福。

和阚素华一样,淮安姑娘曾树英、李正兰她们也都曾受到周恩来的亲切关怀。

1960年下半年,江苏省淮安县淮城镇新城大队的曾树英从淮城初中(今淮安市第三中学)毕业考取了南京体育学院。那年冬季的一个晴天,曾树英拖着两条乌黑溜光的大辫子,穿着苏北人常穿的蓝色棉外套,带着农村姑娘的乡土气,与同学们一起去中山陵游玩。他们在390多级石板台阶上拾级攀登时,突然从人群中发现了一个熟悉的身影:周总理陪外宾也来中山陵游览了!游人们顿时高兴起来。周恩来亲切地向人们微笑着,还不时挥起他那负过伤的右臂,向游人招手致意。

大概是曾树英一身苏北姑娘的打扮引起了周恩来的注意吧,当她经过周恩来的身旁时,周恩来那充满智慧的目光突然停在她的身上,用不大的嗓音亲切地问道:"今天休息吗?"

"不,我是从淮安来的。"曾树英怎么也想不到自己竟说了这么一句答非所问的话。

"淮安?!"周恩来的一双大眼露出了惊喜的神色,他连忙伸过手来,紧紧握住曾树英的手,对身边的西哈努克亲王说:"真高兴,我在这里碰上了老乡。"接着,周恩来又拉着她,把她介绍给西哈努克亲王及莫尼克公主。曾树英红着脸,和两位贵宾一一握手。

"周总理遇到了老乡!"敏感的新闻记者们都知道,周恩来离家50年了,还从未回家过一次,今天意外地碰上了老乡,大家都为他高兴,纷纷围了上来,听他们谈什么,还不时忙着记笔记。周恩来立即对记者们说:"这个消息不要登报,也不要宣传。"说完,周恩来就像对待一个久别重逢的老乡,拉着曾树英的手,一齐朝中山陵登去,边走边和她拉起了家常。

"家乡的人现在生活好吗？"

"好，很好。"

"市场上有蔬菜供应吗？"

"有。"

"卖多少钱一斤？"

"我……不知道。"

周恩来问得这么仔细，使曾树英这个在家靠父母、到校吃食堂的年轻姑娘无法回答了。周恩来慈祥地看着曾树英，语重心长地对她说："你们青年人要注意多关心社会上的事情，我像你这么大年龄的时候，对社会上的事就很关心了。"

曾树英一边点头，一边为回答不上周恩来总理这么简单的问话而愧疚。周恩来好像觉察到了姑娘的愧疚，就换了话题，问她家里还有哪些人，生活过得怎么样，还问她入党了没有。周恩来就这样拉着曾树英的手边走边谈，一起登上中山陵，直到从孙中山纪念堂出来才松开手，挥手告别。

1965年7月5日，周恩来、陈毅出访回国，在途经新疆维吾尔自治区时，不顾旅途劳累，来到新疆生产建设兵团石河子农场，看望由内地来新疆支边的青年。

中午，周恩来、陈毅和大家一起在生产建设兵团石河子招待所餐厅就餐，兵团领导指着端菜的服务员高兴地对周恩来说："总理，这姑娘还是您的老乡呢！"

周恩来笑着点点头，望着站在面前身穿白上装、蓝布裤的短发姑娘，慈祥地说："好，今天老乡招待我，我一定要吃得更多些。"

吃完饭，周恩来和招待所的服务员、厨房大师傅们握手道谢。当周恩来走到刚才介绍的那位白上装、蓝布裤的姑娘面前时，他亲切地抓住她的手问："小姑娘，你的家是江苏什么地方的？"

"淮安的。"姑娘仍然显得很腼腆。

"淮安的？"周恩来有力地摇着姑娘的手，显得十分高兴，"那更是老乡了。你叫什么名字？"

"我叫李正兰。"

"是木下加子李，正大光明的正，花木兰的兰？"

李正兰姑娘赧然地点了点头。

"你看，到底是老乡的话听得懂，我都猜对了。"周恩来又是一阵笑声，"你是淮安城里的还是乡下的？"

"是北乡钦工的。"

"你是什么时候到新疆来的？"周恩来又问。

"是1959年支边来的。"

"噢，到新疆6年了。你想过家吗？"

"有时会想家。"

"是的，一个热爱祖国的人是没有不爱他的家乡的。我离家已经50多年了。"周恩来说着，还伸出5个指头比画着。他就像对待自己的亲属晚辈，谆谆教诲说，青年人响应党和国家号召，远离父母，投身祖国的边疆建设，这很好，也很光荣，你们一定要尊重边疆的兄弟民族，和他们搞好团结，扎根边疆，安心于边疆建设。"新疆和江苏都是好地方。你看，石河子的天和我们淮安的天不都是一样的蓝吗？"

在场的人都静静地看着这先后离开淮安的一老一少，听他们那亲如家人的一问一答，向他们投去敬佩和赞许的目光。第二天，周恩来要离开石河子了。临行前，他和陈毅在新疆维吾尔自治区和生产建设兵团负责人陪同下，在招待所大门口与大家一起合影留念。参加合影的还有劳动模范、支边青年代表以及招待所的服务员、炊事员等300多人。周恩来特意把李正兰叫到自己面前，留下了淮安姑娘偎依在周恩来膝下的照片，也留下了300多张幸福的面孔。

第四章
淮安情结：总理一生未返乡之谜

"原籍绍兴，生在淮安，江浙人"

曾有人言：天下英才数浙江，浙江英才数绍兴。

绍兴，周恩来的根脉所系。

周恩来的祖父周起魁，出生在绍兴东昌坊的"百岁堂"，曾为绍兴师爷，后来任江苏山阳县（今淮安县）知事。周恩来的父亲周贻能，字懋臣，生在绍兴"百岁堂"，青少年时期在绍兴度过，后随父到江苏淮安。

正因如此，1914年周恩来在《射阳忆旧》一文中说过："余本浙人，自先父为宦吴省，遂徙家而居焉。生于斯，长于斯，渐习为淮人。"

1917年，周恩来的南开中学毕业文凭上也这样写道："中学部学生周恩来，年十九岁，浙江省绍（兴）县人。"

在抗日烽火连天的岁月中，周恩来还在《论知识分子问题》一文中说："有人问我是哪里人，我说原籍绍兴，生在淮安，江浙人。"

以后，周恩来与美国记者李勃曼谈个人革命的历史时又说："我的祖父名叫周起魁，生在浙江绍兴。按中国的传统习惯，籍贯从祖代算起，因此，我是浙江绍兴人。"

多少年了，故乡流连在他的脑海中，每每想起，他便思绪连绵。1939年的东南之行，圆了他的思乡之梦。

1939年春，中共中央书记处委托周恩来到新四军去一趟，处理新四军中存在的问题。而他此次去东南的表面理由，正是要回浙江绍兴省亲。自然，时有国民政府军事委员会政治部副部长身份的周恩来，到浙东抗日前线视察，也是其分内可做之事。

周恩来和新四军军长叶挺（右）、副军长项英在一起（历史图片）

在新四军中做了停留、传达了中央指示精神后，1939年3月28日傍晚，周恩来乘船到达绍兴。到绍兴的时候，他身穿军装，随行的只有一个年轻的警卫员。当欢迎的人称他为"启蒙导师"时，周恩来笑笑说："启蒙导师能有几个？能做个战士就蛮不错了。"3月29日，周恩来到涂山、狮子山祭祖，随行的有绍兴县县长沈涛、《战旗》杂志主编曹天风、《绍兴民国日报》记者宋山以及周恩来在绍兴族亲周希农、周文炳、周云峰和王贶甫等20多人。

一艘乌篷船沿着古老的运河向狮子山驶去，凉风习习，直抵狮子山脚一处岸边。岸上杂草丛生，几棵古松树下有几座墓茔，周围还有不少旧冢新坟，断碑残幡。周恩来踏着潮湿的荒草荆棘，跟随周希农、周文炳、王贶甫朝墓茔地走去。

狮子山原是周氏坟山，是周恩来的曾祖周樵水的墓地，墓穴简陋，墓碑上刻着：

第四章
淮安情结：总理一生未返乡之谜

皇清邑庠生樵水周公
　　　　　　　　　　合墓
暨德配樊氏孺人

　　周氏族亲把祭供尊酒、香烛纸帛摆在墓前。先焚香奠酒，然后烧化纸帛，周恩来来到墓前，沉默中朝着墓碑深深地三鞠躬。

　　之后，周恩来又到涂山鸭嘴桥、石家唐家岙等地，祭扫了十四世周孟班、十五世周孔锡、十六世周景商墓地。他在每座祖坟前都行了三鞠躬礼。

　　祭祖完毕，周恩来一行离开祭地，乘船驶向会稽山大禹陵。

　　大禹，中国历史上第一个世袭制王朝——夏朝的创始人和古代的治水英雄。绍兴大禹陵，传说是大禹的葬地，现在成为人们纪念这位远古治水英雄的圣地。

　　相传，尧在位的时候，黄河流域洪水泛滥，百姓流离失所，生活艰难。尧命鲧去治水，鲧花了9年的时间治水，没有把水治好。他只懂得水来土掩，造堤筑坝，结果洪水冲塌堤坝，水灾闹得更凶了。禹继承父亲鲧未竟的事业，又去治水。他带领百姓开渠排水，疏通河道，把洪水引到大

周恩来和新四军领导人项英（右一）、邓子恢（右二）、陈毅（右五）、粟裕（右六）等合影（历史图片）

海中去。

禹新婚不久，为了治水，三次经过自己的家门都没有进去。有一次，妻子涂山氏生了儿子启，婴儿正在哇哇啼哭，禹在门外经过，听见哭声，也狠下心没进去探望。经过13年的努力，禹率领人们终于制服了洪水。

从此，大禹"三过家门而不入"成了千古佳话，在江淮大地流传开来。周恩来对大禹公而忘私、艰苦奋斗的民族精神和实事求是的科学态度倍加赞颂。于是，他特地到大禹陵瞻仰。

船到牌仙头，巍峨的殿宇已经在望了，周恩来弃船向禹王殿走去。

这座建于南朝梁大同年间的大殿设西辕门、午门、祭门、朝房和正殿，整个殿宇画栋雕梁，金碧辉煌。周恩来拾级而上，不时称赞我国古代劳动人民高超的建筑艺术。

"江淮河汉思明德，精一危微见道心。"跨进正殿，周恩来站在大禹塑像前，吟诵起楹柱上的对联。周恩来问道："大禹像是原来的还是后来重塑的？"

"是重塑的。"

"是谁定的稿？"

"章太炎先生审定的。"

"哦！"周恩来细心地把禹王像从头到脚审视了一番，高兴地点点头说，"很不错。"

大禹像供壁上用油彩画了九把斧头，周恩来问："九把斧头是什么意思？"

沈涛、宋山你看我，我看你，不知是什么意思。

"恐怕是象征九州吧？"周恩来略一沉思，笑着说。

大殿后墙上有四个金光闪闪的大字："地平天成"。周恩来看过大字，心里暗暗一惊，顺口问："好字出自谁的手笔？"

王贶甫说："这是绍兴著名书法家李生翁先生的墨宝。"

周恩来点点头说："生翁先生家住何处？"问明后，周恩来当晚叫随员持了他的名片去探望李生翁先生，表示对乡贤的仰慕之情。

第四章
淮安情结：总理一生未返乡之谜

跨出大殿，周恩来站在高处举目四望，大殿周围群山逶迤，花翠绕台，殿宇高甍飞檐。红墙四周，气象庄严。周恩来一行来到殿东南的"窆石亭"，亭中有一块巨石，石上有汉唐以来的铭文，传说这块"窆石"是大禹下葬时的工具；也传说这块巨石下面才是大禹真正葬身的地方。巨石上有一个小石洞，当地有向小石洞投石以取吉利的习俗。他们也按习俗投掷了几颗小石子。

来到大禹陵石碑前，只见石碑高耸，气势非凡，碑上刻着"大禹陵"三个大字。

"周副部长，拍个照吧！"宋山提议说。

周恩来欣然同意，到石碑前站定，咔嚓一声，宋山按下照相机快门，拍下了周恩来气宇轩昂、昂然屹立在大禹陵碑前的镜头。

下午回程的路上，周恩来还在不断感慨："大禹'劳身焦思八年于外，三过家门而不入'成为千古佳话。他的勤劳为民造福的精神是值得称道和光大的。"周恩来凝视远山近水，接着说："大禹治水，反对遏制，主张疏导，这是治水的方法，也是治政的良方。"

周恩来借古喻今，话题一转，说道："中国历代统治阶级没有学好大禹治水这一课，都只知遏制，不会利导，所以成了专制魔王。俗

全国抗战初期的周恩来（历史图片）

话说，水可载舟，也可覆舟，人民就是水，遏制的结果，洪水猛涨，冲决堤坝，专制统治注定是要失败的。历代帝王的兴衰，不都是这样的吗？"

周恩来讲得很严肃，沈涛听得很入耳，还不断地点头。

扫墓归来，日影西斜，周恩来随曾祖周希农等族亲来到"百岁堂"稍事休息。

百岁堂坐落在绍兴桥河沿永昌坊，这是一座灰墙黑漆竹编台门，一个极清静的去处。

第一进门斗，上悬板对一副："莲溪绵世泽，沂国振家声。"原来这是说明周氏的渊源，出过两个有名的上辈，即莲溪公周敦颐和沂国公周茂。

据《周氏渊源考》记载："莲溪公宋朝周敦颐，先徙扬州，再徙浙江山阴柯亭之阳，居地螺蛳湖，士人建周惠王庙，奉为香火院。高祖元朝名茂，字元泊，官至左丞相，进金紫光禄大夫，封沂国公，赠太师。"

周家四世于明朝洪武年间始定居于绍兴永昌坊，并题名为"锡养堂"，堂匾悬挂于大厅上方。到了康熙三十七年（1698年），十世祖周懋章寿91岁，妻王氏寿百岁，清巡抚授给"百岁寿母之门"匾额，这就是"百岁堂"的由来。

暮色中，周希农捧出《周氏宗谱》让周恩来翻阅。周恩来看到自家的世系是樵水公之子云门，云门公之子懋臣时，非常高兴，欣然提笔在家谱上补写了淮安那边"恩"字辈的周氏后代：

恩焕　五十房樵水公曾孙，捷三公孙，静之公长子。生于光绪二十年。

恩来　字翔宇，五十房樵水公曾孙，云门公长孙，懋臣公长子，出继簪臣公为子。生于光绪戊戌年二月十三日卯时。妻邓颖超。

恩溥　字溥宇，五十房樵水公曾孙，云门公孙，懋臣公次子。生于光绪己亥年。

恩宏　字宏宇，五十房，生于光绪壬寅年，樵水公曾孙，捷三公孙，静之公次子。

恩寿　字同宇，五十房樵水公曾孙，云门公孙，懋臣（公）三子，出继曼青公为子。生于光绪甲辰年二月二十三日。

恩勤　字□□，五十房樵水公曾孙，云门公孙，焕臣公子。生于光绪壬寅年。

恩彦　字蔚人，五十房樵水公曾孙，敦甫公孙，劼之公子。生于光绪乙巳年。妻葛少文。

恩霆　字润民，五十房樵水公曾孙，逸帆公孙，调之公子。

……

周恩来来到绍兴，四次看望姑父王子余，好多活动也是在王子余的家中进行的。

周恩来姑母周桂珍当年许嫁与其祖父同在淮安任钱粮幕府的同乡好友王庸吾之子王子余，1894年王子余自绍兴去淮安迎娶周桂珍，婚后同回绍兴。

王子余虽是秀才出身，但有敢作敢为的革新思想，创办绍兴第一张报纸《绍兴白话报》，开设进步书店"万卷书楼"，先后加入光复会和同盟会，与蔡元培、徐锡麟、秋瑾等为友。1907年秋案发，一度避居上海。此次与周恩来在绍兴相见后，举家避居离城10公里的张墅，并不为日伪利用，从而保持了晚节。周恩来在忆及姑父王子余时曾说："我与亲属交往不多，与王家是例外，因为我向来佩服姑父王子余，他是一个开明的进步人士。"

周恩来到达绍兴后，即偕同邱南章步行去火珠巷板桥3号，拜望姑父王子余。周恩来在王家厅堂向相继前来的亲友一一问好。然后，由王子余领他到起坐间瞻望了姑母周桂珍的遗像，他默哀并行三鞠躬礼。

接着，周恩来出席了王家为他所设的便宴。这是一次真挚的充满人情味的欢宴，大家吃得津津有味，谈得津津有味。当周恩来吃到特地为他准备的绍兴家乡菜"霉千张"时,他细细享受着断断续续飘来的清香,感受着乡情、乡音,心中感慨万千。他笑着说:"闻闻臭,放到嘴里倒是香。"

话一出口,在座的人都笑了起来。

翌日,晨曦甫露,周恩来应约来到火珠巷,与亲友们在槐荫堂前合影留念。王贶甫保存的一张周恩来与其兄妹等人的合影照片的片头上即写着:"翔宇表兄返乡扫墓之暇,承其过访,与贶甫及大姊夫章问渠兄三弟远甫三妹逸欧内子建珍大儿慕向合摄一影于槐荫庭畔藉留鸿爪。廿八年三月卅日贶识。"

随后,应王子余的邀请,周恩来又到王子余家与亲友家人共进了一次晚餐,共餐的有王子余、王贶甫、王逸欧、王逸莺等,大家围着大圆桌喝酒,一边谈家事,一边听周恩来讲抗日救国、抗战必胜的道理。

席间,周恩来问王子余:"姑父,我们家的周,与鲁迅先生家的周,到底是啥关系?"

王子余答:"同姓不同宗,我们是'后马周',鲁迅他们是'鲁圩周'。"

周恩来说:"鲁迅先生的骨头是最硬的,我们要学他不畏强暴的精神。"

酒酣耳热,王贶甫拿出端砚,铺好宣纸,顺手从笔筒选了一支狼毫湖笔递给周恩来。周恩来应亲友的要求,在王贶甫书房内挥毫题词 13 幅,分别赠作留念。

周恩来给王子余写了岳飞的《满江红》:

怒发冲冠,凭栏处,潇潇雨歇。抬望眼,仰天长啸,壮怀激烈。三十功名尘与土,八千里路云和月。莫等闲,白了少年头,空悲切。　靖康耻,犹未雪。臣子恨,何时灭?驾长车,踏破贺兰山缺。壮志饥餐胡虏肉,笑谈渴饮匈奴血。待从头,收拾旧山河,朝天阙。

这是抗金名将岳飞面对南宋初年山河残破、百姓流离的苦难情景,在

第四章
淮安情结：总理一生未返乡之谜

800多年前发出的悲壮誓言。周恩来书写这首震撼心灵的名篇，可见其意之深。感慨之下，王子余亦向周恩来赠诗一首：

喜内侄来越

廿载音书绝，连朝情话欣。
老去终伏枥，尚待纪奇勋。

诗中表达了久别重逢的喜悦，也对内侄寄予殷切的期望。

周恩来给姻叔王缁尘的题词是："生聚教训廿年，犹未为晚，愿吾叔老当益壮！"

周恩来给表弟王贶甫的题词是："埋头苦干，只要抗战胜利，必定苦尽甜来！"王贶甫此时只是大明电灯公司的一名职工，由于战乱，大家庭经济拮据，他身为长子加上自己大病初愈，因此忧心忡忡。然而他在陪同周恩来故乡行的几天中，周恩来不断向他讲述共产党的政策和当前形势，并为他书写了这幅题词，给他精神上以莫大的激励，使他在日寇占领期间拒为日寇工作，辞去电灯公司职务，靠变卖家产度日；在国民党统治期间为保护民众，他也做了不少有益的工作。中华人民共和国成立前夕，他为迎接解放组织成立"临时救济委员会"，主动和浙东游击队及解放军联系，使绍兴古城及电厂未受损失。

周恩来给表弟王同甫的题词是："从孤岛生涯中认识故国才是真认识！"

周恩来给表妹王逸鸥的题词是："精研中国文学，发扬民族意识，创造出中华民族的新文学。"

周恩来给表妹王逸莺（王去病）写了两幅，先用毛笔写了一张："勿忘鉴湖女侠之遗风，望为我越东女儿争光！"鉴湖女侠秋瑾是为唤起民族觉醒而牺牲的巾帼英雄，周恩来语重心长地要越东女儿学习秋瑾的爱国精神，把抗战进行到底。后又用钢笔在她的纪念册上题写："青年是学习时代，从课堂中学习，从服务中学习，从师友中学习，要认识学无止境！"

周恩来给表侄王戌、王德怀的题词分别是："冲过钱塘江，收复杭嘉湖。""乘长风，破万里浪。""青年是黄金时代，要学习、学习、再学习！""努力学习，精益求精！"鼓励他们学好本领，待抗战胜利后努力建设祖国。

据王贶甫、王戌回忆，周恩来不顾白天奔波的劳累，晚上又在王家召开了工人座谈会，绍兴大明电灯公司青年工人史美钰、陆与可、蒋桐生、周文元和顾康年参加了座谈会。

周恩来笑容满面，询问了几位工人的家庭情况和生产劳动情况，然后讲了抗日救国形势。周恩来说："日本军国主义代表大资产阶级，穷兵黩武，扩充军备，对外侵略，赋税日重，表面看来强大，实际内部空虚，侵略战线越长，军队的给养越大，日本人民的负担越重。日本人民厌恶侵略战争，失去民心。"

"相反，我们进行的是保卫祖国，民族图存，抵抗侵略的正义战争，得到全国人民的拥护，得到世界民主势力特别是苏联的支持。只要团结起来，一致抗日，最后胜利一定属于我们。"周恩来说，"殷汝耕、梁鸿志、汪精卫之流，坚持投降、分裂、倒退，向日本侵略者屈膝求和，甘作傀儡，成为人民的罪人。"

"天下兴亡，匹夫有责。今天要借鉴卧薪尝胆，誓雪国耻。"接着，周恩来气愤地说，"这次来绍兴的路上，看见许多军人运米，据了解纯属走私，军商勾结，垄断米价，这是社会一大患，百姓敢怒不敢言。"

王子余说："这些人是无耻之徒，人能知耻，庶可有威武不能屈，贫贱不能移，富贵不能淫的硬汉子。"

周恩来勉励工人们要关心国事，要做好本职工作，思想上要有四万万同胞，做有益于社会的工作。

谈话至深夜，周恩来兴致勃勃，欣然应工人们的要求为他们题了词，每幅题词都寄托了周恩来对工人，也是对绍兴人民的希望，勉励他们要发扬民族精神，将抗战进行到底。

周恩来给绍兴妇女协会会长任芝英的题词是："妇女解放须从民族解放中得来。"

给陆与可、史美钰、顾康年、蒋桐生、周文元5位工人的题词分别是："前途光明""光明在前""光明灿烂""无限光明""为光明而奋斗"。

> 山中岁月纪春王，颁诏何须辨鲁唐。
> 此日甲兵栖越纽，相期铙吹渡钱塘。
> 檄传英霍军威远，势压杭嘉士气扬。
> 成败区区君莫问，中华终竟属炎黄。

这是周恩来给绍兴《战旗》报主编曹天凤的题词，也代表了周恩来此次故乡行、东南行的心声。

3月31日，周恩来告别故乡的父老乡亲，离开了绍兴，又投入新的艰苦的战斗中。

年轻人应该到基层去锻炼

自从1939年那次绍兴之行后，周恩来就没有机会再到绍兴了。中华人民共和国成立后，周恩来身为国家总理，更无暇与亲属联系，但他仍通过他的叔父周嵩尧，给绍兴王家寄来他与邓颖超、周嵩尧在中南海的合影，并转告各位亲属："务必在新社会中加强改造自己，全心全意为人民服务。"

王贶甫 1954 年见过周恩来，再次见到周恩来是 1959 年 10 月，当时他已任绍兴市副市长，来京出席民建、工商联代表会议。中共中央统战部在北京饭店举行宴会，周恩来及其他领导也来了。在祝酒时，周恩来到浙江省的代表席上，高声问："老表在哪里？"

王贶甫迎上前去问候周恩来，周恩来向陈云和其他领导介绍说："这就是我的绍兴老表。"这时，浙江代表才知道王贶甫与周恩来是表兄弟。

几天后，周恩来接王贶甫到中南海家中共进午餐。席间他问道："记得抗战时我来到绍兴，你是电厂职工，怎么现在是工商界了？"

王贶甫讲述了战后电灯公司管理乏人，董事会聘他为副经理的经过，以及中华人民共和国成立后筹办工商联和组建民建绍兴市委的情况。周恩来听后频频点头，鼓励王贶甫要走社会主义道路，全心全意为人民服务，并说："工人能从公私合营转国营，这是社会主义方向。"

周恩来在席间又询问王贶甫的子女情况。对王家的人从不宣扬和他的关系，周恩来感到满意，并说："王戌给我的来信都收到了，为了不妨碍他的进步，所以没有给他回信，希望转告他，在现职岗位上努力为人民服务。"

周恩来的表妹王逸鸣 1949 年毕业于浙江大学法律系，后入浙江干部学校学习并分配到湖州。因嫌工作艰苦，他便不辞而别，到北京另找工作。在找不到工作的情况下，他无奈写信给周恩来，周恩来请成元功将她接到中南海。

面对这位远离家乡的小表妹，周恩来夫妇十分关心，当得知她是从单位不辞而别、悄悄跑来北京时，周恩来语重心长地对她说："一个参加了革命工作的同志，怎么可能目无组织，毫无纪律，私自离开工作岗位呢？这是严重的错误行为。"并给她讲了很多革命队伍中纪律重要性的道理，要她作出检讨。

王逸鸣认识到自己错了，回去写了检讨，共写了 3 次。第一次，周恩来看后说："只写了事实，没有接触思想，不行！"又耐心地对她启发教导。第二次检讨写来，周恩来看了又说："这次比上次好一点，但还是不深不透。"直

第四章
淮安情结：总理一生未返乡之谜

到第三次才给予通过，并将她的检讨寄到浙江省委，再转到湖州。

不久，王逸鸣被分配到最高人民法院检察署研究室工作。周恩来知道后说："不行，一个刚从学校出来的娃娃，怎么可以分配到中央机关，而且搞研究工作？应该到基层去锻炼。"

随后，王逸鸣服从分配，到东北一个县的地方法院工作。后随爱人调到北京工作，但不敢告诉周恩来。1956年王逸鸣病重住进通县结核病防治所，并查出患肺癌，邓颖超知道后将她接到北京，并住进北京友谊医院，虽经多方努力，终因此病为绝症，回天无力。

王逸鸣病危时，周恩来接到通知，凌晨1时赶往医院看望。后来周恩来与王逸鸣之姐王去病回忆当时情景时说："当时简直不认得是王逸鸣，瘦得皮包骨。由于激素打多了生出了胡子，她已不会说话，但认识我，拉着我的手一直流泪。"说到此，周恩来心里十分难过。王逸鸣在周恩来离开医院后不久去世。

王去病是周恩来的另一位表妹，1939年周恩来绍兴之行时，曾题词嘱她"勿忘鉴湖女侠之遗风"。此后，直到1973年王去病来北京治病，周恩来才又一次见到她。

在中南海的家宴上，周恩来问起王去病的情况和王贶甫去世的原因及其子女情况。当得知王贶甫的两个儿子王京和王耆均在北京工作，周恩来赞叹说："这两个孩子从来没有找过我，很好。"

王去病说："他们从不宣扬和你的关系，只靠自己的努力。同时我在工作时尽量不犯错误，可是一旦思想跟不上形势有个什么差错，会影响你的。所以我也就不宣扬我们的兄妹关系。"

周恩来沉思片刻说："我也会影响你们的。"

这一句寓意深刻的话使王去病顿感心酸，从此王去病再也没有见过周恩来。

/第五章/

西花厅的普通人：
总理的生活细节

◎有一次在沈阳接待外宾，周恩来幽默地说："今天该穿那套'礼服'啦。"工作人员拿出来一看，上衣后腰上有一处是刮破后又用线织补上的。这位同志十分感动地说："总理，你这套'礼服'早该换换啦！"

◎周恩来的衣食住行各个方面，处处体现出"俭朴"二字，映衬出他的高大形象。

每个人的生活，都离不开衣食住行这四大项，因为这是人类的基本生存条件。而这四方面的追求与状况，也最能体现一个人的品质。在我国广大人民群众生活水平都还不高的情况下，周恩来身体力行，在衣、食、住、行等方面，始终保持和发扬党的艰苦奋斗、艰苦朴素的优良传统和作风。他穿得很朴素，有的衣服补了又补，修了又修，一穿就是一二十年；他吃得很简单，从不大吃大喝，还时常到职工食堂用餐；他住的房子，是老式旧平房，设备很简陋；他出行讲究的是效率，而不是排场。

周恩来的衣食住行各个方面，处处体现出"俭朴"二字，映衬出他的高大形象。

"丢掉艰苦奋斗的传统才难看呢"

俗话说，穿衣戴帽，各好一套。让我们先来看看周恩来的帽子。

呢帽、鸭舌帽、草帽、凉帽、军帽，各种各样的帽子，周恩来都戴过。因为革命战争年代，长期从事地下工作和在国统区工作，有时需要化装，有时是场合需要，所以，我们看到了很多周恩来戴礼帽的镜头。不过，我们至今尚未听过中华人民共和国成立前关于周恩来帽子的故事，只听说过他谈外国语称为"盖发儿"的逗人段子，而下边的故事，发生在周恩来已是共和国总理的时候。

有一次，在周恩来出国访问的飞行途中，机械长看到一顶很旧的米黄色凉帽挂在总理的客舱门口，他感到不大好看，想把它放到一个不显眼的地方去。当他拿下帽子一看，里面写有一个"周"字，他愣住了，心想这难道是

第五章
西花厅的普通人：总理的生活细节

周总理的帽子？正在这时，周恩来的秘书告诉他，这正是周总理戴了多年的凉帽。

不过，确实如有些书籍中所说，周恩来并不喜欢戴帽子。比如在机场迎接外宾时，常举行冗长的仪式，但无论是夏日里骄阳似火，还是冬季里寒风瑟瑟，他既不戴遮阳帽，也不戴防寒帽，任凭日晒风吹。1972年2月17日，美国总统尼克松激动而又兴奋地走下"空军一号"飞机时，第一眼所见的周恩来，留给他终生难忘的深刻印象就是："周恩来站在舷梯脚前，在寒风中不戴帽子。"几年以后，尼克松的回忆录问世，书中特别提到深深印在他记忆里的对周恩来的第一印象。因而，周恩来不戴帽子挺立寒风中的形象，又留在了千千万万人的脑海里。

周恩来风采（历史图片）

周恩来穿的内衣、袜子，总是补了又补。1966年夏天他访问罗马尼亚时，脱下来的衬衣竟使驻罗马尼亚大使馆的工作人员大吃一惊。他们奇怪周恩来出国访问时还穿着带这么多补丁的衬衣。

有一次，周恩来出国访问，我国驻外使馆有位同志，看到周恩来穿的衣服太破旧了，就用自己的工资买了两件新的送给他，周恩来没有接受。周恩来身边的工作人员多次提出要给周恩来添置新衣，周恩来总是和颜悦色地说："旧的还可以穿嘛！"并教育工作人员："艰苦朴素是我们共产党人的本色。"一件衬衫破旧了，换一换领子、袖口，周恩来仍穿着它到外地视察，接待外宾。当周恩来停止呼吸时，医务人员看到周恩来穿的旧衬衣的领子和袖口都是后来换过的。可警卫人员告诉她："这是他老人家最好的一件了！"

1957年，周恩来在人民服装厂红都门市部做过一件呢料中山服，穿了六七年，先后两次翻旧改新，多次反复修补，连衣服里襟都被剪下来换做领子，袖子上的补丁越补越大，竟占了整个袖子的三分之一，实在应该做件新衣了。

为此，服装厂的师傅拿着衣料样子送请周恩来选定，周恩来没有选，却送来一件几十年前的旧式西服，要求把它改成中山服。工人师傅怀着崇敬的心情，群策群力，精心改制，总共拼接了20多处，仅一个衣兜就拼了4小块。为了弥补明显的拼缝，他们又请普兰德洗染店的师傅精工织补。衣服改好后，周恩来十分欣赏，夸奖师傅们的手艺巧夺天工。以后，周恩来经常穿着这件衣服外出视察和接见外宾。

有一次在沈阳接待外宾，周恩来幽默地说："今天该穿那套'礼服'啦。"工作人员拿出来一看，上衣后腰上有一处是刮破后又用线织补上的。这位同志十分感动地说："总理，你这套'礼服'早该换换啦！"周恩来笑着说："这就蛮好啦，织补的那块有点痕迹也不要紧，别人看着也没关系，丢掉艰苦奋斗的传统才难看呢！"又说："穿补丁衣服照样可以接待外宾。"

还是在沈阳，宾馆警卫人员在周恩来住的房间附近，发现晾着一条洗得干干净净的旧衬裤，就问服务员："谁的衬裤往这儿搭？"服务员说："是周总理的。"他们靠近细看衬裤，两个膝盖处竟补着补丁，很受感动。

1958年秋天，在中央第二次郑州会议期间，周恩来的随行人员拿着一件旧衣服，请服务员送洗。服务员接过来一看，发现衣服袖子和领子上都补了补丁，心想：这位在中央机关工作的同志可真艰苦朴素啊。当服务员把洗好

第五章
西花厅的普通人：总理的生活细节

的衣服送还给周恩来的随行人员时，半开玩笑地对他说："您在中央工作，常跟随总理出国，还穿打补丁的衣服，这种艰苦朴素的作风，真值得我们学习啊！"这位随行人员解释说："不，不，这件衣服不是我的，是周总理的。他的衣服不穿到不能再穿的时候，总是舍不得丢掉！"周恩来的一套睡衣和睡裤是1951年做的，20多年来穿破了就补，再破再补，白底蓝格的绒布已经磨成无绒无格的白布了。夏天，周恩来彻夜工作到第二天晨曦初露，凉意扑来时，就披着这件睡衣，继续勤奋地为党为人民工作。周恩来到外地甚至出国，穿的也是这件睡衣。而他用的浴巾，也是一用多年，他侄儿周尔辉手中珍存的那一条，就是伯伯用了20多年的，上面有10多个补丁。

周恩来不但自己穿衣讲究艰苦朴素，对自己的亲属也是严格要求。1961年，周恩来的侄子周尔辉在西花厅与孙桂云举行婚礼。他这位做伯父的和做伯母的邓颖超送的结婚礼物中，就有一条周恩来穿过的旧毛料裤子。就是这条旧呢裤，周尔辉穿了许多年，破了补，补了破，一直到不能再补时，孙桂云又拆开来给自己的小孩改成一条小裤子。1974年，周恩来已经病重，周尔辉和孙桂云的儿子已经10岁了。他们都很思念周恩来、邓颖超，就全家去了一趟北京。亲人见面，话题不少，大家正在兴头上，邓颖超忽然惊讶得像发现新大陆似的说："小孩家怎么穿起呢裤子？"周尔辉夫妇如此这般地一说，周恩来和邓颖超听了以后都很开心。周恩来十分高兴地说："好啊！我们家一条裤子穿了三代人啦！"邓颖超也夸奖侄媳妇说，你心灵手巧，这条小呢裤改做得真好！从此，这个"三代裤"的故事不胫而走。

周恩来穿的袜子，都是补了又补。一个补袜板，还是解放战争时期用的，他从西柏坡带到北京，一直留着织补袜子用。

周恩来夏天穿的是一双黄色皮凉鞋，春、秋、冬总是穿着一双黑皮鞋。这两双鞋都是一穿20多年，修补过多次。由于没有多余的皮鞋可换，工作人员几次给他换鞋底，都是利用他睡觉的时候进行的。

在周恩来与邓颖超身边工作过的周尚钰、王力回忆——

周总理很注意仪表，而穿着则极其俭朴。

我们在周总理身边工作6年，知道他只有两套料子中山装夹衣，一套是灰色的，是他白天工作时经常穿的，另一套是黑色的，是礼服。夏季他还有一套浅灰色派力斯中山装单衣，多半是接见外宾时才穿，平时则只穿短袖夏威夷衫。冬天，他有一件蓝色夹大衣和一件黑色呢大衣，大概是去苏联访问时制作的。皮鞋也有两双，一双是黑色的"三接头"，另一双是棕色皮凉鞋。凉鞋是1954年为了与短袖衫配套才买的。这就是他的全部衣着。白天出去工作时，他总是穿得整整齐齐，干干净净。夜间在家里办公时则换上延安时代穿的那套黄色粗布制服和布鞋。内衣和衬衫每星期换两次，而每件则是穿破以后经过补缀再穿一段时间才换的。

一天，他唯一的一双皮凉鞋坏了，而又要每天都穿，不得已，成元功只好趁总理不在家时赶紧拿去修好。

这种情况一直持续到1954年，周总理去参加日内瓦会议时，才又新添了一套西装、一套制服和一件夹大衣。

周总理曾对我们说过：我国现在还是个贫穷国家，首要的是经济建设，但必须注意节约。他就是这样严格要求自己，以身作则。

一个日本人也曾有过这样一个"重大发现"——

1964年，我国有关部门与"日本纺织株式会社"洽谈一项维尼纶成套设备进口的事。来我国具体洽谈这项事宜的是该公司的总经理原吉平先生。原吉平所在的这家纺织公司有一支在日本很有名气的女子排球队，该队的教练是曾培养出享有"东方魔女"美誉的日本国家女排的教练——大松博文。

当周恩来得知大松博文是原吉平先生所在公司俱乐部的女排教练时，出于对我国排球事业的关心，特向原吉平先生提出，邀请大松博文来我国辅导我们的女子排球。周恩来的这一邀请很快得到了答复，日本方面立刻派大松博文来到北京。

大松博文在训练我国女排期间尽心尽力，十分认真。有一天，周恩来在

第五章
西花厅的普通人：总理的生活细节

百忙之中抽出时间到北京体育馆观看大松博文带领队员训练，原吉平在体育馆迎候并陪同周恩来一起观看，当时担任翻译的是黄世明。

周恩来一到体育馆，原吉平立即上前与他握手。当原吉平与周恩来握手的一瞬间，他忽然发现周恩来伸出的右手衬衫袖口处有针线缝补过的痕迹。这一发现使原吉平既大惑不解又感慨万分。堂堂一个国家总理何以穿一件缝补过的衬衣呢？他先是怀疑看错了，待坐下观看训练时，他又特意观察了一下周恩来的袖口上是否有针线缝补过，后来确信自己没有看错。在周恩来走后，原吉平立刻找到黄世明，怀着十分崇敬的心情说："你们中国人真幸福啊！我刚才与你们的总理握手时注意到他的衬衫袖口是缝补过的！一个人口众多的国家的总理每天换一件衬衣都不过分，可他竟然穿着缝补过的衣服，与你们人民同甘共苦，我真是太敬服他了！我非常羡慕你们中国人有这样一位好总理！"他用口语的"敬服"来表达对周总理的敬仰之情。

看到原吉平先生如此动情，黄世明也深受感动。为了证实他的所见是真实的，事后黄世明在中南海见到了周恩来的秘书马列，向他说起此事。马列深有感触地说："这事确是真的，总理穿的衬衣常常是缝补过的。"接着他又补充道："总理在出国访问时，他的衬衣往往不在所住的饭店里洗，而是送到当地的中国大使馆去洗，就是因为他的衬衣是缝补过的。"

"六七亿人口的中国，不就是我一个总理吗？再穷也不缺我几身新衣服，何况对外还有个影响问题，但是，身为六七亿人口大国的总理，我怎样做不是我一个人的事，这表明我提倡什么。六七亿人口是应该提倡节俭，还是现在就不顾国情去追求享受？我更多考虑的是后者。"

是的，泱泱大国总理，不是穿不起一件新衣服，不是人民不允许，而是他心里有群众，不脱离群众，处处为人民做出了表率。

说了这么多的故事，也许很多人认为这与自己所见到的周恩来总理不相符，因为人们看到的周恩来总理总是衣冠整洁、仪表堂堂。无论是在飞机上、汽车里，还是餐桌旁，周恩来总是整洁利落，飘逸儒雅。虽然身上穿的是布衣，脚上蹬的是旧鞋，但他穿戴得合身得体，依旧那样与众不同，站在群体之中，总给人一种鹤立鸡群的特殊感觉。

是的，人们没有看错。艰苦朴素是一个方面，注重衣饰整洁是周恩来穿衣戴帽的另一方面。这两方面并不会发生不可调和的冲突。

曾记否，"封建家庭素来好面子"，但穿戴整齐总不是应该否定的吧。

曾记否，南开学校门口的那面镜子，"面必净，发必理，衣必整，纽必结。头容正，肩容平，胸容宽，背容直……"。

曾记否，周恩来曾留洋日本、欧洲，西服革履的规矩有很多很多。

无论是中国传统，还是西洋文明，都不十分苛求衣冠楚楚，却都讲究衣冠礼仪："衣着整齐是一种礼貌，表示对人家的尊重。"这些对周恩来信奉"人靠衣装马靠鞍"有着重大的影响，而又能与"只重形式不重内容"的俭朴很好地结合起来，则是他的一大个人特色，并与他少时的家境尤其是艰苦朴素的作风有关了。

着装整洁利落、飘逸儒雅的周恩来（历史图片）

及至成为共和国的总理,周恩来就更加注意保持仪表仪态的整洁美观,因为这已不仅仅是个人的修养问题。他的一举一动,都要给国人做榜样,他的一颦一笑,都代表了中华民族的文化修养。

有的书籍中写道:"周恩来的穿衣也反映出他的性格:规矩严整,清洁平展,认真仔细,一丝不苟。他不叫卫士帮忙,穿衣脱衣都要自己动手。就寝时,他每脱一件衣裤,都要叠放整齐,从不乱扔,更不会胡乱一揉一堆;他从外衣裤到内衣裤,从下往上一件件叠放好,第二天起来,又从上往下一件件取来穿上;按部就班,顺序明确。他不但衣服一上身就要系好每一个扣子,抻展每个衣角、袖口、领口,而且注意不能有一点点污渍。一旦发现,哪怕只是米粒大的污渍,他也会马上用湿毛巾仔细地擦去。"

但凡事都有个例外,一向注重仪表的周恩来,还是让我们看到了一张也许是唯一一张特别的照片:画面上,沙滩上的周恩来神采奕奕地双手叉腰,头顶军帽,上身穿戴整齐,下身却只穿短裤,双腿裸露,河水浸过脚背。

这张照片背后有个感人的故事。那是1946年5月,为了制止国民党军队对我中原解放区的进攻,在周恩来的交涉下,周恩来与国民党代表王天鸣、美国代表白鲁德等人一起到中原解放区视察。三方代表、工作人员和新闻记者共有60多人。

5月6日凌晨,大雨滂沱,周恩来同王天鸣、白鲁德等人分乘4辆吉普车和两辆卡车向武汉以北130多公里的宣化店进发。

大雨下个不停,山洪处处暴发,三方代表等一行人一路走走停停,至黄昏时才北行40余公里,来到黄陂县滠河南岸边。由于河水陡涨,冲断了公路桥梁,汽车不能过河。王天鸣和白鲁德商量后对周恩来说:"周先生,您看是否转回汉口,等水退了改日再来?"他们哪里有周恩来那种急迫赶到目的地的心情?

怎么办?周恩来看到美、蒋代表露出幸灾乐祸的神情,非常镇静地要随同来的原黄陂县委书记任士舜找当地群众帮助过河,并指示警卫人员去了解

1946年5月上旬,周恩来为阻止国民党军队进攻中原解放区,停止中原战事,促使美方和国民党方面同意组成三人小组前往中原军区所在地宣化店视察。这是他在途中因汽车被山洪所阻涉水过河时的情景(历史图片)

水情,自己主动询问老百姓,动员老百姓帮助过河。当地老百姓得知是护送中共中央副主席周恩来时,许多人自告奋勇,要求去抬汽车,警卫人员了解水情后,回到驻地时已是深夜。周恩来高兴地说:"我们只要依靠人民大众,就没有克服不了的困难,明天早晨我们过河!"

次日清晨,任士舜找来了许多老百姓,周恩来站在河滩上,高兴地说:"乡亲们,我们要到宣化店去进行和平谈判,你们有办法帮我们过河吗?"一个老大爷成竹在胸地回答:"我们有办法!"他点名叫出了10多位壮汉,带着绳子、杠子,把吉普车捆起来。壮汉们一声号子响,把坐在车上的王天鸣、白鲁德连同吉普车一并抬起过河。美、蒋方面的其他人员,有的也爬上农民的肩头,被背向河北岸。

周恩来走到岸边,农民们争着要背他。周恩来恳切地说:"乡亲们,你们为了争取和平，给了我们很大的支持，我们很感谢你们。二万五千里长征，跋山涉水，这是我们共产党的本领，今天我们不能再麻烦你们了。"说着，他便脱下长裤，由警卫员扶着，赤着脚，指挥大家涉水过河。

水流湍急，深及腰间。

"这种情况，在长征时是最常见的。但对他们可就难了。"河水中的周恩来向美、蒋人员那边望了一望，风趣地说。

"他们可能是第一次见到这种场面吧。"警卫人员被周恩来的乐观精神感染了，欢快地说。

"哈哈！共产党的本领就是能吃苦。"周恩来爽朗的笑声传向两岸。

在一片笑声中，周恩来带领随从人员涉过了这条100多米宽的瀍水河。

就在周恩来过河时，历史给我们留下了这一难忘的瞬间。对于一向注重仪表的周恩来来说，这张在别的场合看来肯定与众不同的照片，却在如此特别的历史环境下愈加显出他的伟大和崇高。

"生活好了，可不能忘记过去"

人是铁，饭是钢，一顿不吃饿得慌。

居家过日子，柴米油盐是大问题。住在中南海的周恩来，一日三餐吃些什么？在家里招待客人吃些什么？外出视察开会吃些什么？请客摆宴又吃些什么？……还有，他吃饭花钱吗？花多少钱？

这些都有点像谜。谜底揭开，有些人会觉得果然如此，有些人会觉得没有想到。

周恩来青少年时代衣食俭朴或许有家贫的因素，但是，他成为革命家后，即使是在条件有所好转的情况下，仍然保持着这一作风。

抗日战争时期，周恩来率南方局及八路军办事处工作人员在重庆战斗，他和南方局及办事处工作人员一起吃粗茶淡饭。大家看到他那样劳累，还整天和大家吃一样的大锅饭菜，很不安心。有一次，管生活的副官李泽纯给他加了一个菜，可刚端上来就遭到了他的反对。

1942年，周恩来因病动手术住进重庆国民党中央医院，由何谦和警卫副官颜太龙两人陪护，饭菜由他们自己做。邓颖超经常前来看望，总是把她当参政员的工资节省下来留给他们，希望让周恩来吃好点。大夫和前来探视的《新华日报》总编辑吴克坚、南开大学校长张伯苓等人也都建议改善一下伙食。可周恩来却总说："你们放心，我吃得很好。"

有一天，也在那里住院的电影明星吴茵说她会做鱼，何谦、颜太龙就按她教的方法给周恩来做了一条鱼。开饭时，周恩来新奇地说："噢，吃鱼！"

何、颜二人不禁很得意："我们是向吴茵学做的。"周恩来尝了一口笑着说："嗯，挺好吃。"可是，紧接着他就说："鱼很贵，以后不要买了，还是吃普通饭菜吧！"

"手术后可是需要增加营养啊！"

"青菜也有营养嘛！"

怕二人想不通，有一天周恩来躺在病床上和他们闲谈时，动情地说："延安现在生活很艰苦，主要吃小米和土豆，连吃盐都很困难。晋西北更艰苦，贺龙同志那里有时吃黑豆都很困难，相比之下，我们的生活好多了。"

有的书中写周恩来不吃狗肉，对此有不同说法。但就所谓狗肉问题，周恩来还真是拒吃过一次，因为"由于母教的过分仁慈礼让，使自己也带有几分女性的仁慈，如看见杀狗或杀其他生物总觉难过……"。

原来，周恩来在重庆领导南方局时，在当时的曾家岩50号曾有过一只小狗，被唤作"贝当"（贝当是第二次世界大战时投降德国法西斯的法国卖国政府头子）。把坏人之名取作狗的名字，是出于一种对坏人的愤恨之情吧。

第五章
西花厅的普通人：总理的生活细节

小狗"贝当"虽不是什么"好人"，却很讨南方局工作人员的喜欢。不料，它不知被什么人打折了一条腿，久治不愈。看到"贝当"痛苦的样子，有人便提出把它杀掉算了，既可人道主义地免除它的痛苦，又可让大家改善一下生活，个把月吃不上一顿肉的肚子太缺油水了。

周恩来知道后，坚决反对。他说："贝当对你们那么好，给你们做了那么多事，你们既然喜欢它，为什么不把它的腿治好，还要杀它、吃它？"

在重庆领导南方局时的周恩来（历史图片）

邓颖超在1985年10月重访曾家岩时，给同行的人讲起这件事。她回忆说："当时分成两派，他（指周恩来）是少数派，主张吃狗肉的是多数派。贝当的腿总是治不好，后来还是杀了。那天吃饭，一碗香喷喷的肉放在桌上，恩来问是什么，听说是狗肉，他就发脾气，放下筷子不吃了。大多数同志多少天不闻肉味，还是高高兴兴吃了。"

中华人民共和国成立后，周恩来担任共和国总理，国家的状况好了，他个人也有了享受的条件，但他一如既往地保持着俭朴的本色。开始，在他的家里没有专门的餐厅，用餐常在办公室内，餐桌就是会议桌的另一头。餐具中有几个普通的白色蓝边搪瓷碗，已经用了二十几年，碗边已经掉了瓷；盛汤的用具是个普通的陶罐。

1961年春节前后，在青岛工作的侄儿周保章第一次到伯伯家做客。那几天，同周恩来、邓颖超一起用餐的，除周保章以外，还有周尔辉、周尔萃兄弟俩。中餐只有两个素菜、一个有少量肉丝的荤菜和一碗青菜汤。这盘荤菜还是专门为了第一次来看望老人家的侄儿加的呢。主食除了米饭，还有四个杂粮面做的窝窝头。

开饭了，周保章伸手去拿窝窝头，邓颖超一见，急忙用筷子把他的手拨开，笑着说："这是你伯伯和我吃的，你是客人，吃米饭吧！"周恩来边吃窝窝头，边笑着说，好啊，你们年轻人吃点粗粮好，于节约有利，对身体也有益处。

大年三十的晚上，周恩来请客。他身边的工作人员和在北京的几个晚辈都参加了。二三十人一起吃饭，热热闹闹。每张桌上放着两样食品：一盘热气腾腾的肉包子，一盆金黄的小米粥。周恩来带头先盛小米粥，等大家盛好饭后，周恩来站起来说，今天是除夕，大家辛苦一年，就用小米粥和肉包子招待大家，对大家一年来的辛勤工作表示慰问和鼓励。邓颖超接着解释说，请大家吃小米稀饭，是希望大家记住新中国是小米加步枪打出来的，不能忘掉"小米精神"；吃肉包子，是要大家懂得新中国生活好了，还要再建设，好了再好，过上更美满幸福的日子！这时，周恩来频频点头，起劲儿地鼓掌。

周尔萃在中国人民解放军空军部队服役，因病在北京治疗，常去伯伯家。周恩来询问空军的生活标准，尔萃说："我们每天供应半斤肉。"

既然国家对飞行员做如此特殊优待，作为总理也只好照办了！他幽默地说："那可不能叫你这个飞行员在我这儿受委屈，明天叫炊事员把我们的肉票集中一下，打个'歼灭战'，保证你的健康。"尔萃当然不知道这"歼灭战"的含义和分量，当时周恩来的肉食供应量每月也只有2两。

"歼灭战"只能偶尔打一两次，大多数时候这位飞行员侄儿到伯伯家时，也只能与伯伯一起过艰苦的紧日子。有一次，周恩来对尔萃说："今天，请你

第五章
西花厅的普通人：总理的生活细节

周恩来同家人共餐（历史图片）

这个飞行员吃一顿'金银饭'。"尔萃听了，左猜右想，不知伯伯请吃什么好饭。临吃饭时，尔萃才看到是用大米和小米混合煮好的粥。周恩来笑着说："你们飞行人员，是吃不到这种饭的。过去，我们在延安，常吃这种'金银饭'，又叫作'革命饭'。今天生活好了，可不能忘记过去……"伯伯这番语重心长的话，尔萃一直铭记在心，也想了很多很多。

国家进入三年困难时期，毛泽东约法三章，提出不吃肉，不吃蛋，吃粮不超定量，与人民同甘共苦。周恩来知道后，身体力行，强调严格按国家规定的标准办。有同志对周恩来说："你们都是老人了，日夜操劳，应该过得好一些。国家再困难，也不能没有首长吃得稍好一些的余地呀！"邓颖超接过话茬，说："今天的生活水平比起长征时期，抗日战争时期，不知好了多少倍，我们很满意了。"周恩来也说："为了战胜经济困难，毛主席提出不吃猪肉，不吃鸡蛋，不吃好米，我们应该和全国人民同甘共苦。"

1959年新春佳节期间，周恩来把几位专管人民大会堂工程的负责人找去研究工作。周恩来首先问道:"工人同志们吃过饺子没有?"

几位负责人回答:"为了让工人们欢度春节,已经把饺子送到工地,保证充分供应。"周恩来听后放心地笑了。可是当天,他的午饭只是一锅白菜熬豆腐。

那么,周恩来不过生日吗?过生日总该吃点好的吧。至今,能够算得上过生日的,可以说只有一次,那还是中华人民共和国成立前的事了。

1943年3月18日晚上,客居红岩嘴的第十八集团军西安办事处处长伍云甫,在住宿的房间里那时明时暗的微弱灯光下记下了这样一则日记:

> 本日为农历二月十三日,为周副诞辰(45岁满),办事处为备茶点祝寿,坚持未出席,只得由徐冰、孔原等先后致祝词,同志们分尝点心食物,欢欣而散。

"周副"就是周副主席,即周恩来。办事处为他备了茶点祝寿,他却"坚持未出席",结果只得由南方局文化组组长徐冰、组织部部长孔原致辞,大家把点心分而尝之……大约是当时周恩来的"坚持未出席"使得一些热心操办此事的同志有些尴尬,被董必武等南方局其他领导知道了,为了不负大家的好意,据伍云甫日记记载,第二天便在晚餐时备办了"筵席二桌"——说是"筵席",当然也不可能有多么丰盛,而且说明:"未请外客,董老、林师长、小超同志及其他办事处同志参加。"未请外客,而且又有德高望重的董老和受中共中央委托从延安来参加同国民党谈判的林彪师长参加,周恩来自然不便推辞,这样才算了结了生日之事。

但周恩来自己并没有了结此事。在他生日这天下午的整风学习会上,他给大家做报告,进行了严肃的自我反省。

伍云甫日记记载:"周副自我反省说到家庭、学校、社会教育所受的影响。他出身旧世家,养母廿岁守节,抚育他至10岁即去世(30岁),母读书通文字,在当时社会(可)说是一个模范良母,10岁以前的教育完全受母教。""由于母教的过分仁慈礼让,使自已也带有几分女性的仁慈,如看见杀狗或杀其他生物总觉难过,缺乏一种顽强和野性,故对于党内错误路线的斗争,往往走向调和主义。"而对于自己在革命工作中的成绩,周恩来则谦虚地说,参加革命"迄今已廿年,经常处在实际工作的情况下,故增加了些工作能力",但他马上又批评自己"理论修养不够,有些事务作风"。

这一天,除去在大会上作自我反省之外,周恩来还慎重地写下了一份包含七个方面内容的《我的修养要则》。

作为一个在当时已经享有崇高声望的政治家,周恩来就这样度过了自己的生日。

"饭桌上只有四菜一汤"

周恩来在家里请亲属、晚辈包括身边工作人员吃饭是如此这般,那么,家里来了真正的客人又招待些什么饭菜呢?

冰心回忆说,她和吴文藻从日本回国后,1952年的一个初夏夜晚,周恩来接见了他们。

> 总理极其亲切地招呼我们在他旁边坐下,极其详尽地问到我们在外面的情况,我们也就渐渐地平静下来,欢喜而尽情地向总理倾吐述说我们的一切经历。时间到了午夜,总理留我们和他共进晚餐。当我看到饭桌上只有四菜一汤,而唯一的荤菜还是一盘炒鸡蛋时,我感到惊奇而又高兴。惊奇的是总理的膳食竟是这样的简单,

1962年3月,周恩来和著名作家冰心在飞机上交谈(历史图片)

高兴的是总理并没有把我们当作外人。在我们谈话吃饭之间,都有工作人员送进文件,或是在总理耳边低声说话。我们虽然十分留恋这宝贵的时刻,但是我们也知道总理日理万机,不好久坐,吃过了饭不久,我们依依不舍地告辞了。

冰心的待遇,代表着周恩来在家招待客人的正常水准。无论客人职务高低,周恩来都是一视同仁,饭菜简单,素菜居多。

1965年10月,周恩来约请阿沛·阿旺晋美和帕巴拉·格列朗杰到家里谈心。谈完后,周恩来热情地留他们吃饭,并客气地说:"今天没有准备,你们就吃顿便饭吧!"于是,就在周恩来陈设简单的会客室里,用屏风挡住一角作为饭堂,端上了饭菜:都是一般饭食,只有三菜一汤,而且基本上是素菜。

同年12月,周恩来请新疆和田文工团和内蒙古乌兰牧骑文艺战士一起去他那里做客。周恩来和大家一起吃玉米饼子、大锅菜。他手拿玉米饼子,语重心长地说:"今天请你们吃饭,不像招待外宾那样吃珍贵的东西,而是吃家常便饭，吃玉米饼子、大锅菜，就是要大家保持艰苦朴素的作风。不要进了城就丢了农村。你们大多数是从帐篷中来的，不要忘掉了帐篷。""从马上来的，要回到马上去。"全体文艺工作者听完周恩来这番话，抑制不住内心的激动，一个个热泪盈眶地表示说："请周总理放心，我们一定按照您的指示去做，一定要学习您的榜样，永远不忘本，永远不脱离人民。"

不过，周恩来请客也是内外有别，体现出中国人传统的待客之道。

1963年秋天，巴基斯坦驻华大使罗查先生要调任回国，周恩来在颐和园听鹂馆为他饯行。具体的安排是：先在昆明湖划船，在船上谈话，晚7时到听鹂馆举行宴会。宴会上安排有一个大冷盘，有酒，有饮料，四菜一汤，有主食，有点心，有水果。

周恩来提前到场后，即问工作人员：接待处的事安排好了没有？听完情况汇报，他说："罗查大使是我们的老朋友，我作为总理为他饯行，四菜一汤太寒碜了，办事情应当内外有别，我们内部的规定不适用于外宾。"还说："现在我们在经济上确实有困难，应当厉行节约，但该花的钱还是要花的，就加两道菜。"

工作人员说："懂啦，马上就去办。"真算幸运，那天听鹂馆有活鳜鱼和仔鸡，为周恩来办了个丰盛的晚宴。

工作餐

工作餐，即工作之餐也。国务院全体会议、常务会议，以及周恩来临时召集的会议，有时时间较长，便需要准备工作餐。

对于这种工作餐，标准如何，其实全靠周恩来一句话，即使标准高点，也说得过去，都是因为工作嘛。但周恩来规定：工作餐即家常便饭，四菜一汤。据此，国务院工作餐的一般食谱为：主食，大米饭、馒头，有时吃窝窝头或烙饼；副食，大烩菜或四菜一汤。大烩菜也好，四菜一汤也好，都是普通蔬菜和豆腐、粉条之类。有时有一盘肉片（丝）炒菜，最好的时候也只是一盘鸡或者鱼。用汤盆盛大锅菜，盆内放一个大汤勺，把菜盆放在桌子中央，既是菜又是汤，还有两个小菜，即咸菜和酱豆腐。每人一碗、一盘、一勺，饭菜都是自己盛。这样的四菜一汤，"既经济又实惠"，周恩来常常这样讲。

周恩来很少在会议厅吃会议饭，都是回家吃家中的一荤一素的温热饭菜。他不吃太热的饭菜，嫌热饭菜吃得慢，耽误时间。吃完饭他即起身去继续开会。有时偶尔在会议厅吃一次会议饭，周恩来总是按规定交粮票、钱票，并且要求参加会议的人都要交粮票和钱票。工作人员也要交粮票和钱票。

周恩来开会的饭菜标准，谁都不能改变，不能搞特殊。就是周恩来不吃会议饭，也要随大家一起去饭厅看看，一是看看大家吃得好不好；二是看看是不是四菜一汤，超不超标准。他看过后，走之前还要问一下司机有没有饭吃，都吃些什么。工作人员就告诉总理，司机们安排在职工食堂吃饭，有时还有面包、香肠。这样，他才放心地回家吃饭去了。

当年的江西省领导方志纯回忆说：1954年，我从江西到北京参加国务院召集的一次会议。会议结束时，工作人员宣布说，今天中午周总理请大家吃饭。我们听后，都欢呼雀跃起来。我心想，周总理请大家吃饭，没有山珍海味，也肯定是美味佳肴。谁知，当大家走进中南海一个餐厅一看，都瞪大了眼睛，相对愕然。原来，餐桌上除了馒头、煎饼和一大盆粉丝、白菜加肉片的大杂烩菜，别无其他菜肴。正在大家疑虑之际，周总理走进了餐厅，大厅里立即沸腾起来，多少双眼睛在盯着周恩来，多少颗心在盼望着，多么希望周总理能在自己这一桌入席啊！周总理走到我们这一桌旁，与同桌的同志握手后，环顾了周围，挥了挥手，示意大家坐下来就餐。周总理笑着说：吃吧，没有什么好的招待同志们！说着，他拿起馒头便大口大口地吃起来。周恩来为我们树立了艰苦奋斗的榜样。

杨少桥、赵发生回忆说：三年困难时期，周总理以身作则，同全国人民一起共渡难关。在国务院开会，到吃饭时间会议完不了，大家就经常同周总理一道吃饭，主食是窝窝头、馒头，有时有点面汤，菜是白菜熬豆腐，有时里面有点粉条。还有一次，周总理在自己家里同李先念、陈国栋、杨少桥等人讨论粮食问题。到了中午，邓大姐招待他们吃饭，也是三菜一汤，而且盛菜的盘子也都不大。

科学家朱光亚回忆说：1962年11月，二机部提出了研制原子弹的两年规划。12月4日，周总理召集专门委员会开会，对这个规划进行审议。会议从上午开到下午，周总理便留大家吃午饭。餐厅摆了两张普通大圆桌，每桌都是一大盆肉丸子熬白菜、豆腐。四周摆几小碟咸菜和烧饼。周总理同大家同桌就餐，吃同样的饭菜。

1963年的一次晚餐也是这样的饭菜。大家都入席了，后到的贺龙元帅进入餐厅后，望了一眼每张桌上的食物，风趣地对周恩来说："呀，国家经济好转了，你家的饭桌上怎么还没有体现出大好形势来呀？"周恩来笑道："大好形势是靠大家奋斗得来的。将来，国家富强了，也不能丢掉艰苦朴素的传统啊。"

沈鸿回忆说：1965年11月24日下午，周恩来接见了参加全国机械产品设计工作会议的80位代表。代表们受到了极大鼓舞，认为今后机械产品的设计工作，在思想上、方法上、组织上更加明确了。

那天，周总理同大家谈话，越谈越多，谈得很晚了，总理就说："你们不要慌，今天我请你们吃饭。"大家谁也没有想到周总理会请自己吃饭。在会议厅，80个人坐了10桌。一个大锅菜（白菜熬豆腐），另外有四小盘小菜。回来后，许多人问我，周总理平时就这样生活吗？我说，当然是这样。大家伸了伸舌头，十分惊讶，没想到周恩来生活这么俭朴。

钱三强回忆说：1966年11月，我国导弹核武器试验成功，周总理特地找了专管部门的负责同志去他的办公室，高兴地对我们说："群众都在庆祝胜利，我们也在这里庆祝一下。"庆祝方式极简单，只备有一小碟鱼冻作小菜，并破例允许喝几口酒。那种简单的庆祝方式，代表了他平日生活朴素的作风。这对我们都是极大的教育。

周恩来对于自己的工作餐向来是低标准要求，而对国务院机关工作人员就餐的饭菜质量问题，则向来是高标准要求。他经常在吃饭时间，深入机关食堂，有时转转，看看，有时就排队买饭菜，和工作人员同桌吃饭。

三年经济困难时期，周恩来更是经常到大食堂吃饭，了解伙食情况。有一次，周恩来在大食堂和工作人员一起吃饭时，听到好多人反映面粉掺红薯的窝窝头做得不好吃，他就回到自己家里和大师傅一起试验改进做窝窝头，每试验一次，周恩来就尝一次，直到比较好吃为止。周恩来还到机关食堂去介绍做窝窝头的新方法。

还有一次，周恩来要国务院秘书长习仲勋和他一同到机关食堂吃饭。周恩来排队买了几个窝窝头和素炒白菜，与工作人员一道吃起来。周恩来边吃边问食堂的情况，还注意大家的脸色和健康情况。回来以后，周恩来对习仲勋说："我们要关心群众生活，机关食堂的主食和副食都差，看上去每天热量是不够的，必须设法改善群众生活。"根据周恩来指示，国务院机关食堂搞了生产基地，自己动手，种地、养殖、磨豆腐……生活很快得到改善。这个办法，迅速推广到中央各部委和各省市机关食堂，对度过三年经济困难起了很大作用。

有时周恩来还到人民大会堂职工食堂就餐。同志们看到周恩来来了，都让他先买，可周恩来笑着说："就按刚才排队的次序很好，你们要不买，我也不买。"周恩来每次都是买点青菜、萝卜之类的素菜，买几个馒头或窝窝头，和职工们坐在一起，边吃边谈。当周恩来把掉在桌上的窝窝头碎屑捡起吃下，把菜碗剩下的汤喝下时，大家心里顿时升起钦佩崇敬之情。

第五章
西花厅的普通人：总理的生活细节

1元钱的伙食标准

从地理角度讲，周恩来自然是吃在北京。但这里所讲的，是周恩来在中南海以外的地方"吃北京饭"的故事。而这种故事有很多，这里也只能略讲两例而已。

由于当时的宾馆、饭店并不像今日这样，几步远就有一两家，天安门东侧的北京饭店就成了周恩来经常因公光顾的地方，在这里吃饭的机会（外事活动除外）也就多些。不过，他在北京饭店吃饭都是照价如数付钱。有一次饭店少算了一份小菜的钱，周恩来发现了，马上让秘书去补上。

"翻天覆地，造海移山。禹鲧结合，蓄放并兼。施工跃进，着着争先。稻粱麦黍，丰硕之端。抗旱防涝，潮白改观。嘉宾莅止，泛舟同欢。和平友谊，举世所瞻。长城在望，绿水连天。密云密云，气象万千。润我京华，福利无边。"

周恩来在怀柔水库（历史图片）

这是陈毅副总理为1959年9月7日周恩来总理与阿富汗贵宾同游密云水库所写的一首诗。为了密云水库的早日建成，周恩来花费了极大的心血。1960年9月，密云水库终于如期实现了两年建成的目标，并逐步发挥了经济效益。水库建成以后的一天上午，周恩来又到水库视察，由水库总指挥部副总指挥、后勤部部长苏国良接待。

当周恩来视察完毕，回到休息地点时，已是中午时分，周恩来秘书告诉苏国良，为总理准备午餐，伙食标准是1元钱，决不能超标准。

1元钱的伙食标准？虽说当时的1元钱能办不少事，可也太少了点。苏国良听后，下了厨房。不一会儿，他端上了两碟小菜，两盘炒菜，一杯温酒，接着上了一碗热乎乎的炸酱面。

吃饭时，周恩来并没说什么，但饭后，他提出这顿饭肯定超过标准了，让秘书按实际费用付款。

秘书说明早就交代清楚了，决不能超标。他找来苏国良，周恩来一见围裙还未解下来的苏国良，以为他是食堂炊事员，便让他坐在身边，亲切地交谈起来，一交谈，才得知他是水库指挥部的后勤部长，便明确提出：这顿饭一定超标准了，你应该说实话，不要破例。

苏国良说："我们对总理决不能说瞎话，一定按制度办事。"

周恩来见他如此说，又要求："你算给我听听。"

苏国良不慌不忙地扳着指头算了起来："这一两茅台酒是4毛钱（当时茅台酒是4元一瓶），加上菜和炸酱面，还不到1元钱哩！"

周恩来说："不对，你那一盘爆鱼肚值多少钱？"

苏国良笑了："总理呀，那不是鱼肚，是鱼鳔。我把鱼鳔切成花刀，做了这一道菜，请总理尝尝鲜。"

周恩来这才欣然一笑，说："你这位后勤部长干得很好嘛，是个好管家。"

1974年下半年，周恩来患了癌症住在与北海公园一墙之隔的305医院。周恩来在治病、养病的那段日子里，常常从305医院进到北海公园来散步，从而与这里的仿膳饭庄结下了缘分。

1975年5月23日,周恩来到北海,在湖边漫步,顺便来仿膳饭庄小憩。仿膳饭庄负责人庞长虹原来是北京饭店服务员,早就认识周恩来,他再三挽留周总理在仿膳饭庄用餐,说:"您不是爱吃肉末烧饼吗?我给您做肉末烧饼吃。"

周恩来最后同意了。当天中午,他便在仿膳饭庄吃了一顿很简单的午餐:一盘摊黄菜(炒鸡蛋)、一盘炒油菜心、一碗蛋花汤,还有两个肉末烧饼。

饭后,周恩来和庞长虹亲切地交谈,说:"仿膳的小窝头很受欢迎,要保持下来。肉末烧饼也好吃,如果肉末里加上南荠和笋末,吃起来会更加爽口,就不感到油腻了。"后来,庞长虹召集厨师,讲述了周恩来的意见,自此,仿膳饭庄的肉末烧饼加了南荠和笋丁,并保持下来。

饭后,周恩来提出结账。深知周恩来这一作风的庞长虹也没有推辞,就说:"总理,您交1块5毛钱就够了。"

"不对吧?木炭费加上了吗?我算算3元都不够。"

庞长虹知道拗不过,就收了3元7角饭钱。按照当时的物价,一个烧饼才9分钱,这顿便饭收3元7角钱没有少收。但到第二天,周恩来派秘书来找公园负责人,说昨天的饭钱还是算少了,因为公园不开放,没有游人,仿膳饭庄也不营业,虽说是吃了两个烧饼,可那是专门开的火,炉炭火费都要算上……反反复复算了几次,最后还是按周恩来的意思,付了5元钱结清了这顿饭钱。

过了一段时间,周恩来又一次来到仿膳饭庄,这一次他没有吃饭,只是喝了一杯茶,看着邓颖超吃完半个烧饼薄脆之后,付了钱就走了。

更多的时候,周恩来都是在午饭后来北海公园,医生也常常给他带上一些水果,如苹果、西瓜、桃等。每次吃水果,周恩来总是叫秘书数一下在场的人,按人数将水果分成份或切成若干小块,让大家每人一份。吃之前,他先环顾左右问：都有了吗？待有了肯定的回答，他才肯吃。一次，医生给他带的是一个杧果，他见杧果太小不好分，就让服务员将杧果泡水，分给在场的同志每人一杯。

舍不掉的高粱米饭

当年周恩来12岁就来到东北读书，对东北的主食高粱米可谓早有领教。他曾对辽宁大学的学生说过："我身体这样好，感谢你们东北的高粱米饭、大风、黄土，给了我很大的锻炼。"他又说："吃高粱米，生活习惯改变了，长了骨骼，锻炼了肠胃，使身体能适应以后艰苦的战争年代和繁忙的工作。"

时过境迁，从当年的小学生到今日的共和国总理，周恩来是否还爱吃东北的高粱米呢？而人们招待总理时又有谁肯上高粱米饭呢？

1959年，周恩来到哈尔滨"三八"饭店视察。饭店的同志准备做熊掌、

1962年6月，周恩来第一次到大庆，来到1202钻井队现场参观（历史图片）

海参等20多样菜。当厨师们在忙碌备料的时候,周恩来派人来通知说,用餐不吃别的,专吃黑龙江的家常便饭,并且点了4样:炖冻豆腐、酸菜粉、土豆炖茄子、炒豆芽。

1962年五六月间,为贯彻党中央大幅度调整国民经济的重大决策,周恩来和邓颖超在东北三省工作了一个月。一到住地,周恩来就与管生活的同志"约法三章":有几样东西不能吃,鱼、肉、蛋,肉制品也不行。"毛主席在党中央带头,我在国务院带头。群众有困难,做领导工作的更不能特殊。"按照周恩来的规定,每顿饭只能给他做两小盘素菜、一个汤。

同志们看到周恩来日夜操劳,伙食又很普通,都非常心疼,变着法地想让周恩来吃点肉食。一次,管理员偷偷地买了点香肠,切成碎末拌在咸菜里。周恩来发现后,马上叫邓颖超到厨房去查,并说服大家今后不要再买了,还把剩下的香肠分给了工作人员。为这件事,周恩来再次对管生活的同志说:"现在,全国人民都在勒紧裤带,憋着口气战胜困难,你给我弄好的吃,我怎么能咽得下去呢?!"

从此以后,邓颖超三天两头下厨房,看买的东西是否合乎规定,做菜是否加了肉类。管生活的同志一看把关这样严,含着眼泪恳求邓颖超说:"你就做做周总理的工作,让加一点好菜吃!周总理担着国家的重担,连着亿万人民的安危冷暖,影响健康,我们于心不忍哪!"邓颖超说:"同志们的心意我们理解,不过,还是按恩来同志说的办吧,做了,他不能吃,你还得挨批评。"

一次,辽宁宾馆的大师傅实在按捺不住,试探着为周恩来做了四菜一汤。周恩来发现后,耐心解释说:"不是讲一顿两个菜,怎么今天翻了一番呀?"他一定要服务人员撤下两个菜,留着下顿热热再吃。服务员只好噙着热泪撤下两个菜。

有一天,周恩来来到鞍山,服务员做了四菜一汤,他端下两个菜,告诉留着下顿热热吃。周恩来点名要的东西有两样,一个是让弄点地瓜粉,早晨冲着喝；一个是高粱米，保证每天吃一顿粗粮。大家都担心不好消化，周恩来说："东北人民能吃高粱米，我当总理为什么就不能吃呢？"

还有一次，周恩来和邓颖超先来吃饭，秘书、警卫员还有工作，晚来一会儿。周恩来就把饭菜拨出一份，通知服务人员留给未吃饭的同志。服务员恳请周恩来不必留，一会儿再给他们做。周恩来笑了笑说："你们是按全员上的菜，人来一半，就该用一半。这样，一可使你们免劳，二又不超过标准，两全其美嘛！"

东北局和辽宁省委的领导同志曾一再进言，劝周恩来在生活上随便些。周恩来总是爽朗地说："你们的心情我是理解的，但当前是困难时期呀！我们共产党人，应以天下为己任。先天下之忧而忧，后天下之乐而乐，与人民同甘共苦，共渡难关。"

来到黑龙江省，周恩来一到北方大厦就宣布，我们国家处在困难时期，伙食不能超过规定标准，不吃肉，不吃过油食品，要吃粗粮。一天，厨师做了一盘油炸豆。饭后，周恩来让邓颖超传达他的意见说："事先不是说过了，不吃肉，不吃过油的食品吗？老百姓每个月才几两油啊，全国人民都很困难，我们能吃得下去吗？我们吃这种油炸豆心里难过，希望同志以后不要这样做了。"邓颖超还说："黄豆本身就有油，搁点咸盐，放点葱花，用水煮煮吃就不错了！"第二顿，给周恩来上的是黄豆芽炖豆腐，周恩来高兴地说："这就很好嘛！"

1963年6月21日，周恩来陪朝鲜民主主义人民共和国崔庸健委员长到沈阳参观访问。周恩来知道这一天是崔庸健委员长的63岁寿辰，他告诉接待人员要做寿桃，做寿面，还让做软一点的高粱米饭。接待人员有些不解，周恩来深情地说："崔庸健同志和中国人民长期并肩战斗，抗击共同的敌人，在东北就参加过抗日联军。现在，让我们吃点高粱米，回忆共同度过的艰苦岁月。中朝人民有说不尽的战斗情谊啊！"崔庸健走进宴会厅，看到隆重的情景，弄清楚是周恩来为他祝寿时，非常感动。

第五章
西花厅的普通人：总理的生活细节

陪同朝鲜外宾来到黑龙江访问，周恩来一到就又提出要吃高粱米芸豆饭。服务员陈振兰不忍心让周恩来吃粗粮，一开始只给周恩来盛了半碗。周恩来几口就吃完了，要服务员给他再盛。陈振兰对周恩来说："高粱米不太好消化，还是吃点别的吧。"周恩来笑着说："没事，我的消化能力很好。"没办法，陈振兰又给周恩来盛了一碗。这时周恩来一边吃，一边问身边的人，你说高粱米是红的好吃还是白的好吃？这个同志回答说，白的好吃吧。周恩来一听笑了，说："你说的才是外行话呢，高粱米还是红的香。"

来到东北，周恩来就想到高粱米。也许，这高粱米里面不仅有他对革命艰苦岁月的缅怀，也有着一份对童年的回忆吧。

1964年深秋的一天，周恩来在吉林送走外宾之后，深夜11点来到一个招待所。服务人员打算为周恩来准备牛奶和点心，周恩来却问："有粥吗？"

"没有。"

"有饭吗？"

"只有剩大米饭？"

"把大米饭用热水烫烫，不就成粥了。"

服务员只好按周恩来的意思做了，但心里很不好受，盘算着明天早饭一定让周总理吃好。可没想到，周恩来刚吃完夜餐就嘱咐："明天早晨给我做高粱米粥吧。"

第二天早上，厨房的师傅把高粱米淘了

1963年6月，周恩来第二次到大庆，这是在大庆最大的油库——西油库——装油栈桥上（历史图片）

195

1966年5月，周恩来第三次到大庆，这是在观看职工家属生产的大南瓜。左一为全国著名劳动模范王进喜（历史图片）

又淘，搓了又搓，为周恩来做了高粱米粥。吃饭时，服务员把一盘月饼点心摆到餐桌上，周恩来问："还上这些做什么？"服务员向周恩来解释说："今天是中秋节啊！"周恩来微笑起来，但还是只吃了高粱米粥。

1966年5月3日到4日，周恩来到大庆视察。一到大庆，他就规定顿顿要有粗粮，一律不喝酒，并审定了食谱。这天的午饭，主食是高粱米芸豆干饭，玉米粒子粥，副食是白菜、土豆、萝卜大锅菜。周恩来香甜地吃了一碗以后，兴奋地说："我爱吃你们这种高粱米饭，请给再来一碗！"

一个窝头两分钱

有一年，周恩来到天津视察工作，住在市委招待所。一天，服务员给周恩来做了三样主食，周恩来吃饭时，开玩笑地对服务员说："你们做这么多，究竟让我吃哪个好呢，不吃就浪费了。"接着，周恩来便规定服务员每顿饭的主食只能做一种。

1963年6月10日，周恩来去天津视察水利工作。那天，周恩来请大家吃了一顿贴饼子熬小鱼。周恩来说：这是天津人民喜爱的饭菜，烧起来也很简单，锅里熬小鱼，周围贴上玉米面饼子，一下子连饭带菜都做成了。

吃起贴饼子熬小鱼，周恩来自然忘不了南开学校的校长张伯苓，当年他在这里读书时，没少在这位校长家如此"改善生活"。而当他来到南开大学时，就更有了一种到家的感觉，吃起来也就更"随便"了。

1959年5月，周恩来到天津视察工作，28日上午来到南开大学。午后，周恩来走进了南开大学的职工食堂。炊事员们看到周恩来出现在自己的面前，一个个心情振奋，都笑着跟周恩来打招呼，周恩来走过去同他们亲切握手。

这时，午饭时间已过，炊事员正忙着收拾洗刷，并为晚饭做准备。周恩来看到了说："你们工作很忙啊！""又在做下顿饭了？"他走到一个菜桶旁边，俯下身子看着问："中午的菜没有卖完？多少钱一份？"旁边的师傅回答说："这是萝卜，5分钱。"他又指着另一个菜桶问："这个呢？"回答："小白菜粉条，也是5分钱。"

周恩来看到笼屉上有中午剩下的窝窝头，就过去拿了一个，用手掂了掂问："窝窝头多少钱一个？"

"两分钱。"

"好，我买两个。"

周恩来说完，拿着两个窝窝头走出厨房，在饭厅中随便找了个座位，笑着说："就在这儿吃饭吧，吃饱了好参观。"又招呼同来的工作人员和新闻记者："你们忙了半天，肚子也一定饿了，坐下来一起吃饭吧！我请客！"周恩来的话，说得大家都笑了起来。

周恩来要在这里吃"午饭"，可把炊事员们急坏了，因为事先没准备，

1965年5月,周恩来和李先念(右四)、罗瑞卿(右一)视察大寨时,在团支部书记郭凤莲(左前)家做客。右二为大寨党支部书记陈永贵(杜修贤 摄)

菜差不多都卖完了,剩下的也都凉了。拿什么给周总理吃呢?周恩来看出了炊事员们的心思,便对他们说:"来一盘5分钱的萝卜,再加两分钱的咸菜。"周恩来又告诫说:"千万别给我做菜。"炊事员只好按照周恩来的意见,给他盛了一盘萝卜和一小碟咸菜放到餐桌上。周恩来一面夹着萝卜,大口大口吃着窝窝头,一面对坐在他旁边的同志说:"我就是喜欢吃萝卜。"

周恩来说"买",可不是什么玩笑话。1972年11月,周恩来又一次离开天津时,从招待所带走了16个煎饼果子。卫士们在结账时,问服务员煎饼果子要多少钱。服务员心想,这么一点东西怎么好收钱呢?于是坚持不要。周恩来回到北京以后,在百忙中还问起了这件事,问卫士交了钱没有。当他知道服务员不肯收时,指示卫士一定要按价格把钱和粮票送到天津去。于是,工作人员便托人给天津招待所送去一封信和1.12元钱、1.6斤粮票。

到农村视察,周恩来也是入乡随俗,同老百姓吃一样的饭。1959年,周恩来来到河北省安国县五仁桥公社视察工作,到社员家与社员亲切交谈。到吃饭的时候,他就同社员一起吃红薯。1966年春天,周恩来到河北省遵化县当年的"穷棒子社"——建明公社西铺大队。他像久别的亲人回到村里一样,见到街上的孩子,就亲切地抱起来;见到社员,就拉着手问寒问暖。吃饭时，他和群众一块儿吃小米绿豆粥、玉米饼子，还不停地把好饭好菜往身边的群众碗里送。

当年农业战线上的先进典型——大寨，周恩来先后去过3次。每次去，他都嘱咐不要铺张浪费，不要给群众造成负担。1965年5月21日，第一次去大寨前，周恩来在北京就指示，要吃大寨饭——玉米面窝窝头和小米稀饭。因此，除安排本地的主食外，只配了用大寨农副产品做的四菜一汤。周恩来吃着窝窝头，喝着小米粥，满意地说："这个饭很好吃。"1967年4月9日第二次来大寨，周恩来和陈毅到了社员家里，大口大口地吃玉米面烤饼和窝窝头，还用手帕包起来，装在衣兜里带回去吃。离开大寨时，他还特意带走了一些大寨人做的玉米面烤饼，说要给其他中央首长尝一尝。

"天天吃南瓜，打倒资本家"

周恩来到上海常常住在锦江饭店。他严格要求每顿饭只能是两菜一汤，决不允许多烧一个菜。有一次，厨师给周恩来多做了一个菜，周恩来说："你们关心我是好的，但不能超过标准，这个菜就留着下顿吃吧。"在菜的质量方面，周恩来吃的经常是普通的家乡菜。有一次，周恩来提出要吃霉干菜烧肉，并说让随行的工作人员也尝一尝。吃饭时，周恩来发现肉多菜少，就说做菜的大师傅是"外行"。其实，大师傅是想让周恩来多吃点肉，增加点营养。吃到一半，周恩来若有所思，好像是发现了什么秘密，便端起饭碗走到工作人员那边去了，一看工作人员吃的是菜多肉少，就批评有关方面没有"一视同仁"，于是就坐在工作人员那里，又说又笑地一起吃起来。

1958年7月15日上午，周恩来到上海第一钢铁厂视察。中午，周恩来在巡视炼钢生产以后，回到厂办公室。陪同周恩来的王祖宇说："就在这里吃饭吧！"周恩来说："这怎么行哪！"说着就拉王祖宇向工人食堂走去。

来到食堂，早有人把准备好的饭菜端了上来，周恩来怎么也不肯吃。他和工人一起在窗口前排队买饭菜。周恩来指着一碗卷心菜问："这个菜多少钱？"回答："5分钱。""我就吃这个吧！"说着他又买了二两饭，然后到长桌上和工人们坐在一起吃饭。他边吃边对身旁的炊事员说："这饭烧得很香，菜也烧得很好，味道不错，你们辛苦了，你们的工作很重要。"

1959年庐山会议期间，有一次，周恩来特地来到为会议演出的江西省赣剧团和省歌舞团就餐的食堂，要和大家同桌吃饭。同志们听了都高兴得跳了起来，但回头一看，桌上只有一般的菜，怎么招待我们的周总理呢？周恩来一眼就看出了大家的心事，走到桌边用筷子夹起南瓜就吃了起来。他一边吃，一边讲："南瓜好哇，我们红军在井冈山吃的就是红米饭，南瓜汤，'天天吃南瓜，打倒资本家'，大家吃南瓜呀！"周恩来亲切风趣的话语、和蔼可亲的态度把大家都逗乐了，个个心里都热乎乎的。

周恩来吃完饭，还倒一点开水把碗里剩下的饭粒喝掉，绝不浪费一粒粮食，并且动手洗刷碗筷。剧团离开庐山那天，同志们邀请周恩来下山时再到剧团来，周恩来兴致勃勃地笑着说："一定去看你们，只要准备南瓜、红薯喽！"周恩来的话又把大家说乐了。

1971年6月，周恩来在南京，饭店打算每顿给他备四菜一汤。可是，吃第一顿饭时，周恩来就指着桌上的菜问："谁叫你们弄这么多的？"饭店的同志说："总理难得回来，搞几个家乡菜给您尝尝味道。"周恩来说："正因为我是到了家乡，你们更不能把我当客人，吃点粗茶便饭就很好嘛！"尽管周恩来这样说，饭店的同志还是没有把菜端下去。谁知周恩来始终只吃一个菜，其余三个菜被原封不动地退了回来。

第五章
西花厅的普通人：总理的生活细节

"这样免得浪费"

1964年春，周恩来出国访问归来，来到成都。第一顿饭是四菜一汤，周恩来就指出："菜多了，吃不完浪费，要注意节约。"他便叫服务员端了一样菜下去，晚餐时间热热再端来吃。到了晚餐时周恩来还问："中午那样菜呢？"周恩来还提出饭里要掺些杂粮。邓颖超也多次和厨师商量，如何不超过标准，节省国家开支。周恩来工作到深夜，也只吃一小块糕点，喝一杯开水。

周恩来到昆明时，也规定饭菜的标准，决不让超过规定的标准，菜多了就叫退回去。有一次，云南省委同志打算请周恩来尝尝云南名菜"烤小猪"。周恩来知道了，马上制止说："小猪吃了可惜，把它养大了可供多少人吃呀！"周恩来或许是晓得这道菜就是要用小猪来做，但他更着眼于节俭。

周恩来经常通宵达旦地工作，大师傅总想给他做点爽口的夜餐，可是都被他谢绝了，只是偶尔喝一小碗稀饭。他还关切地

周恩来出访归来（历史图片）

了解昆明市人民吃不吃杂粮，并且一再问为什么不给他搭杂粮吃。第二天，他吃到杂粮时，才连连点头说："这就对了。"

1967年7月，周恩来去武汉，每到一地，当地人员总想准备些丰盛的饭菜让周总理吃得好一些，可是周恩来都一一谢绝了。他经常叮嘱工作人员，一不要超过伙食标准，二要如数付饭钱。周恩来吃的常常是几小碟白菜、绿豆芽、雪里蕻、豆腐之类的素菜。有时在汽车上吃几块饼干也算一顿饭。一次，周恩来忙，邓颖超先吃饭，她让工作人员另拿盘子，亲手把每一种菜夹出了一些，留给周恩来吃，说："这样免得浪费。"

杭州楼外楼

之所以要特别说到楼外楼，不在于周恩来9次到楼外楼的经历，而在于楼外楼记载着这样一宗周恩来的"饭账"。

"山外青山楼外楼。"坐落在西子湖畔孤山南麓的杭州"楼外楼"菜馆，其实并不是因为南宋诗人林升的这一名句而得名，它是由在这里著书立说的清末大学问家俞樾命名：既然你的菜馆在我的"俞楼"外侧，就称"楼外楼"吧。"楼外楼"因此得名。

盛名之下，"楼外楼"这江南名楼成了中外宾客的必到之处。缘于各种机会，周恩来有9次到"楼外楼"的记载。且不说中华人民共和国成立后，早在烽火连天的革命战争年代，周恩来因与蒋介石谈判合作抗日事宜，就来过杭州，来过楼外楼。

中华人民共和国成立后，周恩来多次陪同外国友人来这里。1973年9月，周恩来又一次陪外宾来到杭州。16日中午，周恩来陪同外宾游览"花港观鱼"，兴致很高。送走客人，周恩来对身边工作人员说："走，到楼外楼去，今天我请客。"

总理来啦！兴奋的楼外楼职工，急忙将周恩来迎进餐厅。

周恩来笑容满面，轻轻地对服务员姜松龄说："姜师傅，饭菜做得简单一点，少一点，多了浪费。"

西湖醋鱼、绍兴霉干菜、豆芽菜……

周恩来同邓小平、卓琳在园中漫步（历史图片）

饭后，省里的同志说："这顿饭，由地方报销。"周恩来坚决不同意。警卫秘书高振普去结账，报告说："总理，就餐的钱已经付了。"

"吃饭付钱，天经地义。"周恩来正与职工拉家常，随口说了一句。旋即又问道："付了多少钱？"

高振普手里拿着发票，抖了抖，回答说："11元2角9分。"

"那么便宜，不够，再去加钱嘛。"

姜松龄过来制止了高振普。周恩来说："姜师傅，你不收钱，我就不走了。"

姜松龄听周恩来如此说，只好又收下5元钱。

"不够的，要照市场价收费，不要搞内部价，你们不要像哄小孩那样哄我们。"周恩来严肃地说。

姜松龄感到十分为难，但见总理十分严肃的样子，只好再收下5元钱，一共21元多。

当晚，周恩来启程回京，在去机场的车上，周恩来又对高振普说起了饭钱。他说："楼外楼的这种做法不好，应当按实际价格收费。看上去他们是为我们好，实际是帮了倒忙，这种风气什么时候才会改变呀。"接着，他又补充了一句："我看21元也不一定够。"

转眼到了笕桥机场，周恩来对高振普说："楼外楼的饭钱是不够的，请你再补交10元钱交给省里的同志带回去。"

高振普很快把10元钱交给了浙江省委警卫处的同志，请他转交楼外楼菜馆。

楼外楼菜馆收到周恩来再次补交的10元钱后，感动之余，他们认真地按市场价格核算了周恩来请客的这顿饭，全部费用是19元9角。

之后，他们写了封信，随信还附有一张饭菜的清单，标明了价格，连同多余的10元钱寄给了总理办公室。

杭州楼外楼外景（历史图片）

敬爱的周总理：

9月16日，您老人家亲临我店进午餐，并亲切地关怀我店的情况，作了重要指示，使我们全体同志受到了很大的鼓舞和教育。大家表示一定要认真学习马列主义、毛泽东思想，不断提高路线觉悟，努力改进企业管理，提高服务质量，更好地为工农兵服务，为毛主席的革命外交路线服务。

这次您老人家进午餐，事先我们没有做点必要准备，菜肴的品种和质量都搞得很不好，特别是我们思想上准备不够，如把对外宾、华侨的收费标准和内宾进餐水平相提并论，没有具体说明对内宾和对外宾的不同标准，这些都反映了我们的服务质量、经营管理和思想政治领导等方面的缺点错误，我们要认真进行检查和改进。

关于午餐费用，您老人家已付了21.29元，实际只要19.90元，然而您老人家又要省警卫处同志转来10元。如果我们再收下10元，不仅比规定的价格多收11.39元，而且已违背原则，故特请省外办同志代我们把不应该收的钱如数转上，恳请收下，并望对我们提出严格的批评意见。

敬祝

总理身体健康！

杭州楼外楼菜馆

周恩来看了楼外楼的这封来信，笑呵呵地说："这就对了，不能搞特殊。"

周恩来是个极重感情的人，如果受到别人的帮助，他会像普通人一样按传统礼仪去答谢别人，决不会认为自己是总理，别人为自己服务是理所当然的。这种答谢，往往是自己掏腰包，请人吃一顿便餐。

1963年，周恩来到杭州治病。经过半个月的治疗，周恩来的病情有了好转。为感谢著名痔科专家陆琦为他做手术，周恩来请陆琦夫妇到楼外楼吃饭。

说是请客，其实算不得丰盛，除了素菜，加了西湖醋鱼、霉干菜烧肉，四菜一汤。席间，周恩来、邓颖超一再向陆琦大夫表示感谢，并盛情邀请陆琦夫妇到北京西花厅做客。

周恩来、邓颖超的真诚，令陆琦夫妇感动不已，饭后周恩来自己掏钱付了饭钱。

"反复几次以后，才把那粒饭夹住……"

周恩来在飞机、火车、轮船上，吃饭就更简单了。

1963年12月7日，周恩来到南海前哨视察海军846舰，中午在舰上吃饭，最好的菜是菜花炒肉片和鱼，再加几小碟咸酸菜、酱黄瓜。就是这样的几个菜，周恩来还嫌做多了，并一再询问："战士们能吃到这些菜吗？"政委答道："战士们都吃得很好。"这样，周恩来才高高兴兴地和战士们一起吃了午饭。

1965年9月，周恩来陪同来我国访问的柬埔寨国家元首西哈努克亲王，由重庆坐长江东方红32号轮船前往武汉。在船上，周恩来明确提出他既不吃高级饭菜，也不吃高级点心，并对有关人员说："做点普通菜吃好了，不必讲究。"这天，周恩来只点了豆花、红薯泥等几样普通菜吃。周恩来早餐也只吃点稀饭、馒头或小包子。一天晚上，周恩来的秘书请服务员叶龙春转告厨房给周恩来弄点夜宵。不一会儿，厨房送上来一碗赤豆汤，叶龙春心里觉得十分过意不去。没想到第二天早晨，周恩来的秘书对她说，周恩来10多年没喝过赤豆汤了，夜间喝了赤豆汤很高兴，叫我转达谢意。

曾担任周恩来专机机长、后来担任民航总局第一副局长的张瑞霭讲了这

第五章
西花厅的普通人：总理的生活细节

样一件事：

首都机场候机楼和北京车站一样，里面设有餐厅，周恩来在等候迎送客人的时候，常常在这里就餐。张瑞霭当时已担任民航总局第一副局长，因为周恩来随时想起什么问题就要问，或者有什么事情随时要交代，所以周恩来吃饭时他也在旁边陪着。

周恩来的饭非常简单，两菜一汤，一荤一素，主食是米饭，或者素菜包子，他很爱喝绿豆汤。

周恩来同舰艇部队官兵握手。右一为萧劲光（历史图片）

我第一次陪周恩来总理吃饭，给我的印象一生都不能忘怀。那天总理的主食是米饭，他端着碗刚往嘴里扒拉了几口，一颗饭粒从筷子头滑落在桌面上，立即被总理发现了，他先夹了一口菜放在嘴里，然后边嚼边去夹那桌面上的饭粒，没夹住，又夹。可能因为他的右手不方便的原因，如此反复几次以后，才把那粒饭夹住。我张开嘴，正要喊服务员给换上干净的筷子，不想，周总理却从容地把筷子伸进嘴里，脸上一副得胜的神情，此情此景，惊得我张开的嘴巴好半天才合拢来。

吃饭交钱，这是周恩来的规矩，他从不违背。知道的人自然也不破坏他的规矩，历来公事公办。有一回，时间比较紧张，张瑞霭想先去把账结了，免得总理过于仓促。他站起来，对周恩来说："总理，您慢慢吃不要急，我这就去把账先结了。"

"什么？总理吃饭，你张瑞霭付钱？"

"不过块把钱的事，没什么关系啦。"

那时候物价便宜，两菜一汤就是这个价。张瑞霭边说边从桌边站起来，还未迈步，周恩来用筷子朝他脑门一点：

"那么旁人知道了，会怎么想你又怎么看你呢？"

听他如此说，张瑞霭立即收住了刚刚启动的那只脚。

中南海西花厅，一个延续 26 年的故事

1963年4月，周恩来和邓颖超同新闻工作者在西花厅院内漫步（杜修贤　摄）

从入住那一天起，周恩来在中南海西花厅整整住了26年，以至西花厅已成为周恩来的代名词。这是一个怎样的住所呢？

东南西北到处奔走，周恩来到过许多地方，他追求住房的享受吗？

那一个个伟人居住过的房间知道，那一颗颗感动不已的心知道。

第五章
西花厅的普通人：总理的生活细节

"春天到了，百花竞放，西花厅的海棠花又盛开了。看花的主人已经走了，走了12年了，离开了我们，他不再回来了。

"你不是喜爱海棠花吗？解放初期你偶然看到这个海棠花盛开的院落，就爱上了海棠花，也就爱上这个院落，选定这个院落，到这个盛开着海棠花的院落来居住。你住了整整26年……"

正如邓颖超所说，自从1949年进城时看到西花厅这个院子，周恩来就喜欢上了这个院子，直到1976年逝世，他一直在中南海西花厅居住、办公。

西花厅是一座古老的平房，年久失修。墙上的砖有不少斑痕，墙皮老旧出现碱印；柱子上的油漆大部分脱落，有的柱根已经糟朽；地面是大方砖，每到夏天就泛潮；窗户裂着大缝，冬天还要用纸糊窗缝；天花板也很破旧；厕所不在卧室，周恩来上厕所还要走一段路。由于房屋潮湿，周恩来常闹腿病。

总理办公室的同志和国务院总务部门，多次提出要修缮周恩来的住房，并且拟订了修缮计划。中央警卫局分管房建的副局长毛维中来西花厅检查房屋情况时，也提出需要修缮。可是周恩来就是不同意修，并且对同志们说："这个条件，比起延安的窑洞好多了。"他还说："我们经济还困难，又在抗美援朝，怎么能为了我花这个钱？你们想都不该这么想！"

有一年，普查房屋时，发现西花厅的车库房架坏了。工人们先用木柱支顶，经秘书说明情况，向周恩来请示，还是不准大修，只能用铁板加固，以保安全。总理办公室的窗帘破得已不能再用了，有一次，工作人员换了一套新窗帘，周恩来看见后，立即让工作人员将旧窗帘找回来再用。一次修门窗时，在窗扇安了个铜合页，周恩来发现后硬是下令换成了铁合页，还语重心长地告诫工作人员：我们国家现在缺铜，门窗合页可不能用铜的。

1955年4月，周恩来率团出席万隆会议期间，听说管理部门要给他修缮住房，他特意从万隆给北京的秘书打电话，再一次制止为他修房。

1959年12月23日，秘书何谦向总理办公室主任童小鹏提出并经他同意，决定趁周恩来和邓颖超到南方出差并参加中央在广东组织的学习，在外时间较长的机会，组织房修部门修缮一下西花厅。周恩来也同意做一般维修，以保护建筑物。

西花厅外景（历史图片）

这次修缮，只是把地砖换成了地板；把腐朽的小梁柱换了下来；把已经脱皮的柱子油漆一下；粉刷墙壁；把后面做三废用的小平房与前面的住房打通，加了一个带顶和窗子的小走廊。因为这间小平房与前面住房并排，离得很近，但互不相通，做好饭菜后要绕一条小胡同送到前面客厅（周恩来和邓颖超在客厅东南角用餐），冬天很难保温。加上小走廊连通后，不用露天走路，距离也近了。为了解决办公室光线暗的问题，加了一个吊灯和一层白窗帘。换了一个大点的浴缸，并在墙上加了把手。何谦看到周恩来用的木床太旧了，正好钓鱼台国宾馆有不用的床，就给换了一个。何谦原以为这次修缮西花厅，一切都是本着适用、安全、节俭的原则办的，没想到还是违背了周恩来的要求，给他造成工作被动，在住与不住问题上左右为难。

房屋修缮用了两个多月时间，1960年3月20日完工，暂住钓鱼台的周恩来3月23日抽空回西花厅看了一下。他看到焕然一新的住房时愣住了，严肃地问何谦："为什么搞得这么好？"

何谦回答说："为了适用。"

周恩来又问："为什么要粉刷？"

童小鹏说："墙皮都脱落了。"

"这样搞，造成浪费，影响多不好，我怎么回来住，不住又没地方搬。"周恩来批评中夹着为难。

邓颖超赶紧分担责任说:"这件事我知道。"

最后,周恩来说:"房子已经修了,不好再动。但必须把新加的吊灯和白窗帘拿下去,把原来的旧木床换回来。"

随即,周恩来就到河北地区检查工作去了,何谦也随行。3月25日在天津,周恩来开完会回到住处已经凌晨1点,何谦向他汇报工作时,他又谈起了西花厅修房子的事。他表情严肃、语调亲切地说:"修房子我不反对,但为什么要修得那么好呢?你知道我要求严格,可你没有掌握这条原则。你和我一起工作20多年了,我的一切要求、习惯你最了解,国务院办公的地方都没有修,把我住的地方修得那么好,影响多不好。要求别人做到的自己首先要做到,不能有丝毫特殊。我不回去住吧,大家不安心,回去住吧,我又不安心"。

周恩来沉思了一会儿接着问:"我在银行有多少存款?"

何谦说:"您那么一点工资,什么费用都在里面开支,哪有多少存款!"

周恩来叹了一口气,无可奈何地说:"赔又赔不起。"接着他又自责地说:"这次修房子,那样一个修法我不知道,责任在你。但是,在修缮过程中我没回去看看,这是我的错。"听到这儿,何谦再也控制不住自己的感情,眼泪夺眶而出。

为了这件事,周恩来还在国务院的会议上多次作自我批评。他说:"我住的房子修了,你们去看看,我要求勤俭节约,自己没有做到。""这次我在南方读书,到各地看了看,家里花了那么多钱替我修房子。我做检查是应该的,我最不安的是,我的房子修了,带了头了,这是个很坏的头。那么副总理、部长、副部长的房修不修?我心中不安。"但是,他从来没有说这种修法他事前不知道,是秘书组织的。

从此以后,周恩来对房屋修缮控制得更严格了。1973年年底房屋普查时发现,西花厅原池子岸石塌落,房屋的明柱和窗木失修,原漆起皮脱落,提出要维修。结果,秘书告诉房修部门说:请示了总理,不让修。

1971年9月13日凌晨,林彪、叶群等乘飞机叛逃,摔死在蒙古温都尔汗。周恩来连续工作三天三夜,机智果断地处理"九一三"事件。这是他处理这次事件时设在人民大会堂新疆厅的办公室(历史图片)

周恩来办公室的陈设十分简陋,室内只有写字台、小会议桌各一个和几把椅子,连沙发都没有。在周恩来查出得癌症后,毛泽东关心周恩来的健康,送给周恩来一个特制的单人沙发。

周恩来也不允许给他购置办公用品。周恩来习惯晚上办公,批阅文件,吊灯很不合适。工作人员想给他买个台灯,周恩来同意搞一个。工作人员见周恩来同意了,便提议由宾馆送一套。周恩来说:"自己用,搞那么高级干什么?""不要麻烦宾馆,我不要。""我是为了用,不是为了看。"周恩来说:"我们有工人,可以自己制作嘛。"于是,他请中南海的工人用铁管子、洋铁皮制作了两个落地台灯。周恩来使用的两个笔筒,一个是价钱最便宜的普通玻璃杯,另一个是乳白色的山水玻璃笔筒,破碎后,里外用橡皮膏黏合后继续使用。

杭州饭店 239 号房间,一个俭朴的记录

杭州饭店 239 号是一间普通的内宾客房,是周恩来常住的房间,这里陈设简单、普通,没有"席梦思"床,只有普通的木板床,室内一张办公桌,

第五章
西花厅的普通人：总理的生活细节

两张椅子，墙上挂着一幅图画《牡丹》，临窗一排书柜，内有政法、法律、经济、历史书籍，案头放着一沓沓厚厚的材料。

1958年1月，毛泽东在西湖湖畔召开了中共中央会议，讨论领导生产建设的方法问题、政治与业务的关系以及技术革新问题。

周恩来来到杭州，他像往常一样，随身带着三大件：一个棉枕头、一条床单和一床薄被。周恩来每每到杭州来，总是自己带着铺盖和日常用品，从不用招待所的，这次也不例外。他盖的是抗日战争时期在梅园新村用的那条洗得发白的旧被；洗脸毛巾用了又用，中间破了，他一开两半，剪去中间破碎的地方，将两端重又缝合，继续使用。

一天，浙江省警卫处副处长王长索发现周恩来的枕巾补丁加补丁，趁他去开会之机，从后勤那里领了条新枕巾换下了那条破枕巾。

周恩来发现后，亲切地叫住了王长索："王处长，枕巾是你换的吧？"

"总理，那枕巾已很破了，早就该换新的了。"王长索毫不经意。

周恩来说："那条枕巾虽然已经旧了，但还可以用嘛！"

王长索解释说："一条枕巾花不了多少钱。"

"我们国家还不富裕。我们要保持艰苦奋斗的传统，即使以后富裕了，也不能丢了光荣传统嘛！"

"把那条旧的找回来，新的拿回去还了。"

王长索只好照办，找回了旧枕巾。

1961年8月，周恩来陪同加纳共和国总

1964年1月，周恩来访问加纳期间，宣布中国对外经济技术援助的八项原则。这是他和陈毅（左一）前往总统官邸拜会克瓦米·恩克鲁玛总统（左四）（杜修贤　摄）

213

统兼政府首脑克瓦米·恩克鲁玛到杭州访问,省委交际处把周恩来安排进贵宾楼的一间套房。

周恩来在房里转了一圈就出来了。他摆摆手说:"外宾可以。我们一个人住这么大房间,太浪费,太浪费。"

直至被安排进杭州饭店的普通客房,他才满意地笑了。

杭州西泠饭店大楼快竣工时,周恩来来到杭州,当他了解了大楼投资和用材情况后,肯定了大楼基建工作搞得好,花钱较少。他对搞基建的同志讲:"节省好,节省好,我们要为国家用好每一分钱,等大楼修好后,我第一个住进去。"两个月后,周恩来再次来到杭州。当时大楼还未全部装修好,油漆气味很重,周恩来便和邓颖超住进了普通客房。

"任何时候都不能特殊"

1962年,周恩来到沈阳,住处靠近一个喷气式飞机制造厂,每天清晨周恩来开始睡觉时,飞机正好开始发动,轰轰声响,声音很大。负责警卫的同志看到周恩来日夜操劳,担子那么重,好不容易才躺下睡会儿觉,怎么好再干扰他呢!于是,这位同志就和机场商量,能不能把每天飞机发动的时间临时改晚一点。机场的同志认为可以,就把飞机发动时间改为了下午。

过了一两天,周恩来对负责警卫的同志说:"怎么回事啊?!这两天睡觉我怎么听不到飞机声啦?"这位同志装作不知道这件事。周恩来说:"不对吧,我看是你搞了名堂喽。"

经过周恩来再三追问,这位同志只好如实汇报了飞机晚发动的原因。周恩来说:"不要为了我一个人,干扰机场的工作。飞机早晨起飞,能见度好,下午要差一些。我们现在一分一秒都很宝贵啊！"他当即就通知机场把发动时间又改到了清晨。

1961年在庐山，周恩来住处廊道的窗子没有窗帘，招待所的同志为了让周恩来休息好，就做了几个新窗帘挂上了。周恩来从外面回来看到后，对招待所的同志说："没有窗帘有什么关系，别人能住我就能住嘛！任何时候都不能特殊，做窗帘的钱应由我自己来付。"

1963年，周恩来因病需要手术治疗，党中央、毛泽东批准他到上海治病，住在锦江饭店的中楼。住了一些日子，周恩来发现这幢楼除了他和邓颖超，没有别人住了，就向饭店的同志说："单独为我们烧暖气、开电梯，是浪费国家的财物。"他提出要搬到北楼和大家一起住。饭店同志解释说："总理有病，需要安静的环境。"同时，饭店还考虑到周恩来的安全，要求他们住在中楼。但是在周恩来的坚持下，他们仍然搬到了北楼。后来，周恩来病愈回京前，邓颖超自费支付费用，连她的服务员的住宿费，也是她付的钱。

有一次，在北京饭店有一个宴会，开席不多会儿，周恩来的秘书就拿了一份急件匆匆赶来。周恩来不等宴会撤席，就在饭店要了一间房子，批阅那份文件。

文件批阅完之后，周恩来吩咐卫士："你去结下账吧。"

"怎么？我们前后用了不到一个钟头，还要交钱？"卫士叫起来。

"这一个钟头里也许就有客人要住这间房呢，这不就让我们搅了他们的生意吗？"

卫士只好去付钱。可北京饭店经理知道了，他也不干，急慌慌找到周恩来："总理呀，您批文件也是办公事，怎么能自己掏腰包呢？再说这客房也是空着的嘛。"

"我还使用了你们的卫生间呀……"

经理拗不过，只好作罢。卫士按饭店住宿标准，交了15元钱，开了一张发票，留作周恩来下月工资里扣钱的凭证。

周恩来真情实录

"不要把我同人民群众隔开来"

有一天，周恩来突然到某部队机关视察，陪同周恩来的部队负责人想让周恩来到条件好点的办公室去休息一下，周恩来说："随便找个地方好了！"说着他走进了一个会议室。那里只有一张乒乓球桌子、几把椅子，没有床铺。周恩来的随行人员说："你们值班室那张单人床就可以了，周总理经常都是这样生活的。"

1952年12月，周恩来到东北接收中长铁路。在哈尔滨，会议和晚会结束后，已是夜里12点。当地领导给他安排了高级宾馆，他不去，他说："我不住宾馆，太冷清了，见不到人。我随便找个旅馆好了。"周恩来乘车到哈尔滨喇嘛台南边看到一个旅馆，便找上门去。旅馆经理不在，黑龙江省委第一书记欧阳钦找到一名服务员，找了一

1949年10月19日，周恩来在中央人民政府委员会第三次会议上被任命为人民革命军事委员会副主席。这是人民革命军事委员会成立时部分委员合影（历史图片）

第五章
西花厅的普通人：总理的生活细节

个房间让周恩来住下来。在旅馆，周恩来在餐厅和群众一道就餐，同他们聊家常，了解人民的生活情况和社会情况。

1955年，周恩来出席万隆会议回国时路过西安，陕西省委把他安排到过去高桂滋的公馆里。周恩来喝了一杯茶，不干了，要去旅馆住。他对随从的工作人员说："我不怕乱，就怕寂寞冷清。"工作人员说："住旅馆，安全保卫工作不好做。"他说："不要把我同人民群众隔开来，那不是保卫，是伤害，伤害我们党同人民群众的关系。我们党是靠人民群众才有了今天。"结果，他住到了西安大厦，主动接触群众，吃饭也是在饭厅与群众一道吃一样的饭菜。

1962年6月，周恩来到鞍钢，刚好鞍山建好了一座新宾馆，负责接待的同志准备让周恩来住在那里。可是，周恩来一看，执意要换普通的饭店，并批评说："楼盖得这样好，全国还有的地方比较困难，我不能住，住了，就等于国务院承认你们这样做是对的。"周恩来住进了铁路饭店。周恩来到冷轧厂视察，当看到停工待料的一米二轧机时，还提起这件事。他对工人们说："要是把盖宾馆的钱花在这上面，该有多好！"

周恩来到了沈阳，省里安排他住当时最高级的北陵休养所（即现在的辽宁友谊宾馆），但他坚持要住辽宁大厦。省里的领导以辽宁大厦住外宾、客人比较杂、不安全为由，劝他不要变动原来的安排，他还是不同意。宋任穷、黄火青也说服不了他，结果硬是住了辽宁大厦。

1967年，周恩来乘飞机去武汉，机上没有床铺，机场的同志便临时抬了一张棕床放在飞机上。周恩来登上飞机看到后，对机组的同志说："不要搞床了，我和大家都一样嘛！"他劝机组同志把床抬下去。

1973年6月9日，周恩来到延安视察，他也不住宾馆，要住原边区交际处，即后来的延安第一招待所。他不睡钢丝床，不盖缎子被，而要睡硬板床，盖布被。

1973年10月13日，周恩来陪同加拿大总理特鲁多去洛阳参观，洛阳宾馆精心为周恩来准备了房间。可是，谁也没想到，周恩来的随员一到，便根

217

据周恩来平时的生活习惯,将一些不必要的陈设全部撤掉,只留下一张木板床、一张写字台、一盏台灯、一对小沙发和茶具等简单用具。

也许是与他快节奏、高效率的工作作风有关,周恩来出门在外,最喜欢乘飞机,即使是几小时的车程,他也是飞来飞去。尽管飞行途中曾发生过多次危险情况,周恩来还是一如既往,对飞机情有独钟。

当然,周恩来也有轻车简从出行的时候,此时的他,更多的是注意行动不扰民,不搞什么排场。

"何乐而不为呢"

1956年,苏联定型生产伊尔-14型飞机。苏联人从第一批新产品中挑选出两架飞机,同时起飞:一架飞往河内,送给胡志明主席;另一架降落在北京的西郊机场,送给周恩来总理。

周恩来到现场,兴致勃勃地参加了交接仪式,并察看了飞机上的仪器和设备。交接仪式很隆重:机场的建筑物上飘扬着五色彩旗,人人喜气洋洋,一片节日的欢乐吉祥气氛。周恩来很高兴地发表了即席演说,苏联驻华大使也讲了话。

张瑞霭很荣幸地被选作第一位驾驶这架飞机的中国人,在半是兴奋半是紧张的情绪中,他驾机绕机场转了一圈,完成了半是试飞半是表演的飞行后,他跑到总理跟前举手敬礼,向周恩来报告:"飞机性能良好!"

参加交接仪式的记者抢拍下了这个镜头。

这架飞机就成为周恩来的第一架专机,但并非他一个人专用,只不过他基本上是乘坐这架飞机外出。专机上的设备都是活动的,飞固定航班的飞机周转不开时,就拆下专机上的设备,当普通班机使用。直到1959年,我国从苏联购进一批更先进的伊尔-18型飞机,周恩来为了抢时间,才改用伊尔-18型飞机作为专机。此后,虽陆续地又从国外购进了三叉戟、波音、子爵等飞机,但周恩来很少乘坐别的机种。

唐山、北戴河等地,从北京坐火车去,不过几个小时的路程,周恩来也是坐飞机来回,甚至连花上两个钟头就能到达的天津,他也是乘飞机去。

坐红旗车与做广告

在我国的解放牌汽车生产出来之后,周恩来指示要自力更生尽快研制出我们自己的轿车。第一辆红旗牌轿车研制出来后,送给周恩来征求意见。周恩来说:"别的人不坐,我怎么能先坐?李富春管工业,送他坐最好。"

有工作人员劝说,这种车刚研制出来,没有经过实践检验,等产品完全定型后再坐嘛。周恩来笑着说:"我是试用,不保险才试用,保险了还谈什么试用?我坐上了可以促进他们改进,促进我们的民族工业发展。我坐了红旗车,就是为他们做广告。"

由于红旗车体形大,周恩来经常看望的

1962年6月,周恩来在长春第一汽车制造厂视察(历史图片)

一些民主人士如张治中、李济深、齐白石等人都住在北京市的小胡同里，红旗车开不进去。在这种情况下，他才同意保留了一辆灰色吉姆车，也只是在需要钻胡同时才使用，平时都是用红旗车。

随着我国汽车制造业的发展，国产轿车渐渐多起来，除红旗车外，还生产了大批上海牌小轿车。从20世纪60年代开始，凡属大的活动，周恩来总是要求使用国产车，无论是党的代表大会，还是全国人大、全国政协开会，特别是外交活动，周恩来总是要求使用国产车。

后来，国家又进口了一批高级奔驰车。有关部门想给周恩来换一辆奔驰车坐，周恩来严肃地说："那个奔驰车谁喜欢坐谁坐去，我不喜欢，我就坐红旗车。"

"我就是要摆脱这些形式主义"

周恩来不仅是国务院总理，而且是党中央副主席。按规定，他的外出有严格的安全保卫制度。对外出路线、所经路口、住地及重点防备地区等，有一套安全规定。一般行动，头天就做好了计划，几点几分到何地，几点几分经过何路口或走何路线，事先要向警卫部门打招呼。出动时，前驱车、后卫车都要到位。

周恩来对此很反感，多次反对，甚至严厉警告不许前呼后拥跟随他，认为是"浪费，没有必要"。他强调说："跟他们讲，我不要这一套，像这样还怎么接近群众？吓都吓跑了，影响很不好嘛！"

卫士、卫士长们提出不同看法："不要警卫跟着，万一路上车坏了呢？不说安全吧，也要耽误时间，影响工作啊。比如外宾等候接见，你的车坏到半

第五章
西花厅的普通人：总理的生活细节

路了怎么办？"

周恩来说："并不是每次外出都有外宾等候，可你们每次都要搞这种前呼后拥，这种做法很笨，缺少灵活性。我在重庆时做过这方面工作，不同的环境、不同的对象、不同的活动要有不同的措施和办法。比如我去看望民主人士，我去人民群众中间了解情况，你们这样前呼后拥会造成什么影响？连自己的人民群众都信不过还谈什么为人民服务？"

周恩来为了不叫警卫车跟随，有时会突然行动，根本来不及通知警卫，上车就走。车上除了周恩来，只有卫士长或卫士，加上司机共3人。这时，周恩来会笑着说："这样不是很好吗？我就是要摆脱这些形式主义。"

中华人民共和国成立初期，北京颐和园内住着不少中央领导和民主人士。高岗、林彪、饶漱石、彭真、徐向前、吴玉章、柳亚子、马寅初等，分别住在益寿堂、宜芸馆、介寿堂、霁清轩、西八厅、贵寿无极院等处。毛泽东、周恩来、朱德、陈云、邓小平也常到园内会友和游览，外国元首贵宾来华访问，也必来园内一游。

当时，园内驻有中央警卫局的一个科和警卫师的一个团，负责园内首长驻地的警卫工作。周恩来来园次数最多，有时去看望驻园的其他中央领导人，有时则陪同外国贵宾游览园内景色。

周恩来成年累月从早忙到晚，没有假日，没有星期天，除了工作需要，他个人因私是很少到公园的。

1955年7月8日，卫

1955年6月，周恩来和邵力子（左二）在颐和园（历史图片）

士见周恩来把安排的项目都办完了，就悄悄请来邓颖超，让邓大姐动员周恩来到颐和园转转。开始周恩来不答应，邓颖超再三动员，并提出："我也陪你去。"周恩来这才勉强答应了，但提出："既然我们去，不准告诉很多的人来做保卫工作，就咱们几个去走一走。"

周恩来和邓颖超，以及随行的卫士漫步在颐和园的长廊里。周恩来谈笑风生，异常兴奋。突然，他停下脚步，指着对面绕开长廊走的群众问随行的卫士："怎么回事？你们又来人了，干涉群众。群众走群众的，我们走我们的么，你们要相信群众。"

于是，随行人员赶紧跑到前面，通知在那里做警卫工作的人员，不要干涉游玩群众自由行走。从长廊迎面走过来的群众热情地和周恩来打招呼，周恩来不停地向大家招手致意。说笑间，来到昆明湖的一个码头。一位船工请周恩来乘坐他撑的游船，周恩来连忙谢道："麻烦你了。"船工摆着手说："不，不，这是我们的工作。周总理坐我的船，我非常高兴。"周恩来在游船上一边观赏景色，一边说古道今，从颐和园的变迁谈到中国社会制度的变革，还鼓励大家要为社会主义建设好好服务。

周恩来曾经多次到北京百货大楼，他就像普通顾客一样，有时从东面正门进去，有时从南边的旁门进去，从不兴师动众。

有一次，晚上八九点钟，临近停止营业的时刻，北京百货大楼接到电话，知道周恩来要来视察。百货大楼立即广播说："顾客同志们，今晚商店有任务，请提前退场。"没想到正在广播的时候，周恩来已经到了。当百货大楼负责同志上前迎接周恩来时，周恩来一边同他握手，一边责备说："这是你干的吧！你看看，你这个人！"

很快，要顾客提前退场的广播停了，周恩来信步来到金笔柜台前，请售货员给他一支金笔看看，并问道："能不能蘸墨水试一试？"专注于低头结账的售货员，漫不经心地点了点头，这时他没有发现这位顾客就是周恩来。周恩来蘸了墨水，在一张纸上写着自己的名字。突然，售货员从纸上看见了

第五章
西花厅的普通人：总理的生活细节

"周恩来"三个苍劲的字，抬头才发现周恩来站在自己的面前。他没有想到，我们国家的领导人竟会这样随和地出现在自己的面前。

在刮脸刀片柜台前，周恩来笑着对售货员说："请你替我向工业部门反映，要努力提高刀片的质量，像我这样的胡子就不好用。"周恩来来到鞋帽部时，职工们正在开班后会，周恩来怕惊动大家，就轻轻地走到一个商品陈列柜后边，认真听取售货员的发言。一个售货员发现周恩来在他们身边，一下站了起来，又惊又喜地喊着："啊，周总理！"周恩来很抱歉地说："干扰你们了，请同志们继续开会！"就这样，周恩来以一个普通顾客的身份，走遍了百货大楼的一、二、三楼。

深入基层倾听群众建议的周恩来（历史图片）

1957年，周恩来陪同印尼外宾到杭州。在楼外楼菜馆举行宴会的这一天，原来决定停止二楼餐厅的营业，在请示周恩来时，周恩来没有同意。这一天，将近12点钟，周恩来陪同外宾登上二楼，在二楼餐厅吃饭的顾客，有人认出周恩来，高兴地说："周总理，周总理！"人们热情地向周恩来问候："周总理好，周总理好！"霎时间，顾客们唰地站了起来，餐厅里响起一阵阵热烈的掌声。周恩来向大家招手，示意不要鼓掌，并请大家坐下。他拉了身旁陈毅的手，对大家说："我，大家都认得。现在我向同志们介绍，这就是外交部长陈毅同志！"随后，周恩来走遍餐厅二十几张桌子，挨桌和顾客们握手。周恩来一会儿站着跟他们交谈，一会儿俯下身听他们说话，好一阵子后才离开二楼餐厅。

挤公车：实地了解情况

1954年，周恩来在一些人民来信中了解到北京市职工反映上下班交通拥挤、乘车难的情况，他十分关注。一天傍晚下班时，周恩来对警卫秘书何谦说："我看到有些职工反映上下班公共汽车太挤，乘车难，咱们去看看，实地了解一下情况。"

何谦急忙劝阻道："那怎么行，还没有和九局（中央警卫局）讲。"

周恩来说："这算什么，咱们随便走走。"

看到劝阻不住，何谦只好叫上卫士赵行杰一起陪同周恩来离开西花厅住处，步行走出中南海北门，在马路对面原北京图书馆门前乘上一辆西行的公共汽车。

当时车上乘客很多，一开始没人注意，但很快他们就被群众发现了。有人惊喜地大声说："哎呀，是周总理！"顿时，所有人的目光都投向周恩来。好多人非要让座给周恩来，说："总理，快坐下。"

周恩来笑着摆手说："不用，不用，你们坐吧。"

人们争相问候总理，车内气氛非常热烈。有人说："总理，您那么忙，还来看我们。"还有人说："总理，让您和我们一块儿挤公共汽车，真过意不去。"

周恩来爽朗愉快地说："我体验一下你们的生活嘛！"他关切地向乘客问寒问暖。当问到一位年长的乘客家在哪里，上班路上要花多长时间时，那位乘客告诉了总理他的住处，并说从家到单位要花1个多小时。周恩来关切地说："哦，每天往返要在路上耽搁两个小时啊！"

在亲切愉快的交谈中，汽车不知不觉到了西四，周恩来要下车了。司机、售票员和乘客都恋恋不舍地和总理告别，大家抢着扶总理下车。有一位乘客小声对何谦说："总理是全国人民的主心骨，你们可一定要保护好总理啊！"

随后，周恩来在西四换上有轨电车，经西单和长安街绕了大半圈，又从中南海北门回到西花厅。回来后，周恩来马上指示何谦："通知齐燕铭同志（国务院副秘书长）找国管局和北京市有关同志，一块儿研究一下如何解决职工上下班乘车难的问题。"

不久，周恩来又向有关负责同志具体建议：各大单位的公用大轿车是不是可以充分利用一下，接送职工上下班。大家都感到这个办法很好。后来，有大轿车的单位都开始派车接送职工上下班，渐渐地就形成了中央国家机关和北京市各单位一直实行到现在的班车制度。

把首都的交通管理挂在心上

乘车行进在北京的大街上，周恩来的眼睛与大脑并不闲着，而是眼观六路、耳听八方，不时地对北京的交通管理问题提出意见和解决的办法。

1953年4月的一天，周恩来由中南海乘车去北京饭店参加外事活动，快要到北京饭店时，他若有所思地对身边的警卫说："像南长街南口、南池子南口、南河沿南口都是大转盘，一个交通警忙不过来，在白天最少要有两个交通警才行。"

事后，中央警卫部门将周恩来的指示通过公安部，函告北京市公安局并交通大队。经过研究，大家认为，总理心系首都交通民警，想得周到具体，又切合实际。据此，很快将南长街南口、南池子南口、南河沿南口三处转盘岗，由一个指挥交通的民警增至两个民警。这样，既照顾了车辆行驶安全，又减轻了民警的劳动强度，这个措施延续了很长一段时间。

1966年7月，社会上掀起了"破四旧"高潮，一些不明真相的"红卫兵"，声称"红色"和"左"代表革命，他们通令要把交通指挥信号改成红灯行，绿灯停，还要让车辆一律靠左边走。显然，若执行"红卫兵"的"通令"，北京的交通秩序必然大乱。此事传到了周恩来那里，周恩来到人民大会堂，把他们的头头叫到人民大会堂东门，说："交通指挥信号绿灯行、红灯停是国际惯例，是有科学依据的，红光穿透力强，无论雨天雾天，驾驶人员都能远远地看见红灯。因此，不能随意改变现行信号和交通规则"，"你们必须要把革命精神和科学精神相结合……"。周恩来耐心说服和有理有力的讲话，使得"红卫兵"小将心服口服。最后，周恩来风趣地问："还坚持你们的'通令'吗？""红卫兵"们当即表示：请总理放心，我们马上撤销"通令"。周恩来一看大家思想搞通了，露出了满意的笑容离开了。

1966年10月的一个晚上，周恩来乘车从人民大会堂回国务院途经新华门，发现一辆行驶的三轮摩托车边行驶边向马路上撒传单，骑自行车的人和行人纷纷在马路上捡传单，造成交通秩序混乱。他让司机拦住了那辆摩托车，从车里走出来，严肃地对撒传单的人说："路上车辆、行人这么多，秩序一乱是很危险的！"摩托车上的人和司机见是周恩来，急忙从车上跳下来，低着头连声承认错误。周恩来转身对在场的交通民警林长贵说："对这类违章的事，你们一定要敢管。"

1971年7月，英国作家韩素音来我国访问，在首都机场下飞机后，乘车行至机场路时，突然有一辆三轮摩托车逆行驶来，险些与韩素音乘坐的汽车相撞。周恩来知道此事后，为消除不利的政治影响，亲自向韩素音解释、道歉。事后，中央首长的汽车在行驶中又多次发生险情，周恩来针对当时北京交通秩序不太良好的状况，对北京市革委会领导提出了严厉批评，并指示："对卡车、军车、小汽车、马车、自行车须定出几条法律式的行车规定……"

第五章
西花厅的普通人：总理的生活细节

周恩来还进一步指示："这个法律式的行车规定，要发到各单位，要家喻户晓，光开一些大会还不行。"公安部、北京市革委会、北京卫戍区按照总理指示，经过研究，于 1971 年 8 月 15 日联合发布了《关于各种车辆行车规定的通令》（俗称《8·15 通令》）。《8·15 通令》对各种车辆的行驶、停放、安全设备等作了严格的规定，对车辆驾驶人员提出严格的要求，对党政军各机关、团体及广大群众也提出了要求。事后，北京的广播电台、电视台，有关报纸还广泛地宣传和刊播了《8·15 通令》。在全市开展了交通秩序大整顿，军、警、民、学生共同上街宣传《8·15 通令》，整顿交通秩序，纠正交通违章，声势浩大，家喻户晓，北京的交通秩序明显改观。

1969 年 12 月，在一个月内，周恩来对北京道路上的交通设施连续做过三次指示。月初，他指示，"西单路口的安全岛为什么没有了？安全岛要恢复"。下旬，周恩来质问有关领导："从中南海到玉泉山有些路口夜间黑，红吊灯为什么没有了？"月底，周恩来对北京市革委会领导说："东西长安街一直往西，市区，环行路和主要街道，从五棵松到西郊机场岔口，把快车道、慢车道之间的白线加粗标清，并在地上写上字，哪是快车道，哪是慢车道。人行横道两边的白线也要加粗标清，在地上写上'人行横道'，在人行横道两头要插上牌子，牌子上写上'人行横道'。"按照周恩来的指示，公安部、北京市革委会、北京卫戍区、北京市公安局军管会采取措施，在西单路口等有条件的路口恢复了安全岛，在主要道路上重新施划了交通安全示意线，有些线加粗标清、写上字，增设更新了交通标志牌。并与电业局配合，在重点线路的重要路口安装了红吊灯。对此，司机和群众以及值勤民警反映很好。

"文化大革命"期间，一次在人民大会堂开会时，周恩来看到人民大会堂周围停车场秩序不好，于是问在场的人："北京市公安局的那个'黑大个儿'还在不在？"在场的人告诉他，这个同志已不在北京市公安局工作了，被下放到农场了。周恩来听后，指示要尽快把他调回来。

周恩来说的"黑大个儿"，就是原北京市公安局交通管理处直属中队队长于有福。他身材高大魁梧，脸黑黝黝的，一直负责人民大会堂等重要场所的会场排车勤务，曾给毛泽东、周恩来等中央首长开关过车门，周恩来对他印象很深，"黑大个儿"是他的绰号。根据周恩来的指示，"黑大个儿"很快被调回，先后担任北京市公安局交通直属中队队长、直属大队队长、特勤处处长、党委书记等职，为交通警卫工作奉献了一生。

1971年8月，北京市革委会根据周恩来指示，为加强北京的公安交通管理工作，就增加新民警和调回老干警等问题，专门向中央写了请示报告。周恩来看了报告并批复："可以。"并指示："需以老交通警带复员军人和知识青年，两个人带两个半人，或四个人带五个人，不要分开，才能顶事。"根据周恩来的批示，北京市革委会于当年8月份将下放、还乡、转出的老干警迅速调回交通管理工作岗位；从部队招收了即将退役的战士500人；并责成市公安局招收知青400人。他们经过短期培训，于同年10月分配到执勤岗位，解决了全市交通民警严重不足的问题。

/第六章/

总理往事：一个真实的开国元勋

◎曾有好事者评论说，周恩来跳华尔兹舞时总是往右转……好像事关政治似的。其实，这是因为他无法用自己的右臂搂住舞伴，他的右肘受伤直不起来。邓颖超说："我不像恩来那么喜欢跳舞，我只是偶尔跳跳。但是我觉得跳舞能使他放松，对他有好处。"

◎除了喜爱跳舞，周恩来也很喜欢赏花。明艳的海棠花、出淤泥而不染的荷花等，都是周恩来所喜爱的。

就一般人来说，大家只知周恩来工作繁忙的一面，未见其生活中的情趣张扬与个人爱好。其实，周恩来的情趣爱好是非常广泛的。

一杯酒一亿斤粮食

周恩来喜欢喝酒，但不是浙江绍兴的黄酒，而是闻名世界的茅台酒。这里就集中地介绍一下周恩来喝酒的故事。

周恩来第一次与茅台酒结下不解之缘是在长征途中。那次畅饮后，茅台酒就在周恩来的一生中成为第一品牌，而且几乎成为他包治百病的良方。冷了，喝一口茅台酒暖暖身子；感冒了，喝一口茅台酒治治鼻塞……

周恩来喜欢喝茅台酒，是因为它酒质香醇味美，别具风格。但他在外事活动和公开场合很注意节制，只是举举杯沾沾嘴边，祝酒致意。

但有一次，周恩来是真喝醉了，一直睡到次日凌晨。

周恩来日理万机，很难有机会这样畅饮。欢迎志愿军凯旋，这是中国人民抗美援朝的伟大胜利，全国人民欢欣鼓舞，举国同庆，周恩来是在与民同乐啊！

周恩来十分关注农业生产，这是他在郑州市郊视察（历史图片）

三年经济困难时期，为了解决全国人民的吃粮难问题，周恩来可谓是耗尽了心血，想尽了办法，连喝酒都跟粮食密切地挂上了钩。

1961年，庐山会议后，周恩来到南昌，江西省委负责人杨尚奎、刘俊秀等请他吃饭。当刘俊秀举杯向他敬酒时，周恩来笑着说："江西对国家贡献是大的，特别是这几年暂时困难时期，又多支援了国家粮食，应该受到人民的表扬。俊秀同志，你要敬我一杯可以，但有个条件！"

刘俊秀问："有什么条件？"

周恩来说："干1杯酒，要增加外调粮食1亿斤！我们干3杯，增加3亿斤好不好？"

刘俊秀说："总理啊，国务院今年给我们的外调粮任务12亿斤，我们保证一粒不少，坚决完成，再增加3亿斤就是15亿斤了，怕有些困难啊……"

周恩来接着说："我有调查，江西老表口粮水平比较高，还有储备粮，比严重缺粮的晋、冀、鲁、豫好多了。增加3亿斤虽有困难，还是可以的。"

听周恩来这么一说，刘俊秀痛快地答应了。他后来在回忆文章中写道："总理兴奋地拿起酒杯与我们连干了3杯。后来经过省委研究，同意周总理的意见，决定增加3亿斤外调粮，作为光荣的政治任务来完成。各地群众爱国热情很高，交售粮食很积极。当全省完成14.6亿斤外调粮时，中央来了电报说，现在到了7月，新粮已上市了，另外4000万斤不再调了。"

给服务人员敬酒

在1959年中华人民共和国成立10周年国宴上，周恩来把清华大学张光斗教授请到了第一桌，敬他一杯茅台酒。

这是以什么名义敬酒呢?

是以密云水库的名义。

密云水库是北京人头上的一盆水。当年修建水库时,张光斗教授是总设计师。在施工过程中,张光斗教授带领清华大学水利系的部分教师和应届毕业生近百人常驻工地,由教师担任水库设计,学生们帮助制图,监督施工质量。

周恩来多次到密云水库视察,每次听取汇报时,都要征求设计组的意见。他还特别强调,要求张光斗教授对设计上的重大质量问题一定要亲自鉴定和签署意见。

工地上没有星期天,没有节假日,来往几十里的施工现场,多是步行,再远也只是以自行车代步。张光斗教授天天坚守在工地上,同工人一样住的是荆笆席棚,吃的是玉米面窝头,每天只有工资外的3角钱补助费。在这种艰苦条件下,张教授说:"一点也没觉得苦。"正是因为张光斗教授在密云水库建设中的杰出贡献,周恩来敬了他这杯茅台酒。

周恩来敬酒,不仅有奖励的内涵,有时还能起到"思想政治工作"的功用。北京人民艺术剧院

1958年8月,周恩来在清华大学毕业生设计展览会上(历史图片)

（简称"北京人艺"）的演奏员们就"享受"过这样的待遇。

开国之初，百废待兴，不光是经济建设方面，就是音乐典礼方面，也面临着各种任务。升国旗奏国歌，外宾检阅仪仗队，宴会祝酒，等等，当时都是由北京人艺军乐队来承担现场演奏任务。这些任务可以说没有多大的商量余地，只能是随叫随到，所以乐队的演奏员总要"时刻准备着"。

当时北京人艺的乐队演奏员，有些是来自刚解放的大城市或香港等地要求进步的知识分子，他们过去长期接受的是传统的音乐熏陶，把音乐演奏看得非常清高、神圣，而他们差不多每个人又都经历过矛盾或斗争，怀着满腔热情，希望能在建设人民艺术剧院的伟大事业中一显身手。而今，却总是花费很多时间，为这种没完没了的宴会或检阅去做伴奏，思想上开始想不通，甚至有人说：这不成了"洋琴鬼"了？

这种有些牢骚性质的话，传到了周恩来那里。周恩来知道后，既没有追查，也没有批评，而是采取了"敬酒"的方式来解决。

那是在一次宴会结束后，周恩来送走了外宾，特意来到正在吃夜宵的乐队席前，向在座的乐手们亲切问候，并且命人开酒。他举起杯来，很坦率地说："我听说，有人把到中南海来给宴会伴奏，说成是旧社会的'洋琴鬼'，我看不是，我看你们做的，就是革命工作。因为我们国家刚刚建立，需要很多国际友人的支持和帮助，要和很多国家建立外交关系。来了朋友，就要有人出来接待，我代表中国政府和人民，你们也是代表中国政府和人民，不过分工不同罢了。实质上，都是革命需要。我们看到很多国家派人到中国来，我们用各种方式表示热情欢迎，让他们高兴而来，满意而去，提高了我们国家的国际地位，大家都有一份功劳嘛。同志们辛苦，我们知道。我今天来，就是向大家表示慰问，我本来应该早些来，抽不出时间，今天来晚了，我敬大家一杯酒，慰问大家。来，干杯！"

说完，周恩来举杯巡视，把慰问与关怀倾注到每个人的心里。乐手们一个个面红耳赤，热泪盈眶，被深深地感动了。从此以后，大家再没有半句怨言，每有通知，都非常积极主动地参加。

对于身边工作人员及各种场合的服务人员，如司机、飞行员、饭店服务员、理发员等，周恩来心里都有一份关爱，在适当场合，他都会举杯相邀，干上一杯舒心的美酒。

在出席第二次亚非会议后，周恩来、陈毅等一行分乘两架飞机回国，此时已是我国传统佳节春节前夕。他们从云南入境后在昆明停留了一天。当晚，云南省委设便宴，为代表团全体成员洗尘。

第二天就是年三十，陈毅提议："到成都去过年吧。大家尝尝我们四川的风味小吃，怎么样？"

"好！"大家一致赞成。

第二天一大早，两架飞机直飞成都。

在成都的这顿年夜饭大家吃得非常高兴，桌上虽然没有熊掌等山珍海味，但有茅台酒、五粮液助兴。

周恩来非常高兴，举起酒杯径直走到飞行员那桌前："大家辛苦了，我敬你们一杯！"

飞行员们迅速起立，心中惶惶不安："总理，应该我们向您敬酒才对！"

两个机组各派一名

亚非会议期间的周恩来（历史图片）

代表，加上四个服务员，他们每人和周恩来对饮了一杯，几杯酒下去，周恩来仍面色安然，只是容光焕发，精神更加抖擞。

体育爱好者

周恩来的另一项嗜好是跳舞。曾为他做过翻译工作的朱青回忆道："周总理非常喜欢跳舞。星期六晚上他经常与贺龙、陈毅、管科学的聂荣臻一道参加在中南海举办的舞会。当乐师们看到周恩来，他们就变得兴奋起来，演奏更为欢快的乐曲。他给大家带来了轻松和欢乐。我们都争着跟他跳舞。我们对他说：'跟我跳，跟我跳。'他微笑着，轮流和我们跳舞。他喜欢跳华尔兹舞。"

曾有好事者评论说，周恩来跳华尔兹舞时总是往右转……好像事关政治似的。其实，这是因为他无法用自己的右臂搂住舞伴，他的右肘受伤直不起来。邓颖超说："我不像恩来那么喜欢跳舞，我只是偶尔跳跳。但是我觉得跳舞能使他放松，对他有好处。"

除了喜欢跳舞，周恩来也很喜欢其他体育运动。健康的思想源于健康的体魄，这曾是南开中学的座右铭。周恩来主持成立国家体育运动委员会，使这一信条再度受到重视。前日本乒乓球协会负责人长谷川先生曾说过这样一句话：中国有周恩来这样关心、精通体育事业的领导人，实在太幸福了。

从进入正式学堂起，周恩来就热爱体育，注重身体锻炼。多年以后，他回忆当年东北求学的生活时说过："到东北有两个好处，其中一个好处就是把身体锻炼好了。在上小学时，无论冬天、夏天都要做室外体育锻炼，把文弱的身体锻炼强健了。"

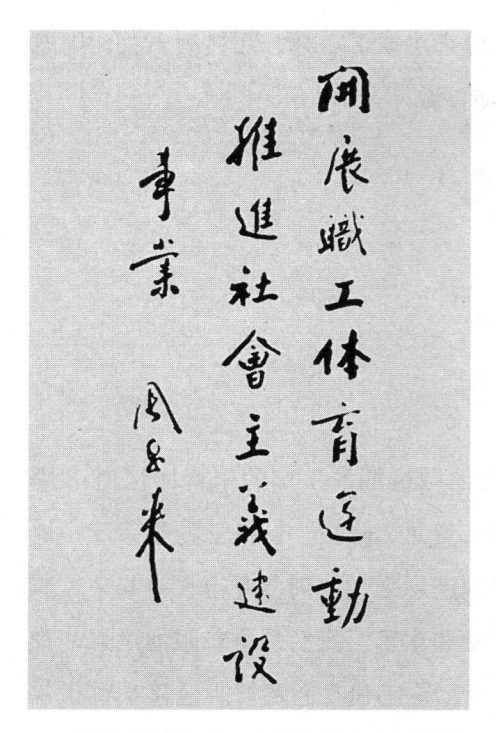

周恩来提出"一定要把体育运动和国家的前途联结起来",强调体育运动只有"在普及的基础上才能提高"。这是1955年10月他为第一届全国工人运动会的题词(历史图片)

周恩来这里所说的室外体育锻炼,除传统的跑步之外,当时在学校里玩得最多的是一种叫作"踢熊头"的运动。这种运动类似足球,但不是往球门里踢而是往高踢,在多人配合下相互间传来传去。这是一种对抗性很强的运动,不仅需要技巧,也需要良好的身体素质。

进入很注重学生体育运动的南开学校后,周恩来参加体育活动就更是自觉。时有两位应届毕业生因积劳成疾,不幸夭亡,令同学们不胜感慨唏嘘,周恩来则把这件事写成纪事,刊登在南开学校校刊《校风》上。他写道:这两位同学正当"英年勃发,学业日增之际,竟遭不幸!我同学诸君痛悼之余,尚望时深警惕,注重体育,以二君为殷鉴,保千金之躯于永久"。

在南开学校,周恩来每天早上坚持跑步、做操。在班级运动会上,他获得跳高第3名,他和几位同学组成的篮球队、排球队都是班上的强队。此外,他还喜欢打网球,打乒乓球。学校的体育课考试分五个项目,其及格成绩是:百米短跑15秒,铅球6米,跳远3.3米,跳高1.2米,400米跑1分35秒。

对于南开学校的体育活动盛况,南开校刊曾记录了当年的盛况:"一校之内,运动会团体之发生不可胜数。各班有各班运动会,各会有各会运动会。析而小之,有所谓各寝室运动会,私人运动会;广而大之,则有所谓全级联合、各寝室联合、各会联合诸运动会。诚所谓一日之内,一场之中,而种类

第六章
总理往事：一个真实的开国元勋

1959年9月，周恩来和毛泽东、刘少奇、朱德在第一届全国运动会主席台上（历史图片）

各殊。不仅此也，每届课余，三五成群，齐趋操场，非竞走即踊跃或掷抛。而夜间自修班后，昏黑广场，接踵相跑者，尤不可胜数。"学生时代的这种体育爱好，一直持续到周恩来的晚年，因而在中国体坛内外，留下了许多周恩来关心体育事业的佳话。

给跳高名将送花

1952年7月，百废待举的新中国，体育事业刚刚起步，就面临着一次挑战与抉择。

1952年8月，周恩来和毛泽东在北京先农坛体育场观看解放军体育运动会的比赛（历史图片）

当时，第15届国际奥林匹克运动会在芬兰首都赫尔辛基举行。由于西方敌对势力的阻挠和破坏，新中国的体育组织在这届奥运会即将开幕时才得到参加奥运会的邀请。去，还是不去？作为新中国总理的周恩来，坚决主张组队前去参赛。他说："尽管我们还难以在奥运会上取得成绩，但我们还是要去。在奥运会上升起五星红旗就是胜利，要通过运动员的风采来宣传新中国的新面貌。"

在周恩来的支持与关怀下，中华全国体育总会秘书长荣高棠率领由40人组成的中国体育代表团前往赫尔辛基参加第15届奥运会，五星红旗第一次在奥运会上高高飘扬。这一次，中国体育代表团不是以成绩，而是以惊人的参与意识和精神面貌令世界各国关注。

中国体育代表团回国后，周恩来听取了代表团的工作汇报。他满怀信心地说："参加奥运会，升了五星红旗还不够，中国运动员应该为世界体育做出贡献。我们国家有那么多人口，我们会有好的体育人才。今后应该多创些纪录，多获世界冠军，让五星红旗更多地飘扬在国际运动场上。"

更难能可贵的是，周恩来作为一国总理，不仅关注中国体育事业发展的大政方针，而且关心具体运动员的成长，勉励他们成为世界上第一流的选手，在国际比赛中为国争光。这种关心和勉励在运动员身上化作了无形的巨大力量。

1957年10月，周恩来得知女子跳高运动员郑凤荣正在冲击女子世界跳高纪录，便到北京体育学院观看。3个月前，郑凤荣在柏林以1.72米的成绩获得国际田径比赛第一名。这一次，由于紧张和激动，郑凤荣只跳过了1.70米的横杆。年轻的姑娘懊悔极了。

贺龙向郑凤荣招了招手，并把她介绍给周恩来。郑凤荣满脸通红地在周恩来面前低下了头，说："总理，我没有跳好。"周恩来亲切地拉着郑凤荣的手，笑着说："你还年轻，来日方长嘛！"说着，周恩来把体育学院送给他的一束鲜花递到了郑凤荣的手中。郑凤荣接过鲜花，热泪夺眶而出。

1957年10月，周恩来鼓励打破全国跳高纪录的郑凤荣再接再厉，继续前进。一个多月后，郑凤荣打破女子跳高世界纪录（历史图片）

一个多月后，郑凤荣就以1.77米的成绩打破了由美国运动员麦克丹尼尔所保持的1.76米的世界女子跳高纪录。这是中国运动员首次打破世界田径纪录。

美联社的一位记者对此报道说："一位20岁的中国姑娘，在北京以有力的一跳警告田径界：6亿中国人不会永远是落后的选手了。"这位美联社记者的感觉是敏锐的。

宴请乒乓球世界冠军

1959年4月5日,一个中国人民永远不会忘记的日子。

这天,我国乒乓球运动员容国团在第25届世界乒乓球锦标赛中,一路过关斩将,夺得男子单打冠军。中国体育史上没有世界冠军的历史随着五星红旗在国际领奖台上的冉冉升起而宣告结束了。

听到容国团的喜讯后,周恩来的欣慰是可想而知的。他非常关注的体育事业终于结出了硕果。

20世纪50年代初期,中国的乒乓球与其他体育项目一样,水平较低。周恩来千方百计地邀请一些强队来我国访问,以提高中国的乒乓球技术水平。当时,在香港地区打球的姜永宁、傅其芳等乒乓球水平比较高的运动员怀着对祖国的一片赤情回到内地。尤其是傅其芳,曾打败过英国世界冠军李奇。周恩来对他们非常重视,到现场观看他们比赛。姜永宁是一个稳守型打法的选手,一般的快攻手很难突破他的防线。周恩来观看时称赞他的防守技术很出色,但同时指出:应当加强攻的技术,不然只能被动挨打。周恩来还鼓励姜永宁、傅其芳等不仅要自己在技术上精益求精,而且要培养更多的优秀选手。

姜永宁、傅其芳等深受鼓舞,虽然他们自己并没有获得世界冠军,但他们正是按照周恩来的指示去做的,后来为振兴新中国的乒乓球事业培养了一批夺取世界冠军的人才。

周恩来对乒乓球事业的深切关注深深地感动了港、澳、台同胞和在海外的有志华侨。1957年,曾受过傅其芳指导的容国团从香港回到内地。两年后他为新中国争得了第一个世界冠军。

1959年4月24日,国家体委在北京饭店设宴欢迎从第25届世界乒乓球锦标赛归来的中国乒乓球代表团。周恩来当时正忙于别的国事,听到消息后特意中途赶到北京饭店,与贺龙、陈毅一起同乒乓球代表团欢聚。周恩来首先说:"我国乒乓球队在第25届世界乒乓球锦标赛上获得男子单打世界冠军,全世界都震动了。首先,我应向运动员们表示庆贺。"

掌声四起。周恩来摆了摆手,继续说:"但是,欢迎庆贺只是一方面,另一方面,胜利了也带来了负担。因为,胜了一次还要再胜,不能就此停滞不前,一切项目也都是这样。过去我们说要十年不鸣,一鸣惊人,这是不可能的。十年中间,我们总有些项目要鸣一鸣的。但不管怎样,我们总要保留一点,要准备力量。"

接下来,周恩来语重心长地给乒乓球队员送了至今仍被体育界视为"经典"的4句话:

一、胜而不骄。我们取得世界冠军才是第一次,胜而骄就容易摔跤。

二、败而不馁。败一次不算什么,常胜将军也会打败仗。最怕的就是气馁,这句话是老生常谈了,但还有用。

三、埋头苦练。要天天练,不求一下子让人知道,不急于求成。

四、生生不已。要多增加新生力量,你们要自己带头,要帮助别人,使后来者居上,体育运动才能大大发展。不能光靠几个选手。

自1952年,在中国人民粉碎国际敌对势力的阻挠和破坏,派出代表团参加了第15届奥运会后,国际敌对势力又要出新的花招,把所谓的"中华民国奥委会"列入各国奥委会名单,妄图制造"两个中国"。中国奥委会在多次抗议无效后,被迫于1958年8月宣布退出国际奥委会。对此,一些运动员因不能参加国际体育比赛而产生了急躁情绪。针对这种情绪,周恩来指出:"10年不鸣,一鸣惊人。8年、9年,我们总要进到奥林匹克运动会。现在准备力量,埋头苦干,10年后在全世界放异彩。"

一个国家的体育实力，往往从一个方面支撑着这个国家的国际地位。第25届世乒赛结束后，国际乒联代表大会以绝对多数票的优势通过了第26届世乒赛在北京举行的议案。这一举动本身就意味着国际乒坛已觉察到中国乒乓球实力的悄然崛起。

对于第26届世乒赛，周恩来自始至终给予了特殊的关注。乒乓健儿集训期间，正遇上国家处于经济困难时期。毛泽东、周恩来自己不吃肉，却为集训的运动员提供了充分的粮食和副食品。

1961年3月12日，在世乒赛前夕，周恩来拉着陈毅一同来到东郊工人体育场，看望正在紧张训练的乒乓健儿。

针对在第25届世乒赛上我国选手思想不过硬，有些队员想赢怕输，临场过分紧张，发挥失常，没有打出应有的水平和风格，周恩来叮嘱队员们："我还是给你们讲两句话，一是胜不骄，败不馁；二是留有余地，藏一手。你们要好好练习，好好保养，不要紧张，为国争光。不仅要比赛，还要注意学习，把别人的长处统统吸收过来。不要争一日之长短，胜了还要再胜。如果不胜，下次再来。不要光看今年一年，要看长远一些。"

周恩来还委托陈毅给乒乓球小将们做战前动员。陈毅说："我代表党中央、国务院表个态度，你们打好了鼓励你们，你们没打好，也不责备你们，我们鼓励你们力争胜利，也鼓励你们失败了不泄气，要有泱泱大国的风度，不要斤斤计较。如果你们全部失败，我要请你们吃饭，给你们献花敬酒，鼓励失败的英雄。"

中国乒乓小将们没有辜负周恩来总理的心血与期望。

1961年4月，参加第26届世界乒乓球锦标赛的中国健儿经过近半个月的鏖战，终于取得了"中国体育史上空前的胜利"：男子团体获得冠军；男子单打囊括了前4名，庄则栋、李富荣获男子单打冠、亚军；丘钟惠获得女子单打冠军；女子双打和男女混合双打分别获亚军。另外还有8名选手获第3名。

第六章
总理往事：一个真实的开国元勋

喜讯传开，举国欢腾。世界也被震惊了，外国通讯社当时就惊呼："中国执掌了世界乒乓球的牛耳。"

第26届世乒赛激烈鏖战时，周恩来正在云南陪同前来中国度假的缅甸总理吴努夫妇，但他非常关注我国乒乓健儿的比赛状况。

这一情况，周恩来后来有过自述。他在中日乒乓球运动员联欢会上说："14日晚上，我正在中国美丽的西双版纳，当时，正逢傣族人民过泼水节。本来这天我的身体不太舒服，不打算参加泼水节的泼水了。但因为知道了中日双方各得了3个冠军，非常高兴，于是我就大泼其水，大跳其舞。我把这个消息告诉了吴努总理，他也很高兴地大打其鼓，大跳其舞。为什么这样高兴呢？因为证明了一个真理，欧洲人、北美洲人能做到的事，亚洲人只要努力也能办到，而且能够胜过他们。"

周恩来从云南回到北京时，为中国乒乓球队举办的颁奖仪式和庆功宴会已经结束。为了表示心意，周恩来执意自己掏钱在家里请乒乓小将们吃顿饭，贺龙夫妇、陈毅夫妇作陪。席间，贺龙向周恩来介绍丘钟惠："小丘是云南人，是个勇敢顽强的姑娘。1960年，两次都赢了高基安。"

周恩来一边给丘钟惠夹菜，一边笑着对她说："小丘啊，这次锦标赛你和高基安争冠军的那天，我正在你的家乡。你和高基安的比分，我让秘书打电话回北京问的。我给你们算了一下，几局加在一

1961年4月，周恩来出席我国参加第26届世界乒乓球锦标赛组委会举行的联欢会，祝贺运动员取得好成绩。右二为庄则栋，右三为徐寅生，右五为丘钟惠（杜修贤 摄）

243

起，是 96 比 98。论总分，你还输 2 分呢！"

丘钟惠的心被深深地打动了，在场所有的乒乓球小将的心都被打动了。总比分连他们自己都没细算过，哪里想象得到日理万机的一国总理还给一个运动员计算总比分呢。

周恩来继续说："所以，虽然胜了，得了冠军，但也要看到自己的不足，要尊重失败者。希望你不要骄傲。论技术，你还不如高基安。"

丘钟惠激动得连连点头。

1963 年第 27 届世乒赛，中国队蝉联男团、男单冠军。健儿们凯旋后，周恩来在家里举行庆功招待会。由于当时经济形势还较困难，粮食仍实行定量供应，所以，周恩来事先宣布，所有人员自带粮票半斤。名为招待会，实际上也是简单的四菜一汤。不过，人们主要的不是在意来吃什么菜，而是身临其境地感受周恩来总理对乒乓球运动的那一份热情。

请来"魔鬼"教练

20 世纪 50 年代，中国排球运动水平始终处于刚刚起步的低水平阶段。尽管各方面作出了不少努力，但没有达到像乒乓球那样快步提高的效果。

当时，曾有人说，中国人个子矮，体质差，搞大球不行。周恩来听后批评了这种看法，说："有人讲中国大球上不去，小球要掉下来，我就不相信。日本运动员不也矮吗？他们能做到的，为什么我们做不到？"

日本女子排球自 20 世纪 60 年代开始崛起，自 1960 年获得世界排球锦标赛亚军后，1962 年获得世界冠军，1964 年，竟然摘取了奥运会桂冠，世界排坛称她们为"东洋魔女"。

第六章
总理往事：一个真实的开国元勋

周恩来对日本女子排球的快速发展颇为关注，一直想探究其中的原因。后来发现，日本女排成功的秘诀是教练大松博文实行了大运动量的训练方法。周恩来就叫秘书把大松博文所写的关于排球训练的书找来，摆在案头仔细翻阅。

1964年11月，在周恩来的支持下，国家体委邀请大松博文率领世界女排锦标赛冠军队——"贝冢"队——访问中国。"贝冢"队访华期间，周恩来于11月25日、27日两次到现场观看大松博文对"贝冢"队队员的训练。

周恩来看到："贝冢"队队员的平均身高不算高，最矮的1.60米，最高的1.72米，但其训练之艰苦程度确实是惊人的。只见大松博文一面大声喊叫，一面抡起胳膊将球连珠炮似的扣给女队员，力度之大、角度之刁、速度之快、频率之高，都到了极限。女队员们竭尽全力，不顾伤痛，倒地翻滚救球。有的队员因精疲力竭，倒在地上一时爬不起来，大松博文就把球接连向倒地的队员身上用力扣去，并大声呵斥，一直到队员挣扎着起来接球

1963年8月，周恩来观看中日排球友谊赛后和中国运动员握手。右二为袁伟民（杜修贤 摄）

为止……

周恩来看后深有感触。训练结束后,周恩来接见了大松博文。

周恩来对大松博文从严、从难、从实战需要出发的训练方法表示赞赏,说:"你的队伍最好的地方是训练从实战需要出发,你创造的翻滚救球,也是从这里产生的。"

大松博文十分钦佩周恩来的眼力,一眼就看透了他训练方法的本质。

周恩来又对大松博文说:"你这次带队来,不能久留。欢迎你以后再来中国访问。"

"你来访问,我们可以学点东西。'日纺'公司请假容易吗?"周恩来的意思是想请大松博文来中国指导中国排球的训练。

大松博文回答说:"'日纺'公司总经理原吉平先生也在这里,和他说一说,可以请假。"

"我们也和他说一说,你来访问,我们欢迎,夫人也可以一起来。"

观看完大松博文的训练后,周恩来把国家体委和排球队的负责人及参加观摩训练的中国排球队队员召集到一起谈体会。周恩来说:"人家练防守,是教练员用力向运动员扣杀。大松博文打出的球,力量比比赛时的难度大多了。不然,就练不出来。他这个教练员能以身作则,带着运动员一起干。教练员参加实践这条很重要。大松博文一个人带一个队,而我们却是一大批教练带一个队。"

说着,周恩来问在一旁的国家女子排球队教练阙永伍:"你今年多大了?"

"31岁。"

"大松博文已经40岁,你比大松博文年轻。你应该提高本领,好好干。将来你训练时,我来看。"

"一定按总理的指示,努力干。"阙永伍感动地说。接着,周恩来又指出了我国排球训练中存在的一些问题,说:"日本队训练,比打比赛时还累。练习时难度这样大,比赛时就容易了。人家训练的每一手段都有实际意义。训练超过实战需要，比赛时就能过硬。你们的训练呢，第一，不能做到教练员参加实践；第二，不能为队员出难题；第三，技术不过硬。如果解决了上述三点，就差不多。但是，我们不能学大松博文打骂运动员。但他那种严格的精神，是和我们提出'三从一大'一致的。"

12月初，大松博文率"贝冢"队赴上海比赛，然后回国。贺龙请示周恩来同意后，决定在上海召开全国训练工作会议，各省、市、自治区体委派人参加，并组织现场观摩大松博文训练，边观摩，边讨论，找各自的差距。这次会议提出整顿训练作风，反对骄娇二气，要求运动员做到"三不怕"（不怕苦、不怕难、不怕伤）、"五过硬"（思想过硬、身体过硬、技术过硬、训练过硬、比赛过硬）。这次会议的召开，不仅对排球，而且对整个中国体育界都产生了重大的影响。

1965年四五月间，应周恩来的邀请，大松博文前来中国指导中国女排训练。本来，大松博文这个人是很有些个性的。1960年日本女排在世界排球锦标赛上获亚军，当时任日本女排教练的大松博文当场扔掉银牌，表示非金牌不拿。两年后，日本女排果然获得世界冠军，取得金牌。为此，他颇有些自负。1964年，大松博文刚到中国时，也有些傲气，甚至对中国排球的水平有点瞧不起。但自从见到周恩来后，他对中国的态度开始改变。正如他后来回国著文所写的那样：他"在中国看到一种精神，这是这个国家的领导人的精神，这一精神除了伟大之外不可能有第二种说法"。

这次，大松博文到中国来任教，对周恩来表示：要全力以赴，把训练"贝冢"队的方法全部拿出来训练中国队。

周恩来也多次接见大松博文，询问对女排的训练情况。

1972年7月，在中日还没有建立外交关系的情况下，周恩来亲自批准日本国家男女排球队来中国访问。

7月22日，在首都体育馆，中国男女排球队与当时世界上排球实力一流的日本男女国家排球队进行比赛。周恩来到现场观看，国家体委主任王猛、外交部部长姬鹏飞及中国排球协会的负责人也在场。

比赛开始前，周恩来接见日本男女排球代表团团长前田丰先生。周恩来问前田丰："团长先生，日本排球水平很高，有什么秘诀吗？你看中国排球的水平什么时候能赶上日本？"

前田丰说："中国队员的弹跳力和柔韧性很好，在今后的国际比赛中要记住对方的弱点。依我看，再有3年就可能赶上日本。"

周恩来追问道："如果用了3年时间没有赶上，怎么办呢？"

前田丰说："请允许我坦率地说，中国有8亿人，适合打排球的人极多。如果5年之后培养不出世界水平的强队，那就不是选手的问题，而是领导者的问题。"

周恩来的目光扫了一下在场的中国方面的几位体育界负责人，说道："请诸位好好记住团长先生的话。"

这时，运动员入场的铃声响了。现场的广播开始介绍各位参赛选手的情况。当介绍到日本选手时，她们边跑边稍停下脚步向场内观众挥手致意。这是国际比赛的一般要求。然而，当介绍到中国选手时，她们只是默默地跑着，没有一点反应。

周恩来的脸色顿时沉了下来。他严厉地对一旁的负责人说："刚才不是还说要老老实实地学习日本队的长处吗？这是在学习吗？"

有关人员不了解情况，手忙脚乱，不知所措。

周恩来严肃地说："中国选手为什么点名不应，不向观众致意呢？中国队要从头来一遍！"

这样，播音员重新介绍一遍中国选手，中国选手向观众挥手致意。

观赛期间，周恩来向前田丰询问了排球队如何赢得比赛的要点，询问了日本队担任扣杀、佯攻的选手的名字，并在队员名单上画上了红圈。

比赛结束后，在回宾馆的路上，前田丰感慨万千，对同车陪同的中国排球协会负责人说："我非常羡慕中国体育界。你们有那么热情而又有感情的总理,真幸福。再过 5 年中国排球走不到世界前列是不应该的。"

然而,由于"文化大革命"的干扰,中国排球的全面腾飞是在 7 年之后。1979 年,在亚洲排球锦标赛上,中国男女排球队双获冠军。1981 年,在日本举行的世界杯赛中,中国女排获得冠军。此后,中国女排一发不可收地赢得世界女排"五连冠"的殊荣。

"打倒中国的阿 Q 精神"

周恩来爱好文艺,兴趣广泛。邓颖超曾经说过:"我们都是戏迷。"

周恩来看戏,是为了调剂他的生活,接近群众,了解戏剧界的情况,好有发言权。

周恩来在南开学校读书时,不仅是品学兼优的学生,也是表演话剧的活跃分子。1909 年,南开剧社便成立了,校长张伯苓写了南开学校第一幕新剧《用非所学》,供剧社排演并担任角色。1914 年 11 月,南开学校新剧团成立,下设编纂、演作、布景、审定四个部,周恩来担任话剧布景部副部长,并登台扮演许多角色,如《一元钱》中的孙慧娟、《仇大娘》中的范慧娘、《恩怨缘》中的烧香妇、《千金全德》中的高桂英、《华娥传》中的华娥、《老千金全德》中的童男等。1916 年 9 月 18 日,周恩来在南开学校校刊《校风》第 38 期"校闻"中写道:"校中每届周年纪念会,例演新剧,以志庆贺。今岁暑假期中,校长因每岁稿本,编纂非易,特集同新剧团团员数人,前往高家庄李氏小学,预先编纂,以冀毋匆忙于临时。计往者有校长张先生……暨同学于佩文、李纶襄、李福景、周恩来四君……"此外,周恩来还撰写了《吾校新剧观》等文章,认为新剧是对国民进行通俗教育以为重整河山、复兴祖国

1963年8月，周恩来在文化部召开的音乐舞蹈座谈会上做报告，强调"艺术的表现形式要统一、和谐、明确、生动"（历史图片）

的重要工具。他写道："夫通俗教育之组织，大都不外演讲事理，出版书说等事；然演讲则失之枯寂，书说则失之高深。即有以演讲中而加入兴趣小语，书报取其平易近人者，而对于浮躁子弟，又何能使其静心不厌；目不识丁者，又何能使其翻卷阅诵？是知今日之中国，欲收语言文字统一普及之效，是非借通俗教育为之先不为功。而通俗教育最要之主旨，又在舍极高之理论，施以有效之实事。若是者，其唯新剧乎！"

南开学校的话剧不仅受到本校师生的欢迎，而且得到京、津地区许多观众的瞩目，它的声誉超过了专业剧团。许多学校和专业剧团争相上演南开学校的话剧，在社会上引起了很大的反响。

1915年10月18日，广德楼戏园上演南开学校话剧团演出的话剧，周恩来闻讯后与李福景等20多人组成"津门学界观剧团"，乘火车前来北京，下榻于前门西河沿元成房。当晚，他们来到大栅栏广德楼戏园，在包厢里观看了《因祸得福》（即《仇大娘》）。观毕，周恩来等人返回客房进行了热烈的评论，持续至次日凌晨两点钟。下午，周恩来等人再次来到广德楼，观看话剧《恩怨缘》。统观全剧，无懈可击，剧本佳，又加之演出者聚精会神，所以得到圆满结果。剧终后，周恩来等人去外面吃晚饭，饭后又返回戏园观剧。这场话剧演得比头天晚上的效果要好，大家直至午夜才返回住所。通过观摩，周恩来等人不仅了解了北京的演出情况，同时在互相学习、取长补短等方面也有一定的收获。

当年周恩来几次观摩话剧的广德楼，后来成为前门小剧场。1957年，周恩来再次来到这里，他和秘书从大栅栏东口步行到前门小剧场，拿着预先买好的入场券，观看了北京曲剧《杨乃武与小白菜》。观毕，他到后台亲切地接见了魏喜奎等演员。他说："我出国访问刚刚归来，看到报纸上的广告，就赶来看你们的戏了。"他还说："我喜欢这出戏，不只因为它是我从小就爱看的家乡戏，更主要的在于它跟别的公案戏不一样，平反冤案，并没有借助清官，而是借助两宫斗争，揭露了封建社会的黑暗。"在周恩来的关怀下，不久，这出剧拍成了电影。

周恩来不光是到北京来看别人演南开学校新剧，他自己参加演出的《一元钱》也曾进京演出。该剧表现的是一对青年男女不为贫富巨变所动，追求自主婚姻的动人故事。这部剧在南开学校演出后受到好评，并应北京文艺界之邀，赴北京演出。著名京剧大师梅兰芳闻讯赶来，观看了演出，并与演员们进行了座谈。中华人民共和国成立后，已是共和国总理的周恩来与梅兰芳相见时，曾经高兴地回忆起这件往事。周恩来说："30多年前，南开校庆，我们排演了话剧《一元钱》，北京文艺界曾邀我们来京演出。"说到这里，梅兰芳说："我想起来了，您在《一元钱》里演一个女子。演过之后，好像我们还开了座谈会。"周恩来笑着说："对。虽然那是青年时代的事，但我们可以说是同行。"

走上职业革命家道路后，周恩来便不再登台演戏了，但他对话剧艺术、话剧团体仍给予极大的关注，即使是在如火如荼的抗战热潮中也是如此。1937年10月，中国旅行剧团在汉口法租界天声舞台首演四幕抗日锄奸话剧《前夜》，该剧由阳翰笙编剧，由中国旅行剧团团长唐槐秋导演并主演。应阳翰笙之邀，周恩来前来观看演出，给剧本提意见并做指导。

演出结束后，周恩来在阳翰笙的陪同下，来到后台看望演员，并微笑着

1956年5月，周恩来观看广东粤剧团演出后，同著名粤剧表演艺术家马师曾（右三）、红线女（右二）交谈（历史图片）

和全体演职人员一一握手。当与唐槐秋握手时，唐槐秋客气地说："您好！请多指导。"周恩来更加客气地说："我是来学习、受教育的。"在对演出加以肯定和鼓励之后，周恩来希望中国旅行剧团更多地创作、演出这种振奋抗日精神、鼓舞抗日斗志的好戏。

自此以后，凡是中国旅行剧团推出新剧，周恩来都来看。他每次到剧场，都有邓颖超陪同，另有秘书、警卫、司机等随员，连他夫妇共6人。每次演出结束，他都到后台看望演职人员，祝贺演出成功。他们每次来看演出，都是照章购票，决不"看白戏"。一次，唐槐秋托田汉给周恩来送去6张戏票，请他来看戏。周恩来见了戏票，就问田汉："戏票多少钱？"

田汉说："这是槐秋请你看戏，他要我带给你的。"

周恩来说："那不行！"又郑重表示："槐秋的剧团是职业剧团，全靠卖票维持生活和发展。我们怎么能'看白戏'呢？"

田汉只好说："那票钱由我来付吧！"

周恩来说："不行！不行！你不也就那么几个钱吗？"

结果，田汉拗不过他，还是收了他6张票的钱，才算了事。

中国旅行剧团在武汉期间最隆重与成功的演出，应属1938年1月首演的《阿Q正传》。它是鲁迅这部同名原作改编后首次搬上舞台，由田汉编剧，洪深导演，姜明饰阿Q，唐槐秋饰赵老太爷……

为隆重推出该剧，田汉、洪深、唐槐秋联名邀请周恩来和当时在武汉的文艺界名流前来看戏和提意见。结果，演出非常成功，赢得了来宾与观众的同声称赞，表现了"要民族生命不灭，只有阿Q精神在人人心中死绝"的深刻主题。

为了祝贺该剧的演出成功，揭示该剧的现实意义，当时的文化界名流在观看演出后，纷纷为该剧题词。周恩来、邓颖超夫妇也在观看演出后欣然命笔。周恩来的题词是："坚持长期抗战，求得中华民族的彻底解放，以打倒中国的阿Q精神！"邓颖超的题词是："争取抗战最后的胜利！"

"我体验了作为一个老百姓看戏的滋味"

周恩来喜欢买票看戏，更喜欢买票和老百姓一块儿看戏。周恩来在北京长安戏院、吉祥戏院、广和剧场、天桥"小小剧场"都买票看过戏。他为了买票看戏，采取了一套安全有效的办法，还讲了许多说服身边警卫人员同意他买票看戏的道理。

1959年秋天的一个晚上，周恩来要到天桥"小小剧场"看石家庄市丝弦剧团的演出。卫士按照周恩来事先的安排，不告诉公安部门，轻车简从，一辆车，两名警卫人员。他们事先把票买好，算好行车时间，看好下车上车地点。

他们晚上7时出发，到天桥把汽车停在离剧场几十米远的地方，下车后快步走进剧场，走路时周恩来还用扇子掩着脸，进剧场时7点30分，正赶上黑灯拉幕。他们从后面向前走，这样不影响群众，观众也看不见周恩来，坐下后正好演出开始。散场时，他们在谢幕时起立，边鼓掌边离开剧场，出门就上汽车，等大部分群众走出剧场时，他们的汽车已走远了。

对这次到"小小剧场"看戏，周恩来高兴极了。他说："这地方才真是普通老百姓看戏的地方，小剧场里坐满了人，我体验了作为一个老百姓看戏的滋味。"又说："我们不但要看大戏，也要看小戏。中央机关在河北平山县时，我就看过丝弦。他们这么小的剧团，到北京来演出3次不容易。我来看戏，他们知道了，也是对他们的一个鼓励。"

"戏编得很好，演得也很成功"

周恩来前面说的"大戏"就是京剧，这是他看得最多的一种戏。他不仅自己买票看，有时还买票请几位朋友一块儿看。

说到京剧，就不能不说到梅兰芳。中华人民共和国成立前，周恩来即通过堂弟周恩霔对梅兰芳给予关怀和帮助。中华人民共和国成立后，周恩来对梅兰芳的关怀就更多了，当然，梅兰芳的戏他也看了不少。在看过梅兰芳新编的《穆桂英挂帅》后，周恩来曾对梅兰芳说："你这戏编得很好，演得也很成功，尤其是'捧印'一场，把穆桂英的思想感情演得太真实了，你像穆桂英一样抖擞老精神，重新挂帅上阵，看得出这是你舞台生活40年的集中表演，也是你老年的代表作。"

对于周恩来的关怀，梅兰芳从另外一个角度给予了回答："从新中国成立的那天开始，我的新观众是工农兵劳动人民，他们的热忱欢迎和关心，给了我极大的鼓励和新的力量，最突出的是我的嗓音，经我下了一番功夫，在行腔、用气、吐字等方面有了提高，琴师王少卿看我的嗓音较痛快，所以在演出时私下给我长了一个调门。我的艺术营养来之于人民群众，致使我的艺术得以焕发青春。""但是更不能忘记的是，在每次庆祝演出或招待活动结束

第六章
总理往事：一个真实的开国元勋

后，都要受到领导的接见，尤其是周总理在看完我的演出之后，总要上台握手，祝贺我演出成功，合影留念。这是党和人民给我的荣誉。"

"那你们就到前线去打炮吧"

周恩来也喜欢看话剧，他同北京人艺、中国青艺都有密切联系。

北京人艺的首都剧场建成后，文化部的领导曾考虑这个剧场不要专门给北京人艺用，因为北京人艺建的这个剧场在当时的北京，是第一个规模较大、设备齐全、功能较多的现代化剧场，万一有一些外国团体来演出或有些国内重要演出，也可以利用这个剧场。周恩来知道后，对文化部领导说：还是应当明确这就是演话剧的剧场。你们自己不要制造矛盾嘛！

首都剧场建成后，周恩来多次到这里看北京人艺演的话剧。剧场刚建成

1962年春节，周恩来出席北京人民艺术剧院的迎春晚会。前排右一为曹禺（历史图片）

255

时，几乎是北京人艺每排一个戏，周恩来都要来看。这样一来，自然有了更多的周恩来与北京人艺的故事，我们从艺术家林连昆等人的回忆中可以看到这些片段——

林连昆当时在北京人艺的学员班，在《骆驼祥子》剧中演小顺子。其中有这样一段戏：虎妞已经死了，小顺子跟祥子说："祥子，不管今后道有多远，肩膀上的担子有多重，咱们得挺下去。"以鼓励祥子不要垮下去。

当时林连昆说这些台词说得没有力量。有一次，周恩来看完戏，走上台对林连昆说："你这个话说得没有力量。你要给他以希望，要给他一个鼓舞嘛。你应该告诉祥子，不要被这种万恶的旧社会所压倒。虎妞虽然没有了，但是祥子还应该挺起胸脯去生活。"

周恩来的这一番话，使林连昆大大加深了对这段台词和这出戏的理解，在后来的演出中，林连昆就改了，更有信心、更有力量地去鼓舞祥子要面对现实，不要屈服，要勇敢地活下去。

对待剧中人是如此，对于演员的生活问题，周恩来更是创造有利条件让他们"好好"地生活。三年困难时期，大家都吃不饱饭，周恩来知道北京人艺的演员也是如此。为了解决他们的困难，周恩来找到了陈毅，让陈毅下令，把北京人艺视为外交部请去的外国演出团一样对待，到东北去演出。因为东北是粮仓，即便是三年困难时期，也比其他地区好过些。

北京人艺给东北带去了两个戏：《蔡文姬》和《同志你走错了路》。这两出戏基本上就把剧院的演员都带出去了。从辽宁到吉林再到黑龙江，北京人艺在东北演出了一个多月。每到一地，地方领导和部队首长都必然要宴请他们，可以说三天一大宴，五天一小宴。演员们开玩笑似的说着真心话：这回可真解决问题（吃饱饭）了。待他们回到北京后，才知道这是周恩来总理的安排。

当时志愿军文工团到北京人艺来学习的演员，常常到剧场的导演间去看戏。导演间设在剧场观众席的最后面，是隔音的。在里面可通过一面大玻璃窗直观舞台，并有电话可以同各部门联系。一天，一名志愿军文工团的演员到导演间看戏，发现里面已坐着两个人，他坐下后，看见先来的两人中间的一位打开前面的抽屉，拿出一个望远镜看戏，感到非常意外，说："没想到这里还有这玩意儿！我看看。"那人把望远镜交给他，他看了一会儿，又把它还给那人。就这样，二人彼此交换着看。直到一幕戏结束，场灯亮了照进导演间，他才发现那人原来是周恩来总理。

在南开学校演过剧的周恩来知道演员体验生活的重要性，因此，他尽可能给演员们提供一些体验生活的机会。

1958年，北京人艺排了一出反映复员军人搞发明创造的戏——《烈火红心》。周恩来看过后，特别强调要掌握好对待知识、对待科学的态度问题。他来到后台，对剧本提出了意见并要求修改。大家在化妆间围着周恩来，有的坐在椅子上，有的席地而坐。有人说："剧本是刘川写的，是前线话剧团的。"周恩来说："我不管戏是哪里的，我把货订在你们这里了！"

北京人艺便把刘川找来，和导演及主要演员去长兴体验生活，对剧本重新进行了修改排演，并去福建前线演出。

那时正是人民解放军炮击金门的时候，演员们都希望能到前线去慰问。周恩来问："你们要去可以，带什么戏去？"演员们回答："可以带《智取威虎山》《烈火红心》这些演兵的戏去。"周恩来一听，说："好吧，你们就参加慰问团吧。"

林连昆在《烈火红心》中演一个叫何大炮的复员军人。周恩来问他："你放过炮吗？"林连昆说："没放过炮。"周恩来说："那你们就到前线去打炮吧。"

9月25日，由北京人艺、中国青艺、中国评剧院、中国京剧院、中央歌舞团、广播说唱团等单位组成的"福建前线慰问演出团"奔赴福建前线，直到11月才回京。回来后，周恩来特意到北京人艺，问他们："打炮了没有？"他们说："没打着。"

周恩来说："我给彭总打了电话让你们打炮呀！"

北京人艺的演员解释说："由于改了单双日打炮，我们去的日子不对，刚好不能打。"

周恩来听罢，笑了，说："那当然不能打，这可不能乱改呀！"

后来，北京人艺还上演了朝鲜话剧《红色宣传员》。朝鲜派来了包括该剧编、导、演在内的一个代表团，还带来了剧中服装。北京人艺的演员也去延边体验朝鲜族生活。这部戏强调应该细致地做思想工作，戏里的女主角通过细致的思想工作动员人们的积极性。周恩来很喜欢这出戏，他动员了中央领导同志来看戏，并风趣地说："我是《红色宣传员》的宣传员。"

"春妮是什么文化程度"

1963年，南京军区前线话剧团演出了一部10场话剧《霓虹灯下的哨兵》。这是一部思想性、艺术性兼备的剧本，作者沈西蒙以南京路上"好八连"的动人事迹为素材，表现了革命军人身居闹市，拒腐蚀、永不沾的高尚品德，得到了各界人士的广泛赞许。

随即，前线话剧团奉命到北京汇报演出《霓虹灯下的哨兵》，陶玉玲在剧中扮演女主角春妮。周恩来到剧场观看演出后十分高兴，休息时接见了作者和导演。演出结束后，他又登上舞台和演职人员一一握手。后来，邓颖超曾同陶玉玲说起过，周恩来看完戏兴奋得整夜睡不着觉，为了使这出戏得到提高，他先后看了6遍。

周恩来不仅一次又一次地看戏，而且非常认真，几乎每一次都提出具体的修改意见。如第二场赵大大捡到林乃娴的钱包没有马上还给她，到第六场才还，周恩来指出：这样不妥，有损赵大大的形象。解放军拾金不昧，钱包应该马上交还。周恩来对演员如何塑造好角色也极为重视，要求演什么人就像什么人，既要符合人物身份，又不能概念化。例如女特务曲曼丽穿了一身考究的裙服，周恩来马上指出："上海解放初期，这样的人是不会穿这种服装的，最好改穿工装裤，要朴素些。"导演遵照周恩来的意见，让演员换上了工装裤。不久，周恩来又来看戏，发现曲曼丽的裤腿改得又瘦又短，看上去像个阿飞，他马上又提出来，裤子要再改一改，既然要给她穿工装裤，就要像个工人，不能妖里妖气，不要一出场就让人看出她是个坏人，应该随着剧情的发展、矛盾的加深，逐步揭露出来，不然就看不出她的伪装了。

周恩来不仅指导修改，还请来了文艺界老前辈田汉、夏衍、曹禺等和许多领导同志来看演出，并且主持座谈会，让大家提意见。在一次座谈会上，周恩来对陶玉玲说："春妮，你念的那封信写得好，念得也好，很使人感动。但是我来问问你：春妮是什么文化程度？"陶玉玲回答说："小学文化程度。"周恩来笑了，说："高小文化程度，能说出两小无猜吗？"大家不由得笑了起来。他又说："这句词也很不口语化，可以改一改嘛。"陶玉玲想了想，说："那就改成'从小在一块'，好吗？"周恩来马上给以肯定："对，很好啊！"

"从南京到北京，到处都是《霓虹灯下的哨兵》。"前线话剧团的《霓虹灯下的哨兵》在北京引起了轰动，许多剧团都排演了，还是不能满足观众看戏的需要。周恩来就点名向北京人艺下达了任务。

那是在总政排演场看戏之前，面对大都是北京文艺团体的文艺工作者的观众，周恩来问道："北京人艺的人来了没有？"观众人群中有人高声回答："来了！"

周恩来听见了，随即问道："你们人艺为什么不演兵？这个戏你们也要演！"

北京人艺虽然排演过《烈火红心》，但那个戏写的是复员军人，严格地说他们还真是没演过兵的戏。因此，北京人艺根据周恩来的指示，很快排演了《霓虹灯下的哨兵》。

不仅北京人艺排演了这个戏，总政话剧团、海军文工团、空政文工团、部队艺术学院、中国青艺，甚至八一电影厂演员剧团也排演了这个戏。八一电影厂演员剧团的创作班子非常整齐，李力、李昂任导演，田华扮演春妮，袁霞扮演阿香，李炎扮演赵大大，刘教级扮演连长，于纯绵扮演指导员，张良和张勇手分别扮演 A、B 组的陈喜，马晨曦扮演曲曼丽，曲云扮演童妈妈，王毅扮演童阿男，师伟扮演女大学生林媛媛……

当时演出的盛况是空前和激动人心的，几乎是场场爆满，星期日还要加演。这天，他们正在总后礼堂准备为驻京部队演出，团长李力告诉大家："报告大家一个好消息，周总理今晚来看咱们的戏！"

这是周恩来第一次看八一电影厂演员的演出，演员们都很兴奋。李力制止了大家热情的交谈，说："今天各部门的工作都要做得认真些、扎实些、紧凑些，谁也不许出差错！"

要求是谁也不许出差错，但还是出了一点小纰漏。

当林媛媛和童阿男在南京路上准备去迎接解放军时，发现特务老 K 潜入大楼里，童阿男叫林媛媛速去报告解放军，他留守在楼外监视特务的活动，林媛媛便带着这个任务紧急地跑下台去。当师伟跑进侧幕条时，突然撞在了一个非常坚硬的东西上，嗡地一下头立时便蒙了。原来，她刚好撞在扮演赵大大的李炎胸前佩挂的冲锋枪上。平常李炎都是站在离幕条很远的地方候场，今天他也是小心谨慎，提前来到了侧幕旁。边幕里黑乎乎的，师伟从台上跑下来又很快，什么也看不清，幸好她跑的时候是半张着嘴，她的门牙撞在了冲锋枪上，没有把嘴唇磕破，否则将是一个"新形象"的林媛媛了。她缓了缓气，硬着头皮带着解放军跑上场去，台词怎么说的也顾不上了，只是在该她说话的时候，指指画画地胡乱哼唧了几句便跟着抬童阿男的担架下场了。

一般人也许没有看出这个小纰漏，不过，周恩来觉得有点"问题"。戏演完后，周恩来走上台接见全体演出人员，并和大家一一握手，当他和师伟握手时，师伟非常难为情，觉得没有拿出最好的成绩向周总理汇报。没想到周恩来却表扬了她："这个戏你演得很好嘛！""你是从上海来的？"师伟说："是从上海电影制片厂调来的。"周恩来点了点头，接着说："你在第一场里有句台词没有说清楚，以后应该加强基本功的训练啊！"

师伟当然清楚周恩来说的是哪句台词，不过这种尴尬的场面，又怎么解释呢？事后回想起来，她倒是禁不住地笑，这种纰漏也算是难得一遇呀！

"走啊，快开演了"

周恩来每次到外地，只要时间允许，都要观看当地的地方戏。他尤其喜爱上海的越剧、安徽的黄梅戏。而对于较小的戏剧类别，周恩来则多了一份格外的关心。

有一回印度总理尼赫鲁秘密飞到广州，周恩来前去会晤，广东省委的同志为他们安排了一场红线女主演的粤剧，周恩来很高兴地来到机组住宿的房间，挥着手臂招呼大家："走啊，走啊，快要开演了！"

"总理您去吧，我

1959年9月，周恩来接见上海越剧院《红楼梦》剧组时，同贾宝玉扮演者、著名越剧表演艺术家徐玉兰握手（历史图片）

们都听不懂粤剧,那真成了看戏的呆子了。"

"那不行,都要去。红线女是很有名的演员,我就很喜欢看。你们听多了也就懂了。"

陕西华剧原名碗碗腔,发源于华阴、华县,其音乐特色是细腻、幽雅、婉转、缠绵,唱腔优美动听。1958年,周恩来在北京听过此剧后,曾说道:"发源于二华,中华之剧嘛!建议你们把碗碗腔叫华剧吧!"陕西省戏曲研究院接受了周恩来的意见,从1961年起把碗碗腔改称"华剧"。从此以后,周恩来每到西安,都要观看华剧演出。

一次,周恩来从国外出访归来,在西安丈八沟宾馆观看了李瑞芳演出的华剧《金碗钗》。这出戏,周恩来1958年在北京就看过,也认识李瑞芳。这一次看后,他亲切地对李瑞芳说:"瑞芳,你这个天水娃娃,进步不慢啊!但还要更加努力哟!"激动的李瑞芳连连点头。周恩来又问道:"我问你,你能不能把你全剧的唱腔都唱得像其中那四句一样细腻动听呢?"李瑞芳说:"能,一定能。"

1973年6月,75岁高龄、拖着重病之躯的周恩来陪同越南总理范文同访问西安,住在丈八沟宾馆,又一次提出要看华剧。由于当时的华剧演员早已被"文化大革命"冲击得下放的下放,赋闲的赋闲,哪里去找啊?!最后,只好临时找了陕西歌舞剧院的一名歌剧演员用华剧唱腔唱了一段《打不死的吴清华》,以慰周恩来关心华剧之情。

《安第斯山风暴》

这是剧作家刘大为给我们讲述的他的亲身经历与感受。透过故事,我们可以看到周恩来更为广阔的戏剧观。

1965年初夏,周恩来建议总政文工团编演一出反映拉丁美洲人民革命斗争的话剧。总政文工团立即组织丁里、白云亭和刘大为一起创作剧本,并分配刘大为去中南海聆听周恩来的当面指示。

那时,周恩来经常利用周末邀请总政文工团的艺术家们在紫光阁开小型联欢会,借此向歌唱演员学唱新歌,和大家一起唱小合唱,一起跳舞。一个夏日的周末,刘大为参加了紫光阁的周末晚会,借此机会向周恩来请教。

夜已经很深了,周恩来才从人民大会堂来到紫光阁会场,他风趣地说:刚和巴基斯坦总理会谈完毕,现在轮到陈毅老总跟他们外长上场,他们正在谈,我到这儿上艺术课来了。接着,他走到刚刚排列好的小合唱的队伍之中,跟大家合唱了他喜欢的《红军壮士出征歌》。唱完,他对演员们说:"这首歌,是我们红军长征到达陕北以后,陆定一同志填的歌词,一位年轻的作战参谋教我唱会的,后来,这位参谋同志东渡黄河,在战斗中牺牲了,当我唱起这首歌的时候,我常想到这位年轻的好同志。"

休息期间,有人告诉周恩来,刘大为是奉命来接受总理指示准备创作剧本的。周恩来说:"好!坐过来,认识认识。"

"你是什么地方人?"

刘大为回答说是唐山人。

周恩来说:"你是唐山人?没听出你的冀东口音么。"

"我一紧张,老坦儿(指唐山)口音就出来了。"

周恩来笑着说:"和我一样,我一做报告,苏北乡音就重了。"接着,他又说道,在冀东我也有一些朋友,随即深情地一一叙来……话题转到如何写作反映拉丁美洲人民革命的剧本上来。周恩来不但对剧本的主题思想、创作方法作了深刻阐述,同时提出,你们先去访问担任中宣部副部长的姚溱同志,因为他是新中国成立后第一个访问拉丁美洲的人。周恩来还谈了许多应该如何反映拉丁美洲人民斗争的意见,最后说道:"这是我个人的意见,也可以说是一个观众的愿望。我讲的意见，仅供你们参考，可以肯定，也可以否定，不是什么指示。"

在谈话中，周恩来还讲道，他喜欢话剧这种形式，他在南开学校上学时就利用话剧宣传进步思想，并且说，他老了，退休后，他想当一个业余导演……当刘大为等问到邓颖超大姐的初期革命文艺活动时，周恩来笑着说："她当时也在女校演过戏，我去看过，我在南开演戏，她也可能看过吧。"周总理的往事，把大家说笑了……

随后，在表演节目的间隙，周恩来总理办公室的工作人员问刘大为："总理让问一下，你们同来的十几位同志中间有回民吗？有几位？"刘大为不解其意，为什么问这个和剧本创作风马牛不相及的事？是不是拉丁美洲也有信奉伊斯兰教的国家，需要了解这方面的知识？

直到吃夜宵——炸酱面时，刘大为才明白为什么统计回民人数。工作人员请大家入座，同时说道：三位回民同志请到小桌就座，给你们准备了羊肉臊子面。

在周恩来的亲切关怀下，剧本创作人员先后采访了姚溱以及廖承志等熟悉国际事务的领导和一些有关的中外同志，进行了大量的调查研究，写出了剧本。经过演员们几个月的努力，反映拉丁美洲人民革命斗争的多幕话剧《安第斯山风暴》排练完成。

《安第斯山风暴》公演之前，周恩来在百忙之中两次到排演场，指导修改剧本，进行排练。头一次审查彩排，他是在会见过外宾之后直接乘车到排演场来的。当车门打开时，刘大为看见周恩来正在车上脱去皮鞋换上布鞋。秘书告诉说，总理经常这样：忙碌得在车上换衣服；有时换上便鞋工作，就算休息了。

周恩来让刘大为坐在他的身旁，两人边看边讨论。开幕之前，刘大为把说明书送给他，心情有些紧张。说明书上写着：故事发生在拉丁美洲某个国家，地点是虚构的。这个设计和当初周恩来提示过的可以用拉美某一个真实国家为背景进行创作的想法有所不同，刘大为担心通不过。演出快结束时，刘大为才向周恩来说明：根据我们调查访问所掌握的材料，以及最近拉美革命斗争的发展，我们采取了综合概括拉美正在进行革命斗争的许多国家的情况，用了现在这种写法，是个尝试，如果总理不同意，我们再改过来。

周恩来非常仔细地听了刘大为的阐述，说："我前次讲的，我再三说是个人意见，是一人言，你们经过大量的调查访问，创作了这个戏，是众人言。我们反对一言堂，提倡众言堂。你们这个戏，现在这个写法，也符合艺术创作规律，集中概括，创造典型，我是赞成的。还希望你们继续征求一下各方面的意见，听取更多的批评，越改越好，精益求精。"

周恩来不仅善于造就民主氛围，让别人发表不同意见，有时也对他自己发表过的意见进行修改，实事求是，坚持真理。他第二次审查《安第斯山风暴》的时候，发生过一件令人难忘的事情。

大幕拉开了，舞台上出现了地主庄园的场景。这时周恩来对刘大为说："拉丁美洲的情况我不太熟悉；可是，欧洲情况是这样的：公路上有许多加油站。这场戏的地点，是不是改在加油站？写庄园主的反动武装到安第斯山去进攻游击队，正在加油站加油，游击队突然包围了他们，把他们消灭在加油站里……"

周恩来的意见很好，很有地区特点。可是如果变换场景，后面有些情节发展也需要变动。例如，游击队进攻地主庄园之前，反动的庄园主正在庄园里审讯拷打被捕的革命者——一个女医生，如果改成加油站，这一节戏就得删去或重新设计……怎么办？刘大为脑子里正在想着这个问题的当口儿，舞台上的戏也正演到这个地方，那位女医生上场了。也就在这个时候，周恩来回过身来对刘大为说："我刚才那个意见收回。如果把场景改成加油站，那么这个人物的戏就无法演下去了，还是按原来那样，不要改。"

西花厅的海棠花与颐和园的荷花

除了喜爱跳舞，周恩来也很喜欢赏花。明艳的海棠花、出淤泥而不染的荷花等，都是周恩来所喜爱的。

作为政府总理、一位伟大的外交家，周恩来陪同来访外宾和出访时的观花赏景机会很多，但鉴于这些属于公务，不在本书描述范围之内，故略之。仅举两个片段以证。

海棠花鲜艳，漂亮，招人喜爱。它结的果实味美，又甜又酸，开白花的结红海棠，开红花的结黄海棠，果实累累，挂满枝头，真像花果山……海棠花开季节，周恩来白天常常在繁忙的工作之中，抽几分钟散步观赏；有时夜间工作劳累了，他散步站在甬道旁的海棠树前，总是抬着头看了又看，从它那里得到一些花的美色和花的芬芳，得以稍稍休息，然后继续工作。

是的，花开花落的海棠树最知道周恩来几多繁忙，又有几分钟的赏花时光。

同时，这花里面还有人生的大道理。革命烈士彭干臣之子彭伟光在回忆文章里写道：当祖国处在困难时期，那就不是一个简单的同政治无关的个人爱好问题了。西花厅里有花园，有假山，还有水池，但是彭伟光却看到，花园里无花，鱼池里无水，也更没有鱼，假山没有了喷泉。他曾好奇地问周恩来："鱼池里放点水，养点鱼，花园里种点花，植点草，既能新鲜空气，又能减少灰尘，该多好啊！"

周恩来说："你这个人倒挺会享受的呀！我这地方有鱼池，可以放水养鱼，那么其他人可以不可以这样做呢？"

西花厅的海棠花（历史图片）

彭伟光说："不会的。"

"你太不懂事了，你懂得上行下效吗？"

"这个我听说过。"

"如果我当总理的可以养鱼种花植草木，那么下面的部长也可以这么做，各省省长，省委书记，地委，县委也可以如法炮制，在人民生活还处在困难时期的今天，这样我们就会脱离人民，人民就不会相信我们，这个问题你想过没有？"

……

周恩来赏荷花，大多是有事到颐和园时顺便为之。1951年秋，邓颖超住在颐和园养病，周恩来时常带着侄女、侄儿去看望。他们在园中散散步，赏赏花，有时还坐船游湖。几个人租用一只带篷船，泛舟昆明湖上。船儿在清香的荷花、荷叶旁漂过，微风徐来，好不惬意。

在周恩来情有独钟的颐和园东北角的谐趣园中，也是满池的荷花。除了满池清香的荷花，谐趣园特别像淮安城里的小勺湖，这也是周恩来钟爱它的一个原因吧。

　　多才多艺的周恩来情趣爱好原本很多，可惜中国众多人口的众多事务，占去了他的全部精力和时间，使他个人的生活失去了应有的色彩，许多情趣爱好也只能是心中的"爱好"罢了。

/ 第七章 /

高端协力：
富有人情味的共产党人

◎周恩来之所以赢得人民特殊的爱戴和持久的怀念，不仅因为他功勋卓著、学识渊博、才智过人，还因为他品德纯美、人格崇高。中华民族和中国共产党人一切最优秀的品质，在他身上，得到了集中、完美的体现。

"全党楷模"——这是胡耀邦为淮安周恩来故居的题词。

"中国共产党确实因为有周恩来同志而增添了光荣,中国人民确实因为有周恩来同志而增添了自豪感。"——这是李先念讲过的话。

可以说,这些话语代表了全党和全国人民的心声。周恩来之所以赢得人民特殊的爱戴和持久的怀念,不仅因为他功勋卓著、学识渊博、才智过人,还因为他品德纯美、人格崇高。中华民族和中国共产党人一切最优秀的品质,在他身上,得到了集中、完美的体现。

立志者"当不至限于一隅,私于个人矣"

是成大事,还是成大名?或许,这两者本应是统一的,但古往今来,又有几人参破大事业与大功名孰轻孰重?

曹操曾有言:宁教我负天下人,不教天下人负我。这可算是枭雄的名利观代表了。

鲁迅曾写道:"夫激荡之会,利于乘时,劲风盘空,轻蓬振翻,故以豪杰称一时者多矣,而品节卓异之士,盖难得一。"由鲁迅的感叹,我们又确实感受得到"品节卓异之士"之难。

是历史为后人造就了周恩来这位品节卓异之士。在周恩来这里,事业与道德都流芳百世,功勋与情操都光耀千秋。

立志是事业的大门。周恩来在立大志及为实现大志的奋斗中,从青少年时代起,就自觉地把"立大志"与"不存大己"有机地结合了起来。他在谈到立志时,明确写道:"彼志在金钱者,其终身恒乐为富家翁;志在得官者,

第七章
高端协力：富有人情味的共产党人

百计钻营不以为耻，此志卑之害也。故立志者，当计其大舍其细，则所成之事业，当不至限于一隅，私于个人矣。"

接受了马克思主义后，他把这种"不私于个人"的品格完全融入全心全意为人民服务的宗旨，完全遵循"过去的一切运动都是少数人的或者为少数人谋利益的运动。无产阶级的运动是绝大多数人的、为绝大多数人谋利益的独立的运动"的教导，立大志，而不存大己。所以他重事业，不重个人权位。作为政治家，要实现自己的大志，当然不能回避权力、地位问题。周恩来把权力看成实现大志的手段，看作为人民服务的责任，而不是人生追求的目标，更不是牟取私利的工具。

1931年12月底，他由上海到达江西中央革命根据地。当时在由周恩来、毛泽东、项英、任弼时、朱德等组成的苏区中央局中，周恩来担任书记，他在党内的地位比毛泽东高。1932年7月，中央局提议由周恩来兼任红一方面

1933年12月，周恩来和红军第一方面军部分领导人在福建建宁合影。左起：叶剑英、杨尚昆、彭德怀、刘伯坚、张纯清、李克农、周恩来、滕代远、袁国平（历史图片）

军总政委,周恩来没有接受。他两次向中央局提出由毛泽东担任红一方面军总政委,反复陈述:"如果由自己任总政委,将会弄得多头指挥,而且使政府主席将无事可做。"而毛泽东"以政府主席名义在前方,实在不便之至","泽东的经验与长处还须尽量使他发展",并强调"有泽东负责,可能指挥适宜"。中央局接受了周恩来的建议。同年10月在宁都会议上,许多人批评毛泽东"右倾",提出把毛泽东召回后方,专门负责临时中央政府的工作,而由周恩来负战争领导的总责。周恩来不同意把毛泽东召回后方,认为"泽东积年的经验多偏于作战,他的兴趣亦在主持战争","如在前方则可吸引他贡献不少意见,对战争有帮助"。他坚持两种办法:或由周负指挥战争全责,毛留前方助理;或由毛指挥,周监督。我们不从政治的层面去考察,仅从纯粹的个人品德的角度来看,又有多少人能真正做到在给自己升职、给别人降职的时候,尚能想到发挥他人长处而予以挽留呢?人生有知,这可是说时容易做时难啊!再想到在遵义会议后,周恩来自觉自愿地从军事指挥上的负责者让位于当毛泽东的助手,这种胸怀又有几人能比?接下来的长征途中,当张国焘以红四方面军人多为筹码,要挟中央,如不解决"组织问题"(要求给他更大的权力)便"无法顺利灭敌"时,为了顾全大局,为团结张国焘,周恩来同毛泽东商议后,又把自己担任的红军总政委的职务改由张国焘担任,这种气度又有几人能比?对比王明、张国焘一类只恨自己不是一把手的所作所为,大家自会有答案。

  周恩来之所以这样做,是因为他在确立了共产主义信念后,更加深刻地认识到无产阶级要获得解放就必须组织起来,必须充分发挥每个人的智慧与创造力,而个人离开组织、离开集体是微不足道的。他时时把自己看成党组织中的普通一员,自己所做的一切都是应尽的职责。在党安排的任何岗位上,他都竭尽全力地工作,毫不计较个人的名位。自己所取得的一切成就,都是党的领导和人民支持的结果,一切荣誉应归功于党、归功于人民。所以他从不宣扬自己,也不希望别人宣扬他。

第七章
高端协力：富有人情味的共产党人

在重庆时，他不让《新华日报》刊登他的照片；他出国时，发现我驻外使馆挂有他的像，便恳切地让他们取下来；他坚决不同意把他在淮安的故居辟为纪念馆；参观农民讲习所旧址，看到他的照片比别的教员大一些时，就要求换成小一些的，并且说"那几位同志都为革命牺牲了，我的像不应超过他们"；他到工厂、农村、部队视察工作时，总是再三地对随从摄影记者说"少拍我，多拍其他领导同志，多拍人民群众"，等等。

这样的事例举不胜举，只说说他在中国革命博物馆的一件事吧。作为迎接国庆10周年的重点工程，中国历史博物馆和中国革命博物馆快速崛起于天安门东侧。1959年9月15日，博物馆的同志得到了一个令人高兴的消息："党中央书记处今天开了会决定请周总理和中央政治局、书记处的领导同志来审查陈列。这说明党中央领导对建成中国历史博物馆和中国革命博物馆向国庆10周年献礼的工作多么重视。"

1962年年初，毛泽东、刘少奇、周恩来、陈云、邓小平、彭真在北京举行的中共扩大的中央工作会议（即七千人大会）上（历史图片）

9月19日深夜，中央书记处书记彭真、陆定一、杨尚昆、刘澜涛、胡乔木等到中国革命博物馆审查陈列，提出一些修改意见，但对可否开馆没有表态。这时距10月1日国庆节只有12天，不管审查后的修改有多大，也只有抢在12天内完成了。但是，最后拍板的周恩来还不知什么时候来馆审查。馆内的工作人员深知周恩来日理万机，尤其是国庆前公务就更加繁忙。可是，他们也真是担心，若周恩来审查得晚，修改工作来不及做，怎么开馆向国庆10周年献礼呢？

出乎他们的预料，就在中央书记处的领导同志审查后几个小时，9月20日早晨，就传来了周恩来当天上午来馆审查革命陈列的通知。

约定的时间到了，未见大队人马驶来，只有两辆小轿车从天安门广场的西北方向疾驰到馆前。大家正在猜测时，周恩来已经从一辆吉姆车中走出，迈着矫健的步伐走上台阶直奔门厅。从门廊到门厅，所有值勤的人，不论干部还是工人，周恩来看到都面带微笑，主动伸出手与他们一一握手。看到总理这么轻车简从、平易近人，大家的紧张心情立刻化为乌有。

步入门厅后，周恩来并没有直接走进展厅去审查革命史陈列，而是在门厅稍作停留，环顾四周后问道："衣帽间在哪儿？"

工作人员答道："建筑设计方案没有考虑。"

周恩来一听，立即指出："博物馆开放后，将会有许多外宾来参观，没有衣帽间不行。将来中国富裕了，国内观众也会需要的。博物馆的建筑是百年大计啊！"他一边说一边领着大家在门厅选定了两处适合作衣帽间的地点。

随即，周恩来又问："观众的厕所在哪里？"

待馆内人员陪同看过观众厕所位置，周恩来又说："厕所这么小怎么行？博物馆开放后，会有大量观众来参观。"陪同人员又紧跟他身后，在门厅一起查看增建厕所的适当地点。

这些为群众着想的事做完，周恩来才走进中国革命史展厅，按时代顺序最先审查的是"旧民主主义革命史"部分的陈列，接着进入"新民主主义

第七章
高端协力：富有人情味的共产党人

革命史"部分的展厅。在审查中，结合陈列中展出的烈士照片，周恩来满怀深情地讲述着那时环境如何险恶艰苦，斗争如何曲折复杂，先烈们如何英勇机智……

在筹备"新民主主义革命史"陈列期间，中国革命博物馆从外地难得地征集到一张大家从未见过的周恩来在青年时期所拍的照片：单人、半身、身穿国民革命军军服、头戴国民革命军军帽。初步鉴定，这张照片应该是20世纪20年代中叶周恩来在广州黄埔军校担任政治部主任时期所拍。工作人员如获至宝地把它放大，摆在黄埔军校这一组陈列的中心位置。

当周恩来审查到黄埔军校这一组陈列时，陪同人员指着挂在墙面上这张放大的半身像问："这是不是您在黄埔军校担任政治部主任时照的？"这毕竟是周恩来30多年前所拍的照片，貌似总理，但是谁有绝对把握肯定呢？请他自己鉴定一下不是可以真正做到准确无误吗？

周恩来抬头看了一眼，指着这张照片说："拿下来。"

工作人员以为周恩来要拿到近处仔细鉴定一下，就赶紧取下来。没有想到周恩来连看一眼也没有，顺手就把照片镜框翻扣在这一组的版面陈列柜上面，漫不经心地说了一句："这件撤下去。"

没有这张照片的故事讲述，没有这张照片是从什么地方征集到的问话，也没有对这张照片的任何鉴定意见，周恩来就这样把这张照片撤了下来。

为什么？不是他的照片，还是有什么不对？工作人员不便再问，但这些问号都被他们自己否定了。想来想去，结论只有一个：从不居功的周恩来，就是要在中国革命史的陈列中把自己的单人半身像撤掉！

后来，中国革命博物馆根据党史学家的意见，本着尊重历史本来面目的精神，违背周恩来的意愿，还是把这张照片陈列在黄埔军校一组中。而周恩来谦逊的美德也永久地留在这里。

周恩来淡泊名位，却很珍惜名誉，特别是处处注重维护党的名誉。20世纪50年代初，他身边的工作人员制定了一个工作细则，其中提出"三保"，即医生为总理保健康,警卫保安全,秘书保工作。周恩来看后又加了一保,即:"我、邓颖超同志及你们要共同保党的政治影响。"他要求自己和别人的一言一行,都要从党和人民利益出发,只能给党增添光彩,绝不能有损党的声誉。他终生践行了这一点。

"为人民服务就是要像春蚕那样吐完最后一根丝"

周恩来是一个忠实、高效、廉洁的人民公仆,他一生都在实践着党的全心全意为人民服务的宗旨,做到了鞠躬尽瘁,死而后已。在担任政府总理20多年的时间里,在处理内政、外交和大小公务活动中,他那自觉的强烈的公仆意识是无所不在的,正像他自己说的:"为人民服务就是要像春蚕那样吐完最后一根丝。"

可以说,周恩来是党内做工作最多也是最忙的人之一。他为国家的富强、人民的幸福呕心沥血,日夜操劳,"一天的工作时间总超过12小时,有时在16小时以上,一生如此"。他被外国人称为"全天候总理"。

周恩来白天忙于开会,接待外宾,有时连吃午饭的时间都没有,只好带些简单的饮食,在驱车途中用餐。深夜才是他回到自己的办公室,处理大量文件、研究每个问题的时候。

在一天里,周恩来唯一的休息时间是在和邓颖超共进晚餐的时候。他喜欢听陕北民歌,每当这时他总是把留声机打开,边吃边听,不时用手指轻敲桌子或是用脚点地,随着音乐拍打,面部露出安闲、愉快的表情。但就在这短暂的时间里,他想起要处理的事,也常常把秘书找来。

日复一日,年复一年,中国前几个发展国民经济的五年计划,都是周

第七章
高端协力：富有人情味的共产党人

恩来主持制定和组织实施的。祖国每条大江大河的治理，每项重点工程的建设，原子弹、氢弹的研制成功，人造卫星的上天，无不凝结着他的心血。他在日理万机中送走了一个个不眠之夜，又迎来了一个个繁忙的早晨。难怪越南的胡志明主席对周恩来个人提出的唯一请求是："请为了中国人民和世界人民的利益每天多睡两小时。"难怪华侨称他是不知疲倦的"钢人"。

周恩来规定，一天24小时，凡有重要紧急的事情，不论他是在睡觉还是在吃饭，主办急件的同志要随时向他报告。有一次河南省发大水，为处理此事，周恩来几天几夜没怎么合眼。那天刚睡下，又来了急件，秘书想总理太累了，等睡醒了再向他报告吧，就没有叫醒他。周恩来醒来看了急件后，严肃地批评了秘书。秘书心疼地说："总理，你几天几夜不睡觉，要累垮的。"周恩来说："我的时间不属于个人。我少睡点觉算什么，发大水关系到几百万人的生命财产安全问题。以后要坚决按规定办。"

在北京如此，到外地视察工作同样如此。1966年邢台地震时，周恩来亲赴震区视察灾情。4月1日那天，他从早晨5点钟起，一直工作到晚上9时，16个小时没顾上吃饭，一刻也未休息。

"文化大革命"中，他忍辱负重，苦撑局面，每天只能睡两三个小时。有一次，周恩来忙完了白天的工作，晚上又安排了七八个会。他在人民大会堂接见红卫兵时，肝区突然剧烈疼痛，他只好站着，用椅子背顶着肝区与红卫兵谈话。工作人员请他坐下，他小声说："我不能坐，坐下就睡着了。"他就是这样，忍受着巨大的疼痛和劳累了一天的疲惫，坚持站着同红卫兵进行交流。有一次接见红卫兵后，他的心脏病发作了。工作人员心疼得不行，不得不联合起来写了一张大字报，"造总理一点反"，要求总理改变一下工作方式和生活习惯，注意一下身体。邓颖超以及当时看到这张大字报的叶剑英、陈毅、李富春、李先念、聂荣臻等都签名支持。周恩来看后，在大字报上工工整整地写了8个字："诚恳接受，要看实践。"但由于大量工作需要处理，他仍然继续忘我地工作着。

周恩来平时很少生病,只是在冬季深夜工作时易患感冒,这时他都不找医生或保健护士,总是饮一小杯茅台酒暖暖身子,然后继续工作。而当他被病魔无情地击倒后,他还是不停止工作。

中华人民共和国成立初期,领导内政、外交和军事的重担主要压在周恩来的身上。后来又爆发了朝鲜战争。他每天都要等到凌晨,朝鲜战报发来,审批处理之后才能就寝。1951年冬,在长期的过度疲劳之后,他病倒了,先是不断感冒发烧,后来转为低热不退,但他一直坚持工作。直到毛泽东主席批示他休息,他才去大连做了短时间的疗养。这是他1957年之前唯一的一次休息。精神压力减少了,身体也逐渐恢复健康,但他批阅文件却始终未停止。同时他还找来大连市的领导韩光了解各方面的情况,参观大连化工厂,视察旅顺口海军基地,并去探望了久病的徐海东。这次病虽然好了,但他从此却留下慢性咽喉炎的毛病。

周恩来第二次患病是在1955年春天。就在万隆会议前不久,他突患急性阑尾炎。由于诊断和治疗及时,手术后他的健康恢复得很快。还没有等到完全康复,他就又风尘仆仆地去了缅甸,然后赶赴万

周恩来和中国人民志愿军第一任司令员兼政委彭德怀元帅在一起(历史图片)

第七章
高端协力：富有人情味的共产党人

隆参加了那个斗争激烈但结果圆满的会议，之前还发生了目的在于谋杀周恩来的"克什米尔公主号"飞机爆炸事件。万隆会议结束归来，周恩来的体重又掉了几公斤。

第三次是患腹股沟疝，由于是在充分准备下做的手术，所以他的恢复很顺利。而他的工作，早已走在了身体康复的前面。

1972年，周恩来患了癌症，但还是拼命地工作，直到要动手术了，他才住进医院。从1974年6月1日入院到1976年1月8日去世，他动过6次大手术，5次小手术，平均40天一次。在这种情况下，他还与领导同志及各方面人士谈话谈工作216次，会见外宾63次，与陪同人员谈话17次，在医院召开会议20次，离开医院到外面开会21次，找人谈话7次。同时他还远飞长沙，和毛泽东长谈，商定四届人大组阁名单。76岁高龄的老人患了晚期癌症，还能这样工作，这在世界上也是少有的。

周恩来在民主革命时期就讲过："要诚诚恳恳、老老实实为人民服务"，"应该像牛一样努力奋斗，团结一致，为人民服务而死"。1966年，他又对杨虎城之子杨拯民讲："一个人应当不怕死。如果打起仗来，要死就死在战场上，同敌人拼到底，中弹身亡，就是死得其所。如果没有战争，就要努力工作，拼命工作，鞠躬尽瘁，死而后已。"他是这么说的，也确实是这样做的。

忘我地工作，辛勤地工作，那么，周恩来的工作条件又是怎样的呢？

其实，他的办公室是西花厅后院北房的一间不大的屋子，里边陈设简单。办公桌上总是堆着大量等待处理的文件。办公桌的背面一排书柜，里边装满需要随时参考的书籍和资料。办公桌的前面是一个不大的长形会议桌，周围摆着椅子。这就是全部物品。它既是办公室，也是小会议室。当深夜批阅文件时，他也常要找有关人员来研究问题、核对数字，地点就在这间办公室里。

从干工作的角度说，这里并不是周恩来唯一的办公室，卫生间被人们广泛、形象地称为他的"第一办公室"。

周恩来个人办公条件如此,他领导的国务院机关的办公条件也是艰苦的。

中华人民共和国成立后,政务院(1954年9月第一届全国人代会召开后叫国务院)在中南海办公,会议厅条件很差,没有空调。周恩来在政务院政务会议厅召开政务院扩大会议,工作人员就在开会的前一天晚上把会场所有的门窗都打开,次日一早关上,开会前会场放上三四台电扇,每个电扇下面放上一大盆冰,用电扇吹着凉冰块来调节室内温度,不过这样降温也很有限。在炎热的夏天,室内温度高达30摄氏度,一开会就是大半天,或是到下午一两点钟,很多人热得直扇扇子。周恩来不但不扇扇子,而且连领扣都不解开,他总是衣服整整齐齐的,或是主持会议,或是聚精会神地听取会议发言人汇报工作。

20世纪五六十年代为中央机关房屋做修建服务、管房服务的秦少平等工程技术人员,几十年之后向人们讲述了几件关于周恩来与房子的事。

中华人民共和国成立初期,党中央和政务院都进入中南海办公。在府右街的东侧偏南,有一座大门通向怀仁堂,偏北还有一座门通向政务院和西花厅,这是一座较简陋的院墙门。当时,政务院主管机关事务的部门计划将这座门依照偏南大门的形式重新修建一下,并请建筑设计师设计了图案。初审时大家都说:政务院要改为国务院了,中央人民政府的大门应该庄严些。但是,当有关人员向周恩来汇报这项工作时,周恩来耐心地询问:"修一座这么漂亮的大门,要多少小米?需要多少农民拿公粮?需要多少田地种出来?你们给我算一算!国家初创,百废待兴,我们考虑事情要从四亿五千万人民处着想。用旧砖修一座大门,不也一样工作,一样为人民服务嘛!"就这样,原计划被取消,工人们利用从围墙拆下的旧城砖,修成了后来的国务院西大门。

当年,周恩来经常在中南海的勤政殿接见外国贵宾。几十年的老房经常漏雨,墙面掉灰皮,管理部门多次提出过大修计划,都被周恩来拒绝了。他

第七章
高端协力：富有人情味的共产党人

们只能在每次重大活动之前，临时组织维修、遮挡。随着政府机关工作人员日渐增多，办公用房愈加紧张。管理部门计划在中海东岸万善殿前的空地上修建一幢普通办公楼，周恩来得知后，又一次制止了修建计划，改为修缮旧平房以解燃眉之急。

1951年，为了满足政务院机关工作人员开会、学习、吃饭的需要，曾在中南海紫光阁西侧一个旧四合院的

1949年中国人民政治协商会议的主会场——中南海怀仁堂（历史图片）

基础上，将院子加盖了一个屋顶，改造成能吃饭、开会和进行文艺活动的地方，大家称为"万能礼堂"。因为旧四合院是几十年前的老房屋，用了几年后就经常漏雨，多次安排挑顶大修，都未能实现。1959年，有关领导作出翻修所谓"万能礼堂"的决定。通知下来，修建部门很快开始设计、备料。开工后，工人进入工地，将房架和门窗拆下来运到仓库。全工地正在动员"鼓足干劲、多快好省"地为修好礼堂大干一场的时候，周恩来由外地回到了北京。他问卫士长成元功，拆礼堂干什么。成元功告诉他："要修建新礼堂。"周恩来说："原来的还可以用，为什么要修建新的？不能修。"并立即通知了有关部门。礼堂被拆的一角又补上了，只把原来很低的舞台稍稍加高了一些，其他部分维持原样。以后有关部门曾多次提出翻建，周恩来都没有同意，他

说：" 国务院机关要带头贯彻中央厉行节约的指示。"

1963年12月至1964年2月，周恩来在陈毅、孔原、黄镇、童小鹏、乔冠华等人的陪同下访问了亚非14国。国务院有关单位趁周恩来这次外出时间长，就决定把小礼堂拆了，拆下的门、窗等都给了国务院农场，准备盖一个比较讲究的新礼堂。刚刚拆完，周恩来回国了。

进中南海北门，途经小礼堂西侧，周恩来一眼就看见小礼堂被拆了，就问他的卫士长成元功，这是怎么回事。成元功当时也不知道。回家后，周恩来让卫士长给有关单位打电话了解情况，问清后马上报告他。当他得知要盖一个比较讲究的新礼堂后，立即让成元功转告有关单位："不能建新礼堂，不能改变原来的结构，要恢复原样。"

可拆下来的门窗、玻璃等都没有了，于是重新做了门窗。为加快速度，服务科的全体人员都参加了自制磨砂玻璃的工作，干了五六天。这样，盖成了一个和旧礼堂差不多的礼堂。后来的国务院新礼堂是在周恩来去世后，于1979年翻盖成的。

国务院机关办公室都是老式平房，条件很差，但一用就是近10年。随着我国国民经济的恢复和发展，的确需要建设一些新的大型项目。在筹备新中国成立10周年的"十大建筑"过程中，国务院有关部门又提出修建政府办公楼的计划，搞出了在府右街西侧，从西安门大街到西长安街之间修建大楼的设计图纸，并且做出了整体模型。在一次国务院全体会议上，他们把政府办公大楼模型搬到了国务院会议厅，让总理、副总理、各部委的负责人看看，征求大家对政府办公大楼的意见。

周恩来看到模型以后，有一天晚上把国务院副秘书长兼国务院机关事务管理局局长高登榜找去，了解盖大楼的设想。高登榜把盖办公大楼的几种方案向周恩来做了汇报。周恩来听后严肃地说："只要我当一天总理，你们就要把大兴土木的念头取消了，国务院不带这个头！"

关于这件事，周恩来还征求了国务院秘书长习仲勋的意见。习仲勋说：

"人民大会堂是人民代表开会时讨论国家大事的地方，需要建设。中南海这个地方，过去袁世凯、段祺瑞他们办过公，我们拾掇一下就可以办公了，不一定要盖办公大楼。如果要盖办公大楼，府右街一片民房都要拆掉。"周恩来马上说："你的意见很好，和我的想法一样，国务院不需要盖办公大楼。"他又说："在我担任国务院总理期间，绝对不盖政府办公大楼。"他当机立断把国务院办公大楼这项建筑计划撤销了。

以后，周恩来在国务院的会议上，一有机会便以有人建议兴建国务院办公大楼为例，告诫大家要经常警惕和反对"贪大""铺张"、讲求"排场"的思想作风。

不能搞"治外法权"，不能搞特殊化

1956年4月的一天夜晚，周恩来视察了北京前门公安分局打磨厂派出所。打磨厂派出所对面是解放军某部一个招待所。周恩来指着这个招待所问值班的同志："在你们管界的中央机关，户口归你们管吗？"值班的张杰回答："上级有规定，因为他们是军事机关，户口不归我们管。"周恩来说："那不好，军事人员的户口，可以由他们管，家属、服务员这些非军事人员的户口，还是应该由你们管，你们是当地的治安机关嘛！"1958年年初，当《中华人民共和国户口登记条例》即将公布的时候，周恩来在百忙中把当时的公安部副部长周兴等人请到他的办公室，亲切地说："做公安工作要政治挂帅，又红又专。"并且指出，机关大院、部长宿舍包括中南海的户口也要管起来，不能搞"治外法权"。

1970年7月到11月，周恩来先后四次在中南海接见北京大学及外语院校的师生代表。在几次座谈会上,周恩来和大家共进晚餐,都是一碗稀饭、两个包子和一碟雪里蕻咸菜。

周恩来和邓颖超没有儿女,工资都不低,他们靠自己的工资吃好一点、穿好一点,合情合理,谁也不会说什么。但他们3000元、4000元地交党费,却终生过着非常俭朴的生活。有人劝邓颖超:"总理那么辛苦,把饭菜给他搞好一些吧。"邓颖超说:"他端起碗来,就想到我国还有些人吃不饱肚子,搞好了,他咽不下去。"俭朴的生活,反映了周恩来"先天下之忧而忧,后天下之乐而乐"的情怀和为最大多数人谋取最大利益的崇高人生追求。

周恩来反对特殊化,可以说是从小处着眼,防微杜渐。一旦被他发现有"问题",那么,严厉的批评与改正措施就会随之到来。

1955年左右,保健护士王力在给周恩来做治疗的时候,周恩来突然问道:"小王,你们大灶的伙食标准每天是多少?"(当时,食堂分大、中、小

1966年9月,周恩来和陶铸、李富春、谭震林等接见来北京串联的各界群众和红卫兵代表(杜修贤 摄)

灶。王力是普通干部,在大灶食堂吃饭)王力回答说:"我不知道。"周恩来说:"你明天去问问食堂管理员,你们每天的伙食标准是多少,回来告诉我。"

第二天,当王力把了解到的结果告诉周恩来后,他马上告诉王力:"小王,你去告诉桂师傅,从明天起,我们的伙食标准要和大灶的一样。"

听了周恩来的话,王力当时就愣了。她想,总理每天那么忙,没白天没黑夜地为国家和人民工作,怎能和我们年轻人吃一样的呢?

事后,大家都埋怨王力,王力也后悔得不得了。当时她还以为周恩来只是想了解工作人员的生活情况,谁知道周恩来是严格要求自己,他要以身作则,和普通干部一样生活,不搞特殊化。

当然,周恩来对身边工作人员的要求也是严格的,决不允许特殊化。举个例子:跟随周恩来多年的卫士长成元功是抗日战争时期参加革命的。1955年评级时他被评为行政15级,这在当时警卫人员中评级并不高。周恩来知道后说:"那么年轻为什么评这么高的级别?"他在了解了其他几位书记处书记的警卫人员的级别后说:"不能超过其他同等警卫人员的级别。"并做思想工作,成元功心悦诚服地主动减为16级。

再举个例子:周恩来和邓颖超都十分喜爱小孩。每当节假日他们有空时,身边人员和秘书常把孩子带来看望周恩来和邓颖超。大概是1952年冬,一天有位秘书把孩子带来,孩子在101中学(当时是高干子弟学校)读书。周恩来看到孩子穿着一身呢料的小中山装,心里生疑,便问:"衣服是谁给的?"

孩子答:"是学校发的。"

周恩来又问:"学生伙食怎样?"

孩子答:"吃的都是鸡、鸭、鱼、肉,学生吃腻了就丢在饭桌上。"

孩子的回答让周恩来听了十分惊讶。过后,在一个星期天的下午,周恩来有些空闲,就坐车直驱101中学。到学校后校长迎接。周恩来简单地询问了学校的情况后,直接提出学生反映的情况,严肃地批评说:"你们学校的学

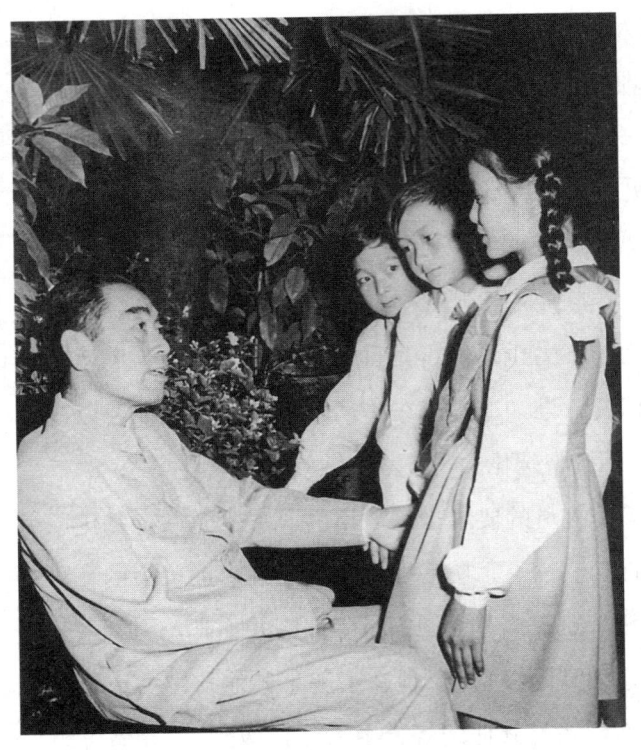

周恩来关爱少年儿童（历史图片）

生都是革命干部的后代，要好好地教育他们，不能特殊化，不要把他们培养成八旗子弟！"并举了斯大林教育孩子的例子：当年斯大林的一个孩子在学校读书，大家都不知道他是斯大林的孩子。一次有个教师吐露了这个关系，并在学校里传开，斯大林知道了，严厉地批评这个教师说："你有什么权力把他和我的革命名字联系在一起？不能让他特殊！"此后，101中学就和其他学校一样接收普通老百姓的孩子入学。

　　还有一次，周恩来在上海遇到几位从北京来开会的同志，便问起中央国家机关的同志到地方出差开会所需费用由哪一方支付等情况。当他了解到有些领导干部带着夫人、孩子来到地方，所有住宿、伙食、交通费用皆由地方政府支付时，他非常生气。回到北京，在全国第三次交际接待工作会议上，周恩来恳切地告诉各省来的代表：无论哪个领导到省里去，吃住行等所有开支地方一概不要负责，都要给本人出具账单，包括交通费在内，由客人自付。这要形成一种制度。

……

周恩来曾说过："现在条件比较好，我们更要保持艰苦奋斗的本色，和群众同甘苦，共患难，不能特殊化。即使以后生活条件好了，我们也不能脱离群众，也要和群众过一样的生活。"的确，周恩来做到了别人难以做到的事。中华人民共和国成立以后，经济发展了，有条件讲究的时候，周恩来依然如故，艰苦朴素、勤俭节约的作风不改。

心中装着亿万人，唯独没有他自己

作家冰心说，周恩来"是中国亘古以来付与的'爱'最多而且接受的'爱'也最多的一位人物"。诗人臧克家说："你会觉得心的太阳到处向你照耀，当你以自己的心去温暖别人。""我以为周总理就是这样一个人。""他，很少想到自己，处处时时关心别人。""死后，他的遗爱像阳光，普照人心。"的确如此，周恩来始终关心着全国各族人民，心中装着亿万人，唯独没有他自己。

他关心工人。1956年4月，国务院常务会议讨论关于职工伤亡事故报告规程时，有关部门谈到旅大市的两只渔船沉没，原因是渔业公司领导对群众的生命安全不负责任，气象部门发出大风预报，渔业公司压了24小时才通知渔船；通知开头不是让他们转移到安全地带，而是问鱼捕得怎么样。周恩来听后十分气愤，严厉批评说："封建时代马厩被烧了，孔子还问人不问马，'贵人贱畜'，我们今天共产党的干部却问鱼不问人！"

他责令有关部门起草安全生产指示，要以事例说明：关心工人，事故就少；不关心，事故就多。关心人，贵人，是每个干部的责任。在这次会上，他提出鞍钢矽尘损害工人健康，"像现在这样，工人在那里劳动几年，就得死掉，事故死亡是看得见的，这是看不见的"。"越是在这些'看不见'的地方，我们越是要关心工人。"他要求有关部门赶快去解决这一问题。

1962年6月16日，周恩来到长春第一汽车制造厂视察。在总装配车间，当周恩来看到汽车装配线上的一个工位时，正巧有一辆装木板的小车挡住了他的视线。一位车间领导怕周恩来看不清楚这个工位的装配情况，连忙要把小车推开，周恩来立即阻止说："不要动，不要因为我们看一看而影响工人同志生产！"

1970年大庆"铁人"王进喜住院，他过问王进喜的病情，并要求医生经常向他汇报病情和治疗情况。王进喜病危时，他正参加一个会议，立即从会场赶到医院，听取抢救情况的汇报。王进喜不幸病逝，他又过问后事安排情况，并接见王进喜的家属和大庆的同志。这些举动极大地激励了广大工人的积极性。

他关心农民。一次，周恩来看菜单时，把"白木耳"一项画掉了。他语

1961年春，周恩来在武安县伯延公社向农民了解情况（杜修贤　摄）

第七章
高端协力：富有人情味的共产党人

重心长地对身边工作人员说："我们花一分钱，都要掂量掂量，因为那是人民的血汗。"公仆之情溢于言表。在遵化县"穷棒子社"，他与农民促膝谈心，一同吃饭。老贫农王荣激动地说："他老人家让我这样一个旧社会要饭的叫花子跟他同桌吃饭，真叫我不知说什么好。"广大农民从内心呼喊："共产党好！""社会主义好！"

他关心知识分子。他在"文化大革命"中想方设法保护了一大批专家、学者。他介绍京剧表演艺术家程砚秋入党。程砚秋去世后，程夫人非常悲伤。周恩来和邓颖超趁一些演员到京演出的机会，专门请程夫人、常香玉等来家中聚餐，陪程夫人散心。常香玉想到旧社会唱戏的人地位低下，路死路埋，沟死沟葬，新社会有成就的艺术家去世了，几亿人口大国的总理不仅关怀着他们生前为之奋斗的事业，而且对他们的遗属也体贴入微，她从内心赞叹："多么令人敬爱的总理！多么值得热爱的社会！"

他关心干部。在"文化大革命"中，为了保护陈毅，他多次去陪斗。他把贺龙及夫人薛明接到自己家里住。贺龙被迫害致死，他非常悲痛，不顾医生劝阻，抱病参加贺龙同志的骨灰安放仪式，一连向贺龙遗像鞠躬7次。他关心干部、保护干部的巨大功绩，深深地刻在广大干部的心里。

他的心胸像海一样宽阔，总是装着亿万人民。在北戴河办公，夜晚下起大雨，他立即让邓颖超给值勤的战士送去雨衣；冬天，他看到交通警察站在呼啸的北风中，便让有关部门给他们发放护膝和皮大衣；百忙中，他还惦念着父母双亡的5个孤儿，春节期间接见照顾这5个孤儿的田大婶；坐飞机飞经喜马拉雅山上空时，他打电报问候驻守在高山之巅的雷达站战士们；在他生命垂危时，还惦记着《辞海》修订的事，并派秘书找到有关人士，告之"如有杨度的词条，一定要把他最后加入共产党的事实写上"……

虽身居高位，但从不谋私利

周恩来一生中付出的爱太多太多，所以他得到的爱也最多。正如一首歌所唱的："人民的总理人民爱，人民的总理爱人民；总理和人民同甘苦，人民与总理心连心。"

"吏不畏吾严，而畏吾廉；民不服吾能，而服吾公；公则民不敢慢，廉则吏不敢欺。公生明，廉生威。"要全心全意为人民服务，就要廉洁奉公。周恩来是一贯遵守各种制度，尤其是遵守财务制度的典范，他从不占公家一丝一毫便宜。在人们看来是微不足道的地方，他也总是维护公共利益不受损害，真正做到了一身正气、两袖清风。

周恩来虽然身居高位，手握重权，但他从不随便批钱批物，从来不随意批条子，从不随意许诺给这个地方或那个部门多少钱、多少物。即使十分必要，他也总是说，很必要，但要同有关部门研究一下。

周恩来虽然身居高位，但从来不谋私利。他外出喝茶、吃饭、洗衣都是自己付钱。看戏、上公园自己买票，连陪同人员的票也一同买。用车去医院、理发、会见私人朋友等，都是自己付汽油费。他常常说："人民已经给我报酬了，私人的事，不是为公的事，不能随便用国家一分钱。"

1957年11月到1966年3月，周恩来曾5次观看石家庄市丝弦剧团的演出。有一次，丝弦剧团在北京的一个普通剧场里为工农兵演出，周恩来自己买了3张票，同两名工作人员悄无声息地走进了剧场。直到演出结束时，大家才发现周恩来就在观众中间。剧场里立刻爆发出雷鸣般的掌声。周恩来亲切地向演员们招手，然后又同群众热情地谈笑着，一起走出了剧场。

第七章
高端协力：富有人情味的共产党人

1963年2月，周恩来到江苏无锡视察工作，在蠡园参观时，周恩来问陪同的市委负责人："买过门票没有？"负责人根本没有把这件"小事"放在心上，可是周恩来却郑重其事地一一查点人数，当场购票，连同陪同人的门票，都是由他代买的。

有一次，送走了外宾回来要路过北海公园，周恩来的随行人员考虑到总理工作忙，难得有机会到公园散步，便建议总理顺便进去散散步，以消除彻夜未眠的疲劳。为了节省时间、保证安全，有关同志事先买好门票，办好手续，到了公园门口，周恩来问："买票了没有？"随行的同志告诉总理："已经买过了。"周恩来说："怎么没看见交票呢？再买一次！"周恩来亲眼看着又买了一次门票，才放了心。

周恩来把看戏、跳舞、到公园散步、到饭店理发、到医院看病以及私人访问，都算作私人用车，坚持自费。他几十年不间断地提醒司机记账。他经常提醒司机："老杨，这段路交费了没有？"有一天，周恩来要去人民大会堂接见外宾。他乘车由中南海西花厅先去北京饭店理发刮脸，之后再去人民大会堂。从北京饭店出来上车后，周恩来轻轻拍拍司机老杨的肩膀，提醒说："从西花厅到北京饭店算私事，从这里到人民大会堂才是公事，你不要又笼统搞错了。"每当工资发下后，他必定要检查是否扣除了私人用车费。

有一次，周恩来的侄子和一个侄女相约来看望周恩来、邓颖超。晚饭后出来已经7点多了。一位工作人员从门前经过，听到他俩正焦急地小声议论："哎呀，来不及了！""糟糕，可能已经开演了。"问明情况以后，工作人员就请司机用车把他们送到工人俱乐部。

这件事被邓颖超知道了，周恩来和邓颖超一起把这位工作人员叫去批评了一顿。工作人员解释说："这是特殊情况，不然就要误了看演出。""你以为这是对他们好吗？"周恩来皱着眉头说，"晚到几分钟，少看一段有什么了不起呀？你是帮助他们搞特殊，助长他们的优越感！"他干脆明白地警告一句："记住，这是不允许的。"

1956年的一个星期天，周恩来在中国照相馆照相后，职工们很快把样片印好送给他。周恩来选了几张，要照相馆再多印一些。为了表达对总理的衷心爱戴，照相馆职工们特意为总理精心制作了4张12英寸的彩色照片，赠送给周恩来。几天后，周恩来身边的工作人员前来结账，开了两张单子：一张是因工作需要印的那些照片由公家付钱；一张是周恩来自己留下的几张照片连同照相馆赠送的那几张，由他个人付钱。周恩来就是这样，从不占公家的便宜。

送给外宾的礼品，如果是以他个人名义送的，他都自己付钱。

1957年春，周恩来陪苏联伏罗希洛夫主席来杭州访问，周恩来关照杭州饭店工作人员准备2斤龙井茶叶送给外宾，临走前周恩来坚持自己付钱。他对工作人员说："以我名义送外宾的茶叶，钱一定要我自己付，不能由公家报销，这是规矩嘛。"

1964年初秋，蜜橘收获季节，外交部礼宾司接到周恩来办公室的电话，要礼宾司以总理名义给柬埔寨王后送一些蜜橘。礼宾司在办理这件事的过程中，感

1964年的周恩来（历史图片）

到以国务院总理头衔送蜜橘欠亲切,便建议以周恩来个人名义签字赠送。周恩来知道后说:"这个主意好,就这么办。但既然以我个人名义送,一切费用由我本人负担。"听了这话,礼宾司的同志愕然不知所措,脱口而说:这要花周总理多少钱呀?!当时礼宾司认为不管是以国务院周总理名义,还是以周恩来个人名义,都应由公家报销,因此没有考虑费用问题。蜜橘本身不贵,但运费可观!周恩来的警卫秘书说:"周总理的银行存折上只有400元钱,尽量省着些用吧!"礼宾司的同志心里很不平静:我们出的主意给周总理添麻烦了,周恩来总理真是世界上少有的清廉的总理,公与私的界限是那样的分明。后来,礼宾司的同志找了几个同志商量,既要按周恩来的指示不花公家钱,又要千方百计节省周恩来仅有的400元。事情办得相当顺利,柬埔寨王后接到礼物后非常感激。

周恩来虽然身居高位,但从不收受礼物。凡是送给他的礼品,一律退回,不能退的就付款,或交有关部门处理。

1956年5月,周恩来到太原进行了一次短暂的考察。在考察结束、登机离开太原时,周恩来见有人搬上一箱太原产的葡萄汁,便问这是怎么回事。当地同志说:"能降血压,让总理尝尝。"因为飞机已发动,不可能搬下去,他便急忙在机门关闭前留下了30元人民币。

1958年7月,周恩来在广东省新会县视察工作时,县委同志送给他两盒当地生产的葵骨牙签,周恩来不收,最后付了钱才收下。

上海会议期间,锦江饭店设了一个小卖部。有一次,周恩来的笔记本用完,到小卖部买了一本。当他按标价付了钱之后,觉得价格比较便宜,他就看了看印在笔记本背面的价目,果然发现笔记本上印的价目比他实付的价格高。周恩来就问:"你们是不是少收钱了?"服务员回答说:"没有少收,我们是按批发价格卖的。"周恩来严肃地说:"这怎么行?价格怎么能随便改动呢?应该买卖公平,一律按零售价收钱,不能搞特殊化。"说罢,周恩来就补付了钱,并纠正了小卖部的价格。周恩来到理发室去刮胡子,理发员刮完没有收费，说因为饭店规定这些费用已经包含在房费里了。周恩来对这种做法很不满意，说："开会住房是公事，理发刮胡子是私事，应该自己付钱，你们这样做是违反国家财政纪律的。"经过周恩来的批评，饭店纠正了收费办法。也许，今天已熟悉了商品打折的人们，早已把零售价、批发价之类的东西视为小儿科，但要知道，那是什么年代，又是怎样的一种经济运行模式，这样才能真正理解周恩来的高尚之处。

1960年经济困难时期，青海省从青海湖捞了一批鱼，派人送给国务院。周恩来知道后，让秘书给青海省委打电话批评这件事。因为鱼不便退回，只好作价买下。还有一次，江西省给国务院送来一些橘子，周恩来立即指示，橘子原封退回去，一个也不能收，并对此事进行了严肃批评。

1962年，周恩来和邓颖超一起陪同外宾到苏州参观，地方上的同志为周恩来代购了一点苏式糖果。周恩来知道后立即问苏州的同志："这些糖果是否按市场价格购买的？"苏州的同志只好如实地回答："是按内部价格买的。"周恩来立即指示："一定要按市场价格结算。"这时周恩来坐的火车已经准备开动，时间很紧迫，最后遵照周恩来的指示，在第二天周恩来返程路经苏州时重新按市场价格进行了结算。

1970年元月间，邓颖超陪外宾到延安，回京时，当地的同志商量托邓颖超给周恩来带点小米。有的同志说："带上20斤让总理多吃几次，总理吃着延安的小米就像回到延安一样。"还有的同志说："干脆多带点，让其他老首长也尝尝。"但考虑到带多了邓颖超一定不带，最后决定带2斤。当地的一位负责人把2斤小米用一个小布袋装起来，捧着小米对邓颖超说："大姐，总理爱吃延安的小米，请您带一点回去……"没等这个人说完，邓颖超就笑着说："延安的小米，恩来同志见了一定很高兴。吃上延安的小米，就像回了一趟家。"说得大家都愉快地笑了起来。接着邓颖超又说："不过粮票和钱你们得收下。我们党有规定，不送礼。要不我带回去恩来同志要批评我的。"就这样，邓颖超留下粮票和钱，才带走了2斤小米。

第七章
高端协力：富有人情味的共产党人

1972 年 8 月间，中联部的几个同志陪外宾到延安，当时这里种的新品种西瓜刚下来，外宾吃后赞扬说："很好。"在中联部的同志回京时，当地的同志特意挑了两个不大的西瓜托中联部的同志带给周总理。可是回京没几天，中联部的同志给延安的同志打电话说，总理谢谢大家的心意，但西瓜退给中联部了，总理说以后不要再带东西。

还有一次，周恩来办公室的工作人员路过南京，南京一家饭店的同志托他带点活鱼给周恩来，工作人员说："你们知道总理的脾气，他是从来不准请客送礼的。"当地的同志再三解释，工作人员执拗不过，就打电话请示邓颖超。邓颖超开始不同意，后来南京的同志又请这个工作人员打电话，就说这是饭店全体服务人员的一点心意。最后，邓颖超来电话，一方面感谢同志们对周恩来的关怀，一方面又提出两条要求：一是少带点，不准超过 2 斤；二是按市场价格算钱，把发票同鱼一起带来。

1973 年 10 月 14 日，周恩来陪同外宾在洛阳参观龙门石窟时，见到北魏时期的龙门二十品拓本。周恩来一边翻阅，一边说要买一套带回去。于是，他问明每套的价钱后，便问秘书带了多少钱。秘书说钱带得不够。他又问在场一位省委常委带钱没有。这时，洛阳市一位陪同的负责人提出送给周总理一套。周恩来严肃地说："国家的财产怎能随便送人！"当讲解员对龙门二十品拓本介绍时，周恩来又问外交部的一个人："你带了多少钱？"这个人也说钱带得不多。秘书看出周恩来确有喜欢之意，便建议说："是不是可以让他们先给一套，以后再把钱汇来。"周恩来认真地说："不行，那样他们就不要钱了。"就这样，周恩来临走也没有带龙门二十品拓本。

曾任周恩来专机机长的北京市民航局局长张瑞霭讲述过一把糖果的故事：

民航班机上备有小礼品，赠送给每一位乘客，周恩来专机也不例外。另外还供应些糖果招待周恩来总理。服务员小王发现周恩来很爱吃水果糖，一次在周恩来一行下飞机前便随手抓了一把，塞给卫士小张。

回到家，小张喜滋滋地把糖掏出来，放在一个小盘子里，端给周恩来。

"总理，吃糖。"

"嗯？你从哪里弄来的？"周恩来见糖后，诧异中带着一脸的喜悦。

"小王给的。她说您爱吃，特意让我带回来一把。"

周恩来的脸色由喜变怒："我怎么就要特殊呢？应该拿的礼品我们不是都有了吗？"

"不就几块糖吗？"小张倒是一副不在乎的神情，觉得周总理有小题大做之嫌。

"问题不在于东西大小多少。别的旅客都有吗？没有，可我们有，这就是特殊！"

又坐飞机时，小张因挨了批，直向张瑞霭抱怨。小王也怏怏地过来传话："张局长，总理叫你去呢。准备好刮鼻子吧。"

"什么事？"张瑞霭以为出了什么事，一下子紧张起来。

"没有什么大不了的事，还不是为了那几块糖。"

噢，张瑞霭如释重负，神情松弛下来，到前舱会客室去见周恩来。

周恩来听见张瑞霭进来，眼睛从铺在桌面上的文件移开，直盯着他，稍停，才一本正经地开了口："瑞霭，你知道小王、小张他们为我搞特殊化的事吗？"

"您是指那几块水果糖吗？"

"看来你已经知道。我坐你们民航的飞机，也是普通旅客，你们不要给我特殊待遇，那样就脱离群众了嘛。你回去跟小王、小周他们几个人讲一讲，以后再也不要特殊对待我啦。"

……

周恩来不仅要求自己和身边工作人员不许特殊，对待自己的亲属，他从来也是严格要求，决不允许由于他的关系而有一丝一毫的特殊。

20世纪50年代，有一次周恩来的亲属从外地来京探望周恩来，在返回时，卫士长向国务院机关财务科借钱买了车票。周恩来问卫士长车票是怎么买的，卫士长说从机关财务科借钱买的。周恩来对卫士长说："公家的钱怎么可以随便借！职工有了困难怎么办？"卫士长向周恩来解释说：职工有困难可以向机关的互助会借钱，财务科每月向每个职工扣1元钱，一年共12元，作为职工的互助金，临时有困难都可以去借。周恩来听了卫士长的解释之后说："噢！职工还有互助会，这个办法好！"于是，周恩来也报名，一次交了12元钱，便加入了国务院机关职工的互助会。

"不要只记得我是总理"

作为一位政治家，周恩来同样要生活在原则与情感、理性与热情相交织的社会人际关系中。在该坚持的原则问题上，他立场坚定，决不动摇。但他又非常重感情，富于同情心，对领袖、对同志、对人民、对朋友、对家人，都怀有真诚的深厚感情。他讲信义，通情达理，为人敦厚热情，党内党外、国内国外都有许许多多的知心朋友。在人们心目中，他是领袖、伟人，又是良师、益友。

周恩来对领袖有深厚的革命情感。从他认识了毛泽东思想的正确性，协助毛泽东工作起，对毛泽东一直怀有非常真挚的革命情谊。他不仅在工作上与毛泽东配合默契、相辅相成，而且在生活上对毛泽东关怀备至。1945年，当毛泽东以弥天大勇到重庆与国民党进行谈判时，其中的危险可谓是无时无刻不在的。长期领导过地下工作的周恩来对此深有体会亦极为警惕，在各种宴会上，凡是敬给毛泽东的酒，他都代饮，主要是为了毛泽东的健康与安全。毛泽东休息时，他坐在毛泽东隔壁房间里一夜未睡，名为办公，实际上是保卫毛泽东的安全。中华人民共和国成立后，凡是毛泽东去人民大会堂开会或上天安门城楼，所要走的路，周恩来都要先走一遍，看看地面滑不滑，灯光刺不刺眼。毛泽东晚年眼睛不好，给他用的眼药水，周恩来总是自己先试一试，看看刺激性强不强。1975年，周恩来的病已经很重了，还时刻不忘毛泽东的安全，躺在病床上问：主席现在住在哪里？主席的安全谁负责？游泳池有个边门是不是封好了？丰泽园的后门是不是关起来了？……

周恩来和毛泽东在一起（历史图片）

　　周恩来对战友有着真挚的同志情。他把烈士的子女当成自己的子女一样抚养、照顾，对那些在极端困难条件下无私奉献出一切的革命者怀着深深的敬意。长征过草地时，周恩来患肝脓疡，连续高烧，无法行军。兵站部部长兼政委杨立三等组成担架队，表示抬也要把周恩来抬出草地。抬着担架在草地上行军极端困难，每迈出一步都要付出艰苦的努力。周恩来不忍心让战友受那么大累抬自己，多次挣扎着要爬下担架，又一次次被战友们按倒在担架上。同志们顶风冒雨，抬了6天6夜，终于走出了草地。刚走出草地，杨立三就昏倒了。在这6天的辛劳中，杨立三磨破了肩膀，扭歪了脖子。战友的深情厚谊，周恩来深深铭记在心。1954年11月，杨立三不幸逝世，周恩来出席追悼会并致悼词。他在悼词中讲述了杨立三从井冈山时期对后勤工作的功绩，当他回忆起以往过草地的情景时泣不成声，泪流满面，在场的同志无不为之动容。会后，他执拂为杨立三送葬，表现出对战友真挚的情谊和深深的

第七章
高端协力：富有人情味的共产党人

敬意。

在周恩来生命的最后日子里，他常常怀念起那些为革命献身的战友们。有一次他对工作人员讲，想喝六安瓜片茶。这并不是很有名的茶，工作人员奇怪：周恩来为什么忽然想喝这种茶？喝完茶，他才对工作人员说："想喝六安瓜片茶，是因为想起了叶挺将军。抗战初期，叶挺做新四军军长时，送了我一大筒六安瓜片茶，喝了这茶，就好像见到了叶挺将军。"听着一个生命垂危的人这样深情地怀念战友的话语，工作人员感动得热泪盈眶！

周恩来对人民有着鱼水情，公仆情。他一生中最痛恨的是误国误民的官僚主义，最难过的是看到我国一部分人民群众还没有解决温饱问题。看到中华人民共和国成立多年了，老区人民还吃不饱肚子，他深深地自责，难过地落下了眼泪。

周恩来心怀人民的情景，随时可见。这不是他刻意为之，而是一种深沉情感的自然流露。

大约是在1952年，周恩来去杭州，一夜工作后已至凌晨，他兴致勃勃地说："走，去钱塘江观潮！"但到那里时潮已退去，只见几个人在海滩上拾遗留下来的海味。突然，一个妇女跌倒，做出一个可笑的姿势。随行人员中间的一个人便笑了一声。周恩来立即严肃地批评说："笑什么？人家穷人为了糊口赶早拾些海味，跌倒了你不知道同情，

1974年5月30日，周恩来和毛泽东握手。这是两位伟人最后一张合影（杜修贤　摄）

心怀人民的周恩来（历史图片）

还笑！"听后大家都哑然了。

　　大约是1951年的一个夜晚，保健护士王力骑着自行车去给邓颖超治疗。那晚雨下得很大，她被淋成个落汤鸡。到了西花厅，她一面脱衣服一面抱怨说："这雨真讨厌！"周恩来听到了，很严肃地对她说："小王，你这个城里长大的孩子真不懂事，我们等这场雨已经等了很久了，庄稼都非常需要这场雨！"从那以后，每逢下雨，王力总要问一下这场雨对庄稼有何影响。

　　1966年邢台地震时，周恩来冒着危险三次前往震区。有一次坐火车去，由于震区流行脑膜炎，下火车前，医生让周恩来吃两片抗菌素，他说：保健康是你的责任，但是绝不能脱离群众。周恩来到一家农户查看灾情时，见一个中年妇女带了两三个孩子，丈夫不在家，家中乱糟糟的，他坐在炕上与这位农妇亲切交谈。农妇不认识他，只知是从北京来的客人，便拿起碗来倒了一碗水。医生一看，碗没有刷，碗上还粘着玉米面糊糊，刚想张嘴劝周恩来

第七章
高端协力：富有人情味的共产党人

不要喝，但看见周恩来瞪了自己一眼，于是没敢吭声。周恩来端起大碗一边喝水，一边问寒问暖，亲如家人。晚上回到住地，总结一天的工作时，周恩来表扬了医生："你今天表现不错，没有干涉我的行动。"他意味深长地说："我们之所以能取得革命胜利，还不是靠人民群众真心实意地支持！战争年代，我们共产党人和老百姓滚在一个炕上，群众身上有多少虱子，我们身上有多少虱子。现在解放了，我当了总理，连群众给我的水都不敢喝了，那还叫什么人民公仆？！在人民眼里我们还叫什么共产党员？！我们还如何得到群众真心实意的拥护？！"

在20世纪50年代初，毛泽东就批评说："警卫工作是隔在党与群众之间的一堵墙。"对于全心全意为人民服务、密切联系群众的周恩来来说，他不会容许身边的警卫人员成为阻隔他联系群众的"墙"。所以他经常教育警卫人员，不要特殊化，不要使他脱离群众。警卫人员受到周恩来的批评最多，受到的教益也最大。

20世纪50年代末和60年代初，周恩来一而再、再而三地提醒身边的警卫人员："你们不要只记得我是总理，还要知道我是一个普通的共产党员，一个普通的劳动者。"有一次，他还具体明确地说："在国务活动

1962年6月，周恩来视察长春拖拉机制造厂（历史图片）

时我是政府总理；在党内活动时我是一个普通党员；在群众中活动时我是一个普通的劳动者。"周恩来这么讲，但卫士不能深刻理解他的话，便去请教邓颖超。邓颖超说："他是经常提醒你们，不要只想着他是总理，他是党的副主席，而忽略了他还是一个普通的共产党员，一个普通的劳动者。"邓颖超还特别强调："他是人民的公仆，而不是人民的官老爷，你们牢牢记住这一点，就不会给他搞特殊化，使他脱离群众了。"邓颖超的教诲使卫士恍然大悟。

1964年12月27日上午10点半，一辆黑色轿车疾驶而来，至北京饭店楼前猛然停住，周恩来下车后，急匆匆地向西楼大门走去。今天他是来理发的，然后去接见外宾，时间很紧。谁知就在他快进大门时，西藏自治区筹备委员会的三个工作人员慢悠悠地走在周恩来前面，挡住了去路。卫士和饭店保卫干部赶忙打手势让西藏自治区筹委会的同志靠边，先让周恩来进去。周恩来发现他们的举动后不满地指着他们说："你们懂不懂礼貌，为什么不让他们先进去？"卫士说："我们是让他们先进去的。"周恩来更生气了，说："你们明明打手势让人家靠边还不承认！你现在不让他们先进去，我就是不进！"说着往后退。西藏自治区筹委会的同志忙说："请总理先进吧！"周恩来仍坚持说："他要是不请你们先进去，我就是不进去。"三位工作人员非常感动，连忙说："我们进，我们进。"周恩来这才随着进去了。

到了理发室，周恩来对卫士说："你们说，你们今天做得对吗？"卫士忙说："不对，我们错了。"周恩来说："你们错在哪里知道吗？"卫士说："我们不应该挡人家。"

在这次事情之前，已经有过一次挡人的事。那是周恩来到首都机场送贵宾，事后进机场餐厅用餐，当时欢送贵宾的少先队员们也进餐厅，值勤的警卫人员让小学生走另一个门，周恩来看见后严肃地批评说："进门也分首长门、学生门吗？你们这是让我们脱离群众！"

这一次，周恩来又见到警卫人员挡人，自然更生气了。他在理发室坐定后，对卫士说："你们做警卫工作的在方法上不要那么死，那么笨，有时我来饭店见到你们在门口站着那么多人，光看着我们下车，好像从来没见过我们似的，你们就不能去周围转转吗？你们这一套我也能做，不信我给你们表演表演，不过大家都认识我，但我可以在屋里给你表演。"说着，周恩来做了个动作僵硬、两眼死盯着一个地方的姿势，把一个没有实际经验的警卫人员刻画得惟妙惟肖。如果不是他平时就特别注意观察，无论如何也不会模仿得如此形象逼真。

周恩来坐在椅子上缓和了一下口气，说："你们搞警卫除了保卫首长的人身安全，还要特别注意政治保卫。我们是社会主义国家，时刻都不能脱离群众，你们不要动不动就卡群众。有的人，特别是一些外地人，来趟北京不容易，见到我们就更不容易，群众想见见我们是可以理解的。我们也不想脱离群众，所以希望你们不要帮倒忙把我们和群众隔离开。蒋介石一出动前呼后拥，三步一岗，五步一哨，戒备森严，最怕群众。我们怎么能和他一样呢！现在我把我说的归纳三条意见：

"一、做警卫工作要灵活，注意形式。在执行警卫工作时要到周围多转转，多看看，观察情况，如果发现了可疑人，可以一个人去和他谈谈，弄清情况，不要去那么多人，把人家围上搞得那么紧张。

"二、有些人喜欢看热闹，这些人大部分是好心人，如礼拜天工厂、机关都放假，人们都想出来玩玩，参观参观。我们来了人家要看看。这不是什么坏事，就让人家看看嘛，你们不应该挡人家，干涉人家，在警卫工作上一定要走群众路线。

"三、饭店住着很多客人，做饭店保卫工作的同志不单是保卫我们的安全，还要保卫饭店其他客人的安全，给人家方便。比如人家在前面走，你就先让人家进去嘛。人家资本主义国家还那样谁先来谁先进，有个次序哩，何况我们是社会主义国家……

"以后不能把我们搞得那么特殊。我说的以上三条你记住了吗？"卫士立即说："记住了。""那好，我说的这些你们要好好地研究一下，要坚决地改，照这个办。"

最后，周恩来又批示卫士张树迎把他讲的这些意见报告中央警卫局局长汪东兴，这才坦然地坐在理发椅子上，边理发边和理发师朱殿会拉起家常来。

思考事物的周密有如水银泻地

周恩来是一位具有民主精神的共产党人，他待人平等，从内心自然地流露出对别人的尊重。"总理"这个职务对他来讲，意味着责任和服务，而丝毫没有高人一等的含义。他始终把自己视为劳动人民中的普通一员，在人格上与他人完全平等。他到戏院看戏，悄悄地坐在群众之中；照相时，他和大家一样排队；上电梯时，他坚持先来先走，自己在后面等候……在这些方面，周恩来的崇高人格魅力，正如郭沫若的称赞：恩来同志思考事物的周密有如水银泻地，处理问题的敏捷有如电火行空。

1956年初冬的一个星期天，中国照相馆的等候室里坐满了等待照相的顾客，周恩来走了进来。人们顿时沸腾起来。周恩来微笑着向大家招手致意，然后走进照相室。这时，一位解放军战士正在照相。他看到周恩来来了，马上向总理敬礼，要总理先照。周恩来说："你先照，我等一等没关系！"那位战士就在周恩来的注视下照了相。照完后，周恩来又热情同他握手，问他是哪个单位的，叫什么名字。这位战士依依不舍地离开照相室，周恩来才开始照相。

周恩来每次到北京饭店理发，理发师傅考虑到他工作忙，怕耽误他的时间，就请他先理。周恩来总是摆摆手说："为什么要我先理呢？大家都一样

第七章
高端协力：富有人情味的共产党人

嘛，应该按次序。"

1959年，第二届全国人民代表大会第一次会议期间，有一天，周恩来到北京饭店参加小组会议。当他坐的汽车快到饭店门口的时候，饭店的一位工作人员怕前面那辆汽车在门口挡住周恩来的车，就让它开过去点，给周恩来的车让路。周恩来下车后，便批评那个工作人员："你为什么让人家的车开到前面去？快去把人家请回来。我是代表，人家也是代表呀！"周恩来站在饭店门口，等那位代表下了车，主动迎上去握手，并且坚持让那位代表先进了大门，他才进门。

这样的事不止一次出现。1964年9月，全国人大、政协开会期间，周恩来到北京饭店新楼参加全国人大小组会。现场的警卫干部和指挥交通的同志一见周恩来的车子来了，马上把其他代表的车子指挥到边上停住，给周恩来的车子让道，还把正要进饭店大门的代表阻止在两旁，好让周恩来先进会场。这时，周恩来的汽车在离饭店门口还很远的地方停住了。他走下汽车，站在那里，双手叉腰，大发雷霆："代表们都是来开会的，应该按先来后到的顺序进入会场。你们为什么要把我的汽车往前指挥，把其他代表的车子压在一边？你们为什么要已到门口的代表站在门外等候，让我先进去？"并用手指着他站的地方大声说："你们要不请前面的代表先进会场，我绝不离开此地一步。"这时，车辆越来越多，人也越来越多，大家都想弄清楚这里究竟发生了什么问题。还是郭沫若有办法，他来到周恩来跟前，拉着周恩来的手说，还是大家一起进去开会吧。于是周恩来和郭沫若等人一起走进了北京饭店的大厅。第二天，周恩来对警卫负责人说："我们是执政的党，要尊重、礼让党外人士，绝不能要特权。"这就是周恩来当时批评他们的原因。

1965年7月30日，周恩来到上海大中华橡胶厂视察，正好碰上瓢泼大雨。他走下汽车，米黄色的纺绸短袖衬衫和浅灰色的长裤很快就湿透了。望着大雨中的周恩来，职工中传出了"快给周总理送伞"的声音。一位厂领导跑上前去给周恩来送伞，周恩来抬起手把伞挡开，和蔼地说："你们不打伞，我也不用！"一位工厂技术员手持雨伞奔向周恩来，周恩来又挥挥手，对送伞的人说："先让后面的群众撑！"一位老工人急了，接过雨伞，跃出人群，奔到周恩来背后为他撑伞，他再一次谢绝了，并说："给别人撑吧！"周恩来就这样冒着大雨，穿过欢迎人群，视察了一个又一个车间，仔细地询问生产情况，亲切地同工人交谈。

还有一次，周恩来在上海参观公社，半路下起了雨，服务员立即送雨衣给周恩来，周恩来没有要，并说："很多人都没有雨衣，我穿了好吗？"他坚持不穿，回到饭店时，衣服已淋得很湿了。

1966年春天，邢台地区发生地震时，周总理乘直升机到灾区，代表党中央和国务院慰问灾区群众。召开群众大会的现场是在一个高地上，当时春寒料峭，刮着北风，布置会场的同志为了照顾周恩来，叫群众面朝北坐下，请周恩来面朝南给群众讲话。周恩来不同意这么安排，他指挥群众面朝南坐下，他自己迎风而立，站在一个木箱子上向群众讲话，到会的群众看见周恩来这么关心他们都十分感动。

1972年4月7日下午，周恩来由南京陪外宾去广州参观，灰蒙蒙的天，

1966年3月8日，河北邢台地区发生强烈地震。周恩来第二天就赶往灾区，鼓励受灾群众以愚公移山精神，"奋发图强！自力更生！发展生产！重建家园！"（杜修贤　摄）

雨一个劲儿地下着。在离机场老远的地方，周恩来就下了车。这时，有同志赶忙去给他撑伞，周恩来连忙制止说："不要打伞了，快放下！"同志说："您不能这样，淋坏了身体怎……"周恩来不等他说完，指着欢送的群众说："几千人都在淋雨，我就不能淋了吗？我不能特殊！"说着，他冒着风雨，缓步绕场一周，跟欢送群众握手交谈，挥手致意。

发生在杭州笕桥机场的一杯茶的故事，更令人感动。那是1972年2月27日，周恩来要陪同美国总统尼克松乘机离开杭州去上海访问。在美国客人到来之前，周恩来先到机场，了解飞机起飞前的准备工作，看望机场工作人员。周恩来来到停机场，同在场的机务人员一一握手，问寒问暖。回到候机大厅时，一位服务员给周恩来端上一杯热茶，说："总理，请喝茶。"

"谢谢！"周恩来笑着说。

当服务员转身欲走时，周恩来叫住了她："请等一等。"周恩来边说，边让随行人员付给服务员一角钱。

"总理……"服务员不肯收钱。

周恩来说："一角钱一杯茶，人人都这样，我也不能例外。"

在候机大厅坐了一会儿，周恩来走向楼上贵宾室，临上楼前，他指着茶杯对服务员说："这杯茶我带去，还可以喝。可以吗？"周恩来捧起茶杯，从楼下捧到楼上贵宾室，人们望着他远去的背影，心里掀起一阵激动的涟漪。

贵宾室的服务员见周总理来了，非常高兴，赶紧为他泡茶，周恩来急忙劝阻，指了指自己手中的茶杯说："不要再泡第二杯了，不然浪费了。"

喝一杯茶，还要付一角钱，作为国家总理，这些微小之处都能洁身自守，这是一种怎样的素养与品德啊！

下面，我们不妨从一组镜头集中地看一看周恩来那颗待人平等、谦让尊重之心。

1961年"七一"那天，风和日丽。周恩来偕童小鹏等人漫步香山，和参加故事片电影创作会议的100多位电影工作者一起欢庆党的诞辰，并合影留念。

在拍照时，大家请周恩来站在前排中间。可周恩来怎么也不肯，还和蔼地对大家说："今天主要是你们，我只是你们中的一个。"结果，在第一排正中间竟是以擅长表演喜剧而著称的演员兼导演谢添；在谢添的左边，是著名女戏剧家孙维世；再左边是著名电影演员兼导演崔嵬。在谢添的右边，是珠江电影制片厂导演王为一，这位素来谦恭的中年导演，居然交叉着手，站在他的领导人和长辈的前头；再右边是北京电影制片厂厂长、导演兼演员田方；田方身旁是中国电影界元老辈的蔡楚生。

当时任文化部副部长的夏衍、陈荒煤、徐平羽，中央电影局局长司徒慧敏等，都随意地站在第三、四、五、六排里。上海市电影局局长兼导演张骏祥，戴着眼镜文质彬彬地站在最后一排的最边上。各电影厂的书记、厂长们，也都夹在大家中笑眯眯地伸出脑袋来。

周总理在哪儿呢？在第四排，左边第三人。周恩来和大家肩挨肩，平等地站在一起。

像这样的事例很多。尤其是周恩来看完文艺演出后，同演员合影，往往不肯在中间坐或站，而到后排站。

1955年观看《明朗的天》时，演出结束，周恩来在舞台上同演员一起合影，剧院的同志摆了一个道具小沙发在中间请周恩来坐。周恩来说："那样太突出个人了嘛！"他坚持和大家挤在一起拍了照。

1958年观看《关汉卿》时，演出结束后在舞台上合影，周恩来请作者田汉，导演焦菊隐、欧阳山尊，关汉卿扮演者刁光覃，朱帘秀扮演者舒绣文，以及舞台美术设计员和舞台美术管理人员，坐在中间的一排椅子上，自己却站在坐者后两排靠边幕的一个角落里。

1959年观看《女店员》后合影时，周恩来虽然同意坐在一排椅子上，可是一定要与几位女演员同坐。他说："今天演的是妇女戏嘛！"

1960年，中国儿童艺术剧院演出了话剧《以革命的名义》。周恩来看戏

第七章
高端协力：富有人情味的共产党人

1964年4月，周恩来和参加全军第三届文艺会演的部队文艺工作者在一起畅谈（历史图片）

后同演员合影时，大家请周总理坐在扮演列宁和捷尔仁斯基的演员中间，周恩来笑着说："不，列宁和捷尔仁斯基是无产阶级的导师，我是学生。我在十月革命时，还是普通青年，那时19岁，邓颖超13岁，瓦夏你也13岁，我们是兄弟，我们两个坐在一起。"

1962年观看《武则天》时，最后在舞台上合影，周恩来请作者郭沫若坐在一张道具桌子后边的椅子上，而自己和演员们立于郭沫若的身旁。

在其他场合合影留念时，周恩来也总愿意站在边上。

1966年夏天，周恩来出国访问，路经新疆和田县时，在百忙中接见了驻在当地的部队代表。在照相留念时，大家请周恩来站在中间。周恩来走到边上说："我就站在这里，为什么一定要我站在当中呢？"摄影记者就遵照周恩来的意见，给大家照了相。

1975年11月1日，周恩来在百忙中亲切接见了中华医学会全国第一届妇产科学会全体代表，并作了1个多小时的讲话。在同代表们合影时，几百名代表请求周恩来坐在正中间。可是，他说什么也不肯。他对林巧稚说："你是学会的主任委员，你应该坐在中间，当仁不让嘛！"最后，他还是坐在旁边同大家照了相。

还有一次，周恩来在一个宾馆同外宾会谈，送走外宾后，周恩来提出要和参加服务工作的同志们一块儿照相，大家心里别提有多高兴了，都早早站好等候周恩来，并给周恩来留了中间的位置。周恩来到后一看，就说："为什么一定要我站在中间呢？边上也可以嘛！"说着，他就站在边上和大家一起照了相。当时，来宾馆负责做饭的北京饭店中餐厨师张荣林师傅激动极了。他想：我们这些厨师，在旧社会是被人瞧不起的、伺候人的下等人，可是今天，国家的总理却和我们站在一起照相，而且还站在边上，周总理真是把自己看成和厨师完全平等的普通劳动者啊！

在出访外国时，周恩来也曾席地而坐同外国朋友一起合影，引起了强烈的反响。

1956年11月起，周恩来先后访问了越南、柬埔寨、印度、缅甸、巴基斯坦、尼泊尔、阿富汗等东南亚7国。12月9日晚上，周恩来在即将结束对印度的友好访问前，在加尔各答举行了盛大的记者招待会。招待会后，陪同周恩来访问的印度记者和工作人员，请求同周恩来一起照一张相留作纪念。周恩来欣然同意。

当时，在准备合影的宾馆大厅里，事先摆好了6把座椅，计划安排周恩来和陪同访问的贺龙副总理、中国驻印度大使和夫人、印度驻中国大使和夫人坐着，其他人员站着合影。周恩来来到大厅以后，印度外交部的礼宾官说明了他们的安排，并请周恩来和贺龙副总理就座。周恩来笑容满面地对礼宾官说："请把椅子拿走，我们一起站着照吧。"周恩来的意见出乎印度礼宾官的意料，他不同意让周恩来站着照，坚持请周恩来就座。正在争执之中，周恩来和贺龙笑呵呵地席地而坐,并要两位大使和他们的夫人坐在椅子上。周恩来这种打破常规、与普通工作人员平等的政治风度,使在场的不少印度友人激动万分,他们再次请周恩来坐到椅子上,两位大使和他们的夫人也恳请周恩来就座,但周恩来还是不肯,他拉着两位大使和他们的夫人就座,自己仍席地而坐。大家说服不了周恩来,只好按照他的安排合影留念了。

这件事使参加合影的人十分感动,在印度的舆论界引起很大反响。第二天印度的报纸刊登了中国总理、副总理坐在地毯上与记者和工作人员的合影照片,并发表了赞扬周恩来亲切接近普通工作人员的评论。

1962年春,全国话剧、歌剧、儿童剧创作座谈会在广州举行。一天晚上,剧作家们去广东迎宾馆小礼堂看粤剧表演艺术家马师曾演出的《问天》,罗品超、红线女合演的《花园对枪》。小礼堂仅两三百个座位,前面放一排大沙发,其余都是小沙发。剧作家集体入场不久,周恩来和邓颖超也及时入场。

周恩来一来,大厅气氛立即活跃起来,

周恩来和朱德会见文艺工作者(历史图片)

大家都拥上前去迎接。周恩来像见了老朋友似的，跟这个握手，同那个招呼，谈笑风生，十分亲切。老戏剧家田汉、曹禺等请周总理入座，周恩来见前面有一排大沙发，就连忙请戏剧老前辈们坐，说："今天是招待你们的，你们是老师……"他边说边把田汉、曹禺、阳翰笙等一批老同志，一个个请到大沙发里就座。直到前排坐满了，他才找个空位坐下，又和前后左右的同志亲切交谈，问这问那，不时发出爽朗的笑声。

1964年6月23日，全国京剧现代戏会演之际，周恩来在看演出之前，和全国100多位文艺工作者谈话，他谦逊、谨慎、亲切、平易近人，对到会的每个人的姓名、性格、思想都摸得十分清楚。当时，曹禺坐在周恩来身边，有一位领导同志进来，曹禺连忙起身让座。周恩来忽然问曹禺："你这是干什么？"曹禺不好意思，便说："领导嘛！"周恩来立刻不客气地对曹禺指出这是旧习惯。

长征时，周恩来的警卫员魏国禄由张云逸提名当了党小组长，开始时他不想干，认为自己是个小小的警卫员，怎么能领导首长？周恩来亲切地对他说："我们既然同意你当，就会服从你的领导。"鼓励他大胆工作。魏国禄看周恩来实在太忙，有几次开党小组生活会就没有通知他。周恩来知道后，严肃地对小魏说："我是个党员，应当过组织生活，如果确实有事不能参加，我自己可以向你请假。你不通知我，是你的不对呀！""在我们党内，每个人都是普通党员，谁都要过组织生活。以后开会，可一定要通知我啊。"

1949年3月25日，当记者为了抢拍毛泽东与民主人士握手的画面，把照相机的长镜头放在周恩来肩上时，周恩来笔直地站立，尽量保持平稳，甘为记者当摄影支架。记者拍完照片，发现长镜头竟然放在周恩来肩上时，十分内疚和不安，他却微笑着点点头，似乎是在说：同志，没关系，这有什么呢？

有一次，由于周恩来的汽车驶入中南海时车速较快，警卫战士韩国举没有看清规定的汽车出入信号，就挥起指挥旗拦住了汽车。但当小韩看到周恩

第七章
高端协力：富有人情味的共产党人

来在车内向他微笑致意时，顿时不知所措，竟忘了向周恩来立正敬礼。周恩来从小韩紧张的神态中觉察出他背上了思想包袱，所以一下车就给警卫处领导通了电话，转达对小韩的歉意，并热情地赞扬小韩坚持原则的负责精神。

1962年春天，周恩来到杭州开会。当时南方的青菜刚上市，返回北京时，杭州的同志要周恩来的随行人员带两筐新鲜蔬菜回北京。随行人员向地方上的同志说，周恩来总理多次交代过：不准给地方造成困难，不能随便带东西回北京。于是他们谢绝了杭州同志的好意。谁知返回北京的那一天，杭州的同志早早把两筐蔬菜送到飞机上，并向随行人员再三解释，说这两筐菜不是送给周恩来总理的，是带给中央首长吃的，而且，这两筐菜也不是白送，发票都已经开好了。随行人员只好付了钱，把菜带回了北京。

周恩来吃到这些蔬菜时便问有关人员："是不是你们把菜带回来的？""蔬菜已分给中央其他负责人了，您吃的只是其中的一份，并付了钱。"办理此事的工作人员解释说。周恩来并未认可这一解释，十分严肃地教育说："以后即使这样也不允许。这样做，会造成不好的政治影响。你们想想，总理和市民都是一样的人，我要不当总理就没有这个优越条件，就享受不到这种特权。市民能买到这个菜吗？"周恩来还语重心长地对身边工作人员讲："你们在我这里工作要懂得，办任何事情都要跟我联系起来，要跟我的职务联系起来，要和政治影响联系起来，要把我和人民联系起来。"在周恩来的心目中，他和市民应当平等，不可特殊，这是多么高贵的品德！

周恩来对身边的工作人员也平等相待。工作人员的爱人生了孩子，他让邓颖超送去老母鸡。谁家有了困难，他总是解囊相助。他批评身边工作人员，也有批评错了的时候，当弄清情况后，他总是主动道歉，做自我批评。他从不认为领导者处处比别人高明，总是虚心向内行人学习。有一次，一位司长向他汇报工作，听完后，他诚恳地说："今天，你教会了我很多东西。"这位司长觉得很不好意思，但这确实是周恩来的真实想法。

周恩来之所以能够平等待人，因为他是一个彻底的历史唯物主义者，他认为人民群众是历史的创造者，领导者是人民中的一员，是人民的公仆。

1962年4月，他在政协三届三次会议上说："大家都承认共产党是领导党，共产党的领导是指党的集体领导……起着领导作用的，主要是党的方针政策，而不是个人。个人都是平等的，如果从工作上说，大家都是人民的勤务员，彼此平等地交换意见，绝不能个人自居于领导地位。个人离开了集体，就无从起领导作用。""要平等待人才是好勤务员。"由于周恩来有高度的民主精神，主张人格平等，因此，所有和他共事的人，都既把他当成自己的领袖，又当成知心的朋友。

民主才能多谋，多谋才能善断。周恩来在工作中，总是让各方面人士充分发表意见，以平等态度听取意见，尤其是重大问题的决策，更是多方讨论，取各家意见之长，补自己主张之不足。他称赞有党外人士（非共产党的副总理和正副部长）参加的政务院会议与党内会议不一样，可以听到各方面更多的意见，听后能启发思想。在讨论问题时，他的意见同样允许大家讨论和否定，哪种意见对人民的事业更有利，就采纳哪种意见。

他讨厌那种看领导眼色行事、人云亦云的作风，鼓励干部独立思考，敢于发表不同意见。1961年，在一次国务院会议上，财政部的同志就一个问题谈了看法后，杨波（时任国家统计局综合司司长）又代表国家统计局讲了一些不同意见。听了双方的发言，周恩来基本上同意财政部的意见，对杨波的发言略有批评之意，但未做最后结论。当他征询"还有不同意见没有"时，杨波再次作了不完全同意财政部意见的发言。这时，时间已晚，周恩来让他们会后再商量一下，尽快把意见统一起来，早日做出明确规定。散会后，大家在一起吃饭。杨波心中有些不安，认为周恩来发言后，自己不该再提出不同意见，就坐在最靠边的一个桌子旁闷着头吃饭。这时周恩来叫杨波过来一起吃，亲切地说："你为什么坐得那么远？不要紧张，你敢于讲不同意见，这很好嘛！我们讨论问题就是要听不同意见，不然还讨论什么！有不同意见的争论，就可以把要决定的问题考虑得更周到些。"杨波深为周恩来平等待人的

第七章
高端协力：富有人情味的共产党人

民主作风所感动，心中充满敬意。

周恩来不仅是一位具有高度民主精神的共产党员，同时是一位具有高度组织纪律性的共产党员。这本来相互对立的两者，在他这里得到了完美和谐的统一。

邓颖超说，在党内几十年的政治生活中，周恩来同志是"我亲眼看到的一个始终严格遵守党的保密纪律的共产党员"。邓颖超说，她和周恩来入党时间不同，地点各异，原来谁也不知道谁是什么时候入党的，周恩来旅欧时，他们两人经常通信，在信中从来不说党的纪律不许说的事情。直到周恩来回国后，经组织沟通，彼此才知道两人都是共产党员了。中华人民共和国成立后，周恩来仍然严格遵守党的保密纪律。我国第一颗原子弹爆炸时，要求绝对保密。他对试验负责人讲，这次试验要绝对保密。邓颖超是我的爱人，党的中央委员，这件事同她的工作没有关系，我也没有必要跟她说。事后，原子弹爆炸成功，报纸发了号外，邓颖超才和大家一块儿知道中国的原子弹上了天。周恩来的办公室及保险柜的钥匙，他总是自己带在身上，晚上睡觉压在枕头下面。只有出国时，他才把钥匙交给邓颖超。周恩来回国后，邓颖超见到他的第一件事，就是把钥匙交给他。在"文化大革命"中几乎是无密可保的情况下，周恩来对中央会议的内容，回到家中仍然守口如瓶。邓颖超从大字报上看到一些内容，问他是怎么回事，他还反问："你是怎么知道的？"邓颖超开玩笑说："我联系群众，有我的义务情报员呀！"两个人一笑就过去了。

周恩来患癌症后，有一次对邓颖超说："我肚子里还装着很多话没有说。"邓颖超也说："我肚子里也装着很多话没有说。"双方都知道最后的诀别不久就会无情地到来，然而他们终生遵守党的纪律，把没有说的话埋藏在各自的心底。严守纪律，率先垂范，这就是周恩来的风格。

"周恩来是东西方最美好、最优秀品格的化身"

周恩来曾经说过:"没有人是专门改造别人的。自居于领导,自居于改造别人的人,其实自己首先需要改造。要对这种人大声疾呼:'请你自己先改造!'任何共产党员都不是十全十美的,不可能什么都懂。人生有限,知识无限,到死也学不完,改造不完。"

周恩来是如此说的,也是按"活到老、学到老、改造到老"来做的。英籍女作家韩素音曾经说,她之所以要写《周恩来与他的世纪》这本书,其中一个重要原因是:"青年渴望英雄,渴望那些能够向他们揭示人生真谛的人物,而不是现在西方宣扬的那些被扭曲了的人生'价值'。"周恩来的一生,不仅向青年揭示了人生真谛,而且

极富人格魅力的周恩来(历史图片)

第七章
高端协力：富有人情味的共产党人

也揭示了成为"英雄"的"奥秘"。

周恩来的人格魅力中，既有中国传统文化的精华，同时吸收了西方科学与民主等现代文明的精华。一位外国友人讲："周既是一个信仰共产主义的革命者，又是一个儒家君子；既是始终不渝的思想家，又是会权衡利害的现实主义者。能力略逊一筹的人，如果担任这种错综复杂的角色，思想和行动上都会不知所措。而周对任何一个角色都能胜任，或融会贯通好几个角色，而丝毫不会显得优柔寡断或前后矛盾。""这是一个性格复杂、思想深邃的人多方面的表现，也足以很好地说明他的政治生涯之所以能如此长久和丰富多彩的原因。"他"像几种金属熔在一起的合金，熔化物比之个别成分要强得多"。人们称赞周恩来是东西方最美好、最优秀品格的化身。从小时候备受生活的磨炼时起，他即不断地改造和完善着自我。当成为共产党的一名高级领导干部后，他仍然注意用东西方优秀文化的精华来铸造自己。他在《怎样做一个好的领导者》中研究了列宁、斯大林的领导艺术："不可跑得太前，也不可落在运动后面，而应抓住中心一环，推向前进。"他也论述了毛泽东的领导艺术："要照顾全局，照顾多数，以及和同盟者一道干。"他学习列宁的工作作风："俄国人的革命胆略；美国人的求实精神。"同时也学习毛泽东的工作作风："中华民族的谦逊实际；中国农民的朴素勤勉；知识分子的好学深思；革命军人的机动沉着；布尔什维克的坚韧顽强。"以此来塑造自己的人格。

周恩来一生都在主动、严格地改造自己。"我的确常说我也要改造这句话，现在还在改造中。我愿意带头。我希望大家都承认思想改造的重要性。要承认各种关系各种事物都会影响个人的思想。要经常反省，与同志们交换意见，经常'洗澡'。"

完善自己，贵在实践。周恩来理论联系实际，言必行，行必果，说到做到。他对于个人的事情都是自己动手做，从不让别人替他做。

1958年1月4日，周恩来在安徽省视察工作时，住在合肥市江淮旅社。服务员考虑到周恩来日夜操劳国家大事，要帮周恩来擦擦皮鞋，周恩来含笑摇摇手说:"我自己动手擦。"

有一次,周恩来去人民大会堂接见外宾,进门后服务员发现周恩来的鞋带开了,欠下身去准备为他系上,周恩来急忙弯下腰把服务员扶起来,并亲切地说:"这怎么能让你为我系呢,我自己来。"

1969年7月,周恩来找文化部和所属文艺团体、艺术院校的工人、解放军宣传队的几个负责人汇报情况。当谈到文化部所属80多个单位知名人士情况的时候,周恩来对在场的一个人说:"你来写一下。"说着递给他一张纸。这个人以为写在纸上就行了,没想到,他一边写,周恩来一边往自己的本子上记。这个人说:"总理,我直接给你写在本子上吧。"可是周恩来说:"不用,我自己来,自己动手印象深。"这个人只好一个一个地写在纸上,周恩来又看着他写的,一个一个地记,一直记完了80多个单位。

1966年5月3日和4日,周恩来在大庆。5月3日工作了一天,晚上在简朴的会议室里,周恩来听取了有关同志的汇报。汇报结束,已经是次日凌晨1点半了。周恩来毫无倦意,又精神抖擞地去看大庆油田模型、技术革新展品,并听取关于油田建设规划的汇报。

1976年1月11日下午,百万群众冒着凛冽寒风,久久地伫立在长安街两旁,目送灵车缓缓西行,哭别周总理(历史图片)

第七章
高端协力：富有人情味的共产党人

周恩来逝世后，联合国安理会开会时，全体起立默哀

世界各国报刊纷纷在显著位置刊登消息，发表社论和文章，悼念周恩来

周恩来回到办公室，已是4日凌晨2时10分了，他又伏在案头继续工作，办公室里的灯光一直亮到3点多钟。可是，刚5点，周恩来就起床了。服务员进房收拾床铺时，发现被子已经叠好，桌子也收拾得整整齐齐。在清晨的曙光中，周恩来又开始了一天的工作。

有些人改造自己、完善自己只是写在纸上，讲在嘴上，实际上并不实行。周恩来则言行一致，心口如一，表里如一，始终如一。他用自己的实际行动，真正实践了党的全心全意为人民服务的宗旨。凡是要求党员干部做到的事情，他首先带头做到，凡要求别人不做的事情，他带头不做。

1976年1月15日，遵照周恩来的遗愿，在追悼会开完之后，他的骨灰被撒向了祖国的江河大地。

人民的好总理，死后竟连骨灰都不曾留下，太多太多的人想不通。为了这件事，在追悼会开完之后，邓颖超忍着内心巨大的悲痛，专门向亲属和身边的工作人员作了说明。她说："当他知道自己的病不能挽救时，一再叮嘱我，死后不要保留他的骨灰。这是我和恩来在十几年前共同约定下来的。我们国家在对人死后的葬仪方面，从古代到中华人民共和国成立，都一直是土葬的。50年代，在党中央和毛主席的倡议下，许多高级干部签名，决定死后实行火葬，这是对我国几千年的旧风俗的重要改革……在中央做出人死后实行火葬这个决定不久，我们二人共同商定，相互保证，把我们的骨灰撒到祖国的大好河山去，撒到水里、土里去。"

邓颖超说的是20世纪50年代的事。在那之后，周恩来在一次国务院的会议上曾公开说过：人死后为什么要保留骨灰？把它撒在地里可以作肥料，撒在水里可以喂鱼。

邓颖超继续向亲属们解释："从感情上讲，你们很难过。恩来虽然去世了，但他给我们还留下了精神财富，在他弥留之际，想到的是死后还要为人民服务。你们要支持恩来的这一行动，他的这一遗愿实现了。他的心愿，我已经了却了。"周恩来的遗愿实现了。正如人们献在人民英雄纪念碑前的一份悼词中所说:"他没有遗产,他没有嗣息,他没有坟墓,他没有留下骨灰,他的骨灰撒在祖国的山河中。他似乎什么也没有给我们留下,但是……他拥有全中国,他的儿孙好几亿,遍地黄土都是他的坟。"

　　周恩来为亲属和晚辈们留下了一股新风,为中国人民留下了一股新风,这难道不是一笔很厚重的遗产吗?

/第八章/

魅力永存：
总理人际交往之道

◎周总理虽身为国家领导人，但他总要想方设法把自己置身于这个身份之"外"，找机会生活在朋友之中，按普通人的生活方式去交际。他会按常规的礼仪去答谢人家，如果受了人家的恩惠或帮助；去款待人家，必要的时候可以露一手"绝活"供大家一乐；去关注人家，如果人家有什么难处需要解决或者有什么进步需要鼓气的话；或者，什么也不为，干脆就是为了交朋友，谈谈天，听听音乐，品尝点特殊的，联络联络感情，叙叙旧。互相信赖便在潜移默化之中诞生了。

海内存知己，天涯若比邻。

我们的朋友遍天下。

这些话语，所揭示的无非是一个人与他人交往中的"情谊"二字。理解人、尊重人、关心人、体贴人，是周恩来一生的自觉意识。正因为这样，周恩来真正称得上是朋友遍天下。

国内国外、党内党外、城市乡村、男女老少中，都有周恩来的知心朋友和熟人。一幅幅如诗如画的情谊图卷，也就在他们之间为世人展开了。还是胡絜青老人说得好："周总理虽身为国家领导人，但他总要想方设法把自己置身于这个身份之'外'，找机会生活在朋友之中，按普通人的生活方式去交际。他会按常规的礼仪去答谢人家，如果受了人家的恩惠或帮助；去款待人家，必要的时候可以露一手'绝活'供大家一乐；去关注人家，如果人家有什么难处需要解决或者有什么进步需要鼓气的话；或者，什么也不为，干脆就是为了交朋友，谈谈天，听听音乐，品尝点特殊的，联络联络感情，叙叙旧。互相信赖便在潜移默化之中诞生了。"

要读完这幅情谊长卷，非一本书或几本书所能为之，因而这里只能撷取某些片段来管中窥豹。

师生情谊厚

高盘之是周恩来上小学时的史地老师。高盘之一生忧国忧民，1907年在济南高等学堂读书时，曾领导轰动省城的高等学堂反清斗争，遭到通缉而逃亡东北，到奉天省官立东关模范两等小学校任教。周恩来于1910年春由伯父周贻赓联络,成为该校的住校生。高盘之常向学生宣讲救国救民的道理,介绍国内外进步书刊。他教育同学们说:"我们能忍心让祖国任人宰割吗?我们不应该为中华的振兴而流血吗?"同时,他也指出:"历史上革命的先驱,都是学识渊博的。没有丰富的知识和符合时代脚步的学问,是挑不动挽救中华的重担的。"他提醒同学们处理好救国与求学的关系。受他的影响和辛亥革命的鼓舞,周恩来率先在全校剪辫子,立志为中华之崛起而读书。

周恩来参加革命后,在延安时,外国记者问他为何走上革命道路,他答道:"少年时代在沈阳读书时,得山东高盘之先生教诲与鼓励,对我是个很大的促进。"这种对老师的感激之情,历经风雨而不曾稍改。

1949年6月,在台湾做雇员的高盘之之子高肇甫从台湾回到济南后被拘留,高肇甫无论怎么解释也不能消除相关部门的怀疑。这时,他想起父亲1941年死时的遗嘱:"不管何时何境,你尽管去找周恩来,他会照顾你的。"他便当着公安人员的面,给周恩来修书一封。济南公安局当即派人送京。周恩来见信后,高兴地回函请高肇甫进京。

高肇甫来京后,周恩来曾派人送给他50元生活费,并安排他到华北人民大学读书,但因高肇甫有病未成。1950年2月,高肇甫被安排到政务院秘书处档案科工作。1950年12月,周恩来接见了高肇甫,详细询问了高盘之先生的情况,情殷意切,细致入微。周恩来动情地说:"没有高老师的教导,我不会有今天。"

1953年秋的一天,周恩来又把高肇甫叫去,说:"党和政府动员干部充实基层,参加建设,咱们亲朋要带头哟。"高肇甫答:"我报名啦。"周恩来听了很是欣慰。1953年12月,高肇甫举家从北京迁到山东淄博矿务局。临行前,周恩来叮嘱:"下去后踏实工作,莫要以为是政务院下去的,高人一等。"

1961年,高肇甫给周恩来写信,表述思念之情,周恩来回信邀他进京。叙谈中,周恩来十分关切地询问高师母的健康情况和高肇甫的工作、生活情况。听说高肇甫的岳母因粮食不够吃,向农民借了60斤粮食,周恩来很快就派人送去了60斤粮票，还让高肇甫给高师母捎去燕窝、白糖、咖啡等营养品。这次接见后，周恩来还托他带给师母一包礼物，并附上一张放大的老师的照片。50年了，周恩来还保存着当年老师送给他的一张照片，这份深情怎能不令人感动。

此后，周恩来又给高师母寄去人民币100元，并有书信问候。1962年，高师母病故，周恩来给高肇甫夫妇写信："惊悉师母病故……希节哀，注意身体，努力工作。随信寄去100元丧葬补助。"

从东北来到天津南开学校后，周恩来又结识了一批新的师长。校董严修、校长张伯苓也与周恩来结下了一生的师生情缘。

由于品学出众，周恩来得到严修的特别赏识和器重，严修称他为"宰相之才"。

1917年9月，周恩来由天津登轮赴日本，开始了近两年的留日生活。严修于1918年4月去北美考察教育，4月11日路过东京，周恩来于4月12日前往看望，以后几乎每天去看他。严修在日记中写道："4月16日，周恩来等人复来访，久谈，周留宿。"次日，部分南开学校留日同学请严修吃饭，菜肴都是由同学自己做的。严修吃过后笑着说："翔宇的醋熘白菜真不错。"

1920年7月，周恩来从北洋政府狱中获释后，一时失学。为继续培养周恩来，严修特在南开学校设立"范孙奖学金"，提出选派周恩来、李福景二人出国深造，与校长张伯苓商量，张伯苓也同意。留学地点，最初考虑去美国，后决定去欧洲。

周恩来到欧洲后，由于地址不固定，因此汇给周恩来的资助，按期由严修交给李福景之父李琴湘寄李福景转周恩来。后来，李福景考取了一个奖学金，而周恩来的开支又大，于是就把两份奖学金都转给了周恩来。严修在日记中多次记载转交奖学金的事，如1921年2月27日日记中写道："李琴湘来，余将补助李福景、周恩来之学费，交伊持去。"11月8日日记中又有："琴湘来，交补助李福景、周恩来学费720元，据言可汇英金百镑。"

第八章
魅力永存：总理人际交往之道

在欧洲期间，周恩来选定了共产主义作为自己的终身信仰，而后积极投身革命活动。有人向严修进言，说周恩来到外国思想变了，又加入了共产党，劝严修不要继续支持周恩来。严修说："人各有志，不便相强。"显示了极为大度的胸怀。对此，周恩来本人亦多次提到过，感激之情尽在其中。斯诺的《西行漫记》一书中即有：周在欧洲时，他本人的经费支持者是南开大学一位创办人严修。与其他中国学生不同，周在法国时，除短期在雷诺厂研究劳工组织外，并未参加体力劳动。他跟一位私人教师学习法语1年后，即以全部时间从事政治活动。以后，周又对我说："当年有朋友提到，我用严修的钱却成为一个共产党人。严引用中国一句成语'人各有志'。"

与严修对周恩来的资助相似，张伯苓对周恩来的人品和才学也极为欣赏，并多有照顾，师生结下了很深的情谊。张伯苓每过几个星期常常把他请到家中，一方面谈论些时事和学校里的事情，另一方面留他在家中吃饭，总是吃些天津人的家常饭，如贴饼子、煮稀粥、熬小鱼等。

自周恩来留学欧洲后，这一对师生即多

南开大学的创办人张伯苓（历史图片）

年不见，及至"华北之大，已经安放不下一张平静的书桌"之时，周恩来致函张伯苓，寄望老校长能够"一言为天下先"，共同促成全国各界力量共同抗日的局面。信中言："不亲先生教益，垂念载矣。……目前华北局势，非战无以止日帝之迈进。华北沦亡，全国继之。救华北即所以救全国。兄弟阋于墙，外御其侮。今日如能集合全国之武力与人力财力智力，共谋抗日，则暴日虽强，不难战胜。而民族战争之开展，端赖有一致之政府与军队。居今日中国，应不分党派，不分信仰，联合各地政府、各种军队，组织国防政府与抗日联军，以统一对外，并开抗日人民代表会议，以促其成。先生负华北重望，如蒙赞同，请一言为天下先。想见从者如云，先生昔日之志，将得现于今日也。"此后，张伯苓的抗日态度越来越坚定。1936年8月，他在南开学生会负责人的会上说："现在是抗日爱国时期，你们可以到任何地方为国效力，到八路军那边去也行，我可以通过周恩来校友给你们介绍。"1937年10月，张伯苓更通电全国校友，庄严宣布："敌人所能毁者，南开之物质；敌人所不能毁者，南开之精神。"随后，他率南开大学转到重庆。

1938年年底，周恩来也来到重庆，行装甫卸，便赴南开拜访老校长张伯苓，与之亲切交谈。以后，每有南开校友聚会，周恩来都争取参加，常在会上褒扬老校长的抗日爱国精神和发展教育、振兴民族的举动。1939年1月，周恩来应邀到南开给师生做形势报告时，开头就说："我也是南开中学的学生，张校长是我的校长。"周恩来在重庆期间，每逢张伯苓寿辰，他便同邓颖超一道，手捧鲜花去给老校长祝寿。

1944年4月17日，是南开中学40周年校庆之日，同时适逢张伯苓70岁大寿，周恩来和邓颖超专程前往祝贺。此时与周恩来同任国民政府军事委员会政治部副部长的国民党党员张厉生也是南开校友，周恩来同他也非常熟悉。两人见面，周恩来有了一个新点子，他附耳对张厉生一说，张厉生不禁拍手叫好。大家愕然之中，周恩来、张厉生已把老校长扶上滑竿，两人抬起走了一圈，引得众人观望之下鼓掌叫好。更有才思敏捷者当即赋诗曰："国共两部长,合作抬校长,师生情谊厚,佳话山城扬。"

中华人民共和国成立前夕,张伯苓出任国民党考试院院长,不久就坚辞不干了。国民党逃到台湾前,蒋介石曾两次亲临津南村张伯苓家,对他施加压力,要他随其去台湾,说是为他准备了专机,全家人都可随行。蒋经国也来劝行,说是只要肯走,什么条件都可以答应。

几番劝说使张伯苓心里很矛盾,他既不想跟蒋介石去台湾当寓公,又怕共产党将来不放过他。在这关键时刻,周恩来通过在香港的南开校友王恩东以"无名氏"名义交给张伯苓一封信,传达了"老同学飞飞希望老校长不要动"的信息。"飞飞"是周恩来在南开上学时使用的笔名。张伯苓得到这一讯息后,领悟到这是学生周恩来对他的爱护,于是下决心拒绝了蒋介石多次劝他到台湾的要求,毅然留下来迎接重庆的解放,迎接新中国的诞生。他以"年老有病""不能坐飞机"等借口左右推辞,终于留在了大陆。

1949年11月,刘邓大军解放了重庆,张伯苓异常高兴,萌生了学校北归念头。当周恩来听到傅作义报告的"张伯苓没有走,希望北归"的消息后,立即请当时的西南局第一书记邓小平协助,并给重庆军管会拍去电报。

1950年5月3日,张伯苓自重庆飞抵北京,周恩来派童小鹏到机场迎接,而后二人相会在傅作义府中,畅谈许久。

1950年秋,张伯苓表示要回天津,行前,周恩来和邓颖超在西花厅为他饯行。饭后,周恩来问:回天津还有什么困难吗?张伯苓之子代为回答说,就怕回到天津有人不理解。周恩来当即表示说,我给天津写信,说明是我们把校长接回来的。

1951年2月23日,张伯苓在天津病逝。周恩来特地从北京赶去其家中吊唁,向老校长遗体行礼默哀,并关切地询问了后事安排。周恩来说:"很遗憾没有早点来,没能见到张校长。本来他身体一直很好,从四川回来想让他多休息一下,再做安排,没想到突然故去了。"他还讲道:"看一个人应当依据他的历史背景和条件,万不可用现在的标准去评论过去的人。张校长在他的

1959年5月,周恩来在天津南开大学同师生们交谈(历史图片)

一生中是进步的、爱国的。他办教育是有成绩的,有功于人民的。""我们原打算让张校长休息一段再做安排,为国家做更多的工作,没想到他去了,很可惜。"

张伯苓的追悼会是在南开女中举行的,周恩来领衔组成治丧委员会,并送了花圈,在挽联上写着:"伯苓师千古!学生周恩来敬挽。"

同学情谊深

或言学生时代是人一生中最美好的一段时光,同学之情更是令人难忘。

第八章
魅力永存：总理人际交往之道

这一点在周恩来身上也得到了充分的体现。

一

相逢萍水亦前缘，负笈津门岂偶然。
扪虱倾谈惊四座，持螯下酒话当年。
险夷不变应尝胆，道义争担敢息肩。
待得归农功满日，他年预卜买邻钱。

二

东风催异客，南浦唱骊歌。
转眼人千里，消魂梦一柯。
星离成恨事，云散奈愁何。
欣喜前尘影，因缘文字多。

三

同侪争疾走，君独著先鞭。
作嫁怜侬拙，急流让尔贤。
群鸦恋晚树，孤雁入寥天。
惟有交游旧，临歧意怅然。

这三首《送蓬仙兄返里有感》，是周恩来为送别离校返乡、再转往日本留学的同学张瑞峰所作。张瑞峰其人，大家并不陌生，就是与周恩来在南开共同发起组织"敬业乐群会"并任会长的人，其字蓬仙。周恩来与其感情如何，诗中已有生动的描述，依依惜别之情，也尽在其中。

才华横溢的周恩来，在学生时代留下了很多这类送赠同学的诗章，无一不以真挚的情义打动人、感染人。当然，这些文字中间，也无一不充满了爱

周恩来和南开学校敬业乐群会同学张瑞峰、常策欧合影（历史图片）

国青年指点江山、激扬文字，以救天下为己任的豪情壮志。正因如此，这里不妨集中地多录几段，以飨读者。

1919年3月，周恩来决定放弃在日本留学深造的打算，回国学习。临行前，原南开同学张鸿诰、王嘉良、穆慕天三人为他设宴饯行。他们同是异国他乡求学客，到日本仍保持着密切的交往和友谊。此次分别，再不知何年相见，大家都不免有些伤感。张、王、穆三人即请周恩来题诗留念。周恩来欣然命笔，写下了《大江歌罢掉头东》这首七言律诗：

大江歌罢掉头东，邃密群科济世穷。
面壁十年图破壁，难酬蹈海亦英雄。

周恩来并在诗后落款曰："右诗乃吾19岁东渡时所作"，"返国图他兴。整装待发，行别诸友。轮扉兄以旧游邀来共酌，并伴以子鱼、幕天，醉罢书此，留为再别纪念"。

第八章
魅力永存：总理人际交往之道

回国前夕，周恩来还书写了梁启超《自励》一诗，赠给正在日本早稻田大学读书的南开同学王朴山：

献身甘作万矢的，著论求为百世师。
誓起民权移旧俗，更挈哲理牖新知。
十年以后当思我，举国犹狂欲语谁。
世界无穷愿无尽，海天寥廓立多时。

在五四运动的风暴中，周恩来初显领袖气质，发挥出了其长于组织、善于宣传鼓动的特点，他所发起组织的"觉悟社"更是名动全国校园。正是在这一时期，周恩来又结识了很多南开以外的学生领袖，如邓颖超、李愚如等。因指挥学生游行示威，作为学生代表的周恩来被捕入狱。1920年6月8日，直隶第一女子师范学校的李愚如到监狱看望周恩来，带来了她和南开学生潘世纶（述弟）即将赴法国和美国勤工俭学的消息。看到自己的战友马上就要远渡重洋，到异国他乡去寻找真理，周恩来兴奋不已，他用了两个半小时，写成了一首抒情诗，赠李愚如。

念你的精神，
你的决心，
你的勇敢，
兴勃勃的向上，
全凭你的奋斗壮胆。
出国去，
走东海、南海、红海、地中海；
一处处的浪卷涛涌，
奔腾浩瀚，

送你到那自由故乡的法兰西海岸。

到那里,
举起工具,
出你的劳动汗,
造你的成绩灿烂。
磨炼你的才干,
保你天真烂漫。
他日归来,
扯开自由旗;
唱起独立歌。
争女权,
求平等,
来到社会实践。
推翻旧伦理,
全凭你这心头一念。
……
三月后,
马赛海岸,
巴黎郊外,
我或者能把你看。

行行珍重!
你竟去了。
你能去了。
三个月没见你,

第八章
魅力永存：总理人际交往之道

进步的这般快了。

这首诗不仅表达了周恩来对战友远行的美好祝愿，也流露出他打算出狱后赴法勤工俭学的想法。周恩来对这首即兴之作很是满意，特在诗成后注道："今天我从下午4点钟作起，作到6点半钟，居然成功了。这首诗的成绩，在我的诗集里要算是'上中'了。"

正是在赴欧勤工俭学的岁月中，周恩来走上了一条马克思主义的革命之路，并迅速成长为中国共产党的主要领导人。从此，他的这种同学间的诗作少了，但情不少，缘不尽。

1939年春，代表中国共产党出任国民政府军委会政治部副部长的周恩来，到东南抗日战场视察，离开了重庆八路军办事处。就在此间，他1917年在日本东京结下的莫逆之交任白涛，偕夫人自上海辗转来到重庆，前往曾家岩来找他，未能谋面之下，任白涛只好留下"白象街商务印书馆转"的地址，怏怏而去。任白涛是商务印书馆特约撰述，写成一部130万字的《综合新闻学》交商务出版，因战事关系，仅印一、二两册，三、四两册排版后未付印。在同年5月3日、4日的日机大轰炸中，重庆白象街一带竟成一片废墟。周恩来返回重庆后，知老友来渝，担心老友遭到不测，一时又无法探询，无奈之际，周恩来想到了登报寻人。

就在重庆遭到日本飞机狂轰滥炸后不久，《新蜀报》广告栏出现一则寻人启事，全文是："任白涛兄：弟已回渝，仍寓曾家岩渔村。兄现寓何处请告。翔宇启。"

此时任白涛夫妇暂寓川鄂旅馆，见到这则启事，知道老友周恩来已回到重庆，即往曾家岩看望。老友相见，自有一番长叙。交谈中，任白涛表示多年来从事新闻研究工作，愿为抗战期间国际新闻宣传事业效劳。

周恩来于是向政治部第三厅厅长郭沫若介绍任白涛到第三厅担任设计委员，因任白涛通晓日文，熟悉新闻工作，正好让他从事对敌宣传。任白涛所撰文稿资料则存放在曾家岩，由周恩来代为妥善保管。周恩来说："这是人民的财产啊！"

中华人民共和国成立后，周恩来就任共和国总理，但他未忘记当年的老友。当他获悉任白涛生活及工作情况困难时，于是致电邀请其赴北京工作。1952 年 7 月，任白涛整装待发，不幸突然中风，抢救不及，竟于 8 月 31 日病逝于上海，终年 62 岁。遵其生前遗愿和周恩来指示，其遗稿、往来函件、日记、资料以及所著《综合新闻学》等遗物，全部交给国家，分别由上海图书馆及上海博物馆保存。

时光荏苒，转眼到了 1974 年。已在重病之中的周恩来还接见了一位老同学——黄春谷。

黄春谷夫妇是美籍华人，在檀香山经营杂货店，不久前到北京旅游。黄春谷对接待人员说，1913 年到 1917 年，他在天津南开学校读书时和周恩来是同学，那时周恩来还有个名字叫周翔宇。如果方便，他想见见这位老同学。

正在病中的周恩来已被迫推掉了不少外事活动，包括和一些来访外宾的会谈。但他收到黄春谷的信后，还是决定见见这位老同学。他说：本来打算不见黄春谷，但看到他写给我的问候信，叫我"翔宇吾弟"，是老同学的口气，不落俗套，我很欣赏，决定还是见见他，既然见他，也就见见他的夫人。如果他在信里叫我"总理"，写些恭维话，我就不见了。

1974 年 5 月 20 日晚 7 时，周恩来在北京饭店宴请黄春谷夫妇，罗青长、熊向晖等人在座。

陪同人员引导黄春谷走进会客室，周恩来迎上去握手致意。他对黄春谷说："老同学！57 年不见了！我们都老了！"又对黄春谷夫人说："春谷兄比我大几岁，我怎么称呼你呢？就叫你黄大嫂吧。"

两位老同学并肩坐在双人沙发上。黄春谷从皮夹里取出 5 张照片，一张张平放在沙发茶几上。他对周恩来说："57 年前的东西全丢了，只有这 5 张照片舍不得丢，现在送给你做纪念。"

第八章
魅力永存：总理人际交往之道

原来那是 5 张剧照，男女演员都穿着民国初年的服装。黄春谷指着第一张剧照问周恩来："还记得这出戏的名目吗？"周恩来看了看，说："这是《一元钱》。"周恩来又依次看了其他 4 张剧照，边看边说："《恩怨缘》《华娥传》《仇大娘》《一念差》。"

熊向晖不知这些都是周恩来当年在南开学校演出话剧的剧照，即插话探询来由。黄春谷说："1915 年 10 月，南开学校举行建校 11 周年庆祝会，事先几位同学商量，在庆祝会上演一出新剧——你们现在叫话剧，翔宇多才多艺，大家请他编剧、导演，还请他扮演女主角。这出戏就叫《一元钱》，很受欢迎。以后又编演了几出。"

周恩来说："当时封建思想很重，女同学不演戏，有的不愿，有的不敢，戏里的女角只好由男同学演。那年我 17 岁，还不知道马克思主义，想用新剧感化社会，这当然办不到。"

周恩来同黄春谷辨认这 5 张剧照中其他扮演者的姓名，叙谈往事，仿佛回到了青年时代。

罗青长问周恩来："是不是边吃边谈？"

周恩来对黄春谷夫人说："对不起，我只顾同春谷兄'弹老弦'，几乎忘了请黄大嫂吃便饭。好，现在就去餐厅。"

餐桌上在每人面前摆了一把汤勺和两副刀叉。周恩来说："今晚请春谷兄、黄大嫂吃西餐，没有预先准备，临时点菜，从菜谱上选自己爱吃的点。就照他们的安排，每人一汤两菜。现在外国朋友来得多了，许多人愿吃中国菜，也有人不习惯，我要试试他们的西餐做得怎么样。"

周恩来又对餐厅的服务员说："平常怎么做就怎么做。菜量不要太多，够吃就行，不够，可以添，不要吃不完剩下，造成浪费。"

在进餐过程中，周恩来向黄春谷夫妇提出一些他们熟悉的、也是自己希望了解的问题，气氛轻松愉快。

餐毕，周恩来对黄春谷夫妇说："你们明天一早去长城，今天晚上要好好休息，就不多留你们了，现在我们一起照个相，洗出来送给你们做纪念。"

两年后，周恩来与世长辞。几年后，黄春谷夫妇故去。或许，这是周恩来有生之年最后一次会见老同学，留给双方的恐怕都是对当年同学生涯的美好回忆吧。

做人民的好总理

人们喜欢用平民情结来形容领导人的平民化，其实，作为以全心全意为人民服务为宗旨的共产党人来说，这一点本是自然而然、顺理成章的事。有所区别的只是，周恩来留给人们的、特别是普通百姓引为自豪的故事，是那么多，那么令人感动、终生难忘。

周恩来住在 305 医院期间，有时到相邻的北海公园散散步。他走累了，见到石头就坐石头，遇到路椅就坐路椅，唯恐给公园的工作人员添麻烦。

一次散步时，周恩来听北海公园的马文贵主任说荷花开了，就饶有兴趣地说："走，看荷花去！"周恩来平日很喜爱荷花，喜欢闻荷花的清香，喜欢荷花出淤泥而不染的品格。来到北海南岸边，看到水里一片盛开的荷花，马文贵想让周恩来坐下来休息一会儿，就叫保卫科的同志搬来一把藤椅，请周恩来坐，就在这时，周恩来的秘书已从汽车的后备箱里拿出一把小铁椅子。

"我有椅子。"周恩来指着小铁椅子说。马文贵说，还是坐藤椅舒服，劝周恩来坐藤椅。她扶着周恩来胳膊让了六七分钟，周恩来就是不坐那把藤椅。让到最后，周恩来说道："马主任呀，你也是人，我也是人，我们都是共产党员，哪有那样不平等呀，为什么要把舒服的椅子非让给我坐呢？"接着，周恩来用手拍着自己的胸口说："你这样做，我心里很不舒服。"这时，

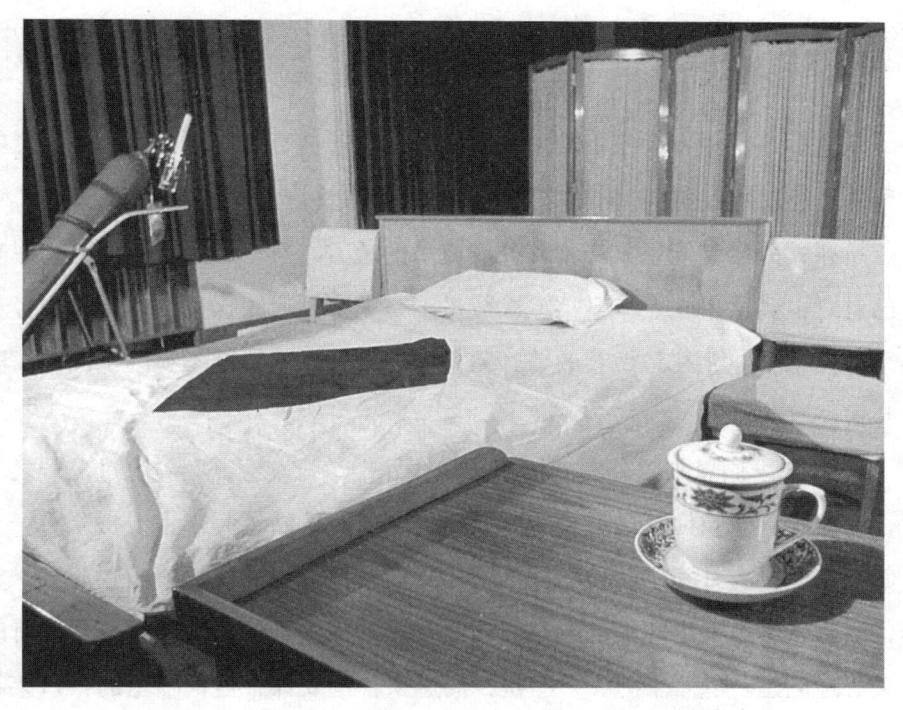

第八章
魅力永存：总理人际交往之道

周恩来住院期间动手术10余次，但他仍同中央和有关方面负责人多次谈话，会见外宾，开会等。在病床上，他和邓颖超低吟《国际歌》，表达坚贞不渝的共产主义信念。这是他在305医院住过的病房（历史图片）

秘书走到马文贵的身边说："您就别让了，总理今天无论如何也不会坐那把藤椅的。"马文贵坐在藤椅上，看着坐在小铁椅上的周恩来，心里久久不能平静。

1962年6月，周恩来到吉林省延边朝鲜族自治州农村视察。有一天，周恩来坐的汽车正在行驶，突然发现前面有一辆马车翻了，挡住了去路，随行人员急忙跑去把马车推开。周恩来却说："别着急，先帮着把东西装好，咱们再走。咱们是汽车，人家是马车，注意别把马吓毛了啊！"

在四川，有一次周恩来到青羊宫去参观，途中经过一段窄路，正好几位农民推着鸡公车迎面而来，周恩来连忙指示："让群众先过。"司机立即把车停在一旁，警卫人员和司机还下车帮助农民推车先过去，然后周恩来的汽车才继续开动。

……

从这些事例中，大家不难想象周恩来在与普通百姓交流中，会是怎样的一种平易近人的态度，这样的领导人，还能没有许许多多的平民朋友吗？

杭州楼外楼是周恩来经常陪外宾就餐的地方，有机会到杭州时，周恩来自己有时也到这里吃点家乡菜。次数虽不是太多，但跟这里的师傅、服务员还是都熟悉了。尤其是做菜的姜师傅，周恩来每次来，都不免问一问他、聊上几句。

1957年，周恩来陪外宾到杭州，在楼外楼举行宴会，菜肴上过三分之二后，在上"双味脆梅"这道菜的时候，周恩来照例站了起来，他将菜肴一一夹给在座的所有外宾和各位陪同人员，然后自己夹了一块慢慢咀嚼起来。突然，周恩来嘴里发出咔嚓的响声。当时在座的来宾都惊讶地停下筷子，有的人关心地问道："怎么回事？"但是，周恩来神情安详，他把嘴里的一口菜肴吐在盘子里，若无其事地说："没事，没事，一粒小沙子。"又照常夹了一块双味脆梅吃了起来。成元功要服务员去问问是怎么回事。

经过检验，这是半颗金属镶牙的碎片。工作人员问姜师傅镶牙有没有脱落，姜师傅摸了摸自己的牙齿，一时说不准。后来，他又仔细地摸了摸，感到自己的镶牙有点异样了。自己讲不清楚，公安部门的同志认为这镶牙是姜师傅的。出于责任感，姜师傅主动承担了责任，并表示愿意接受党组织给予的任何处分。

浙江省公安厅立即将这件事的详细情况写成书面材料，交给了周恩来的卫士长成元功。那天下午，周恩来就要离开杭州，因为忙，成元功来不及向周恩来汇报。在回北京的飞机上，成元功才向周恩来汇报了这件事情。周恩来一听，思索了一会儿，他下意识地摸了摸自己的牙齿，后又经韩大夫检查，他的镶牙缺了一块。周恩来十分着急，马上指示秘书，从飞机上发了一封电报给浙江省公安厅，回到北京后又催促秘书发了第二封电报，要浙江省公安厅派人去慰问姜师傅,并向他表示歉意。

后来,周恩来再次到杭州,来楼外楼时,一进门就问:"姜师傅,姜师傅在吗?"周恩来见到姜师傅,迈着大步向前紧紧地握着姜师傅的手,声音朗朗地说:"啊,姜师傅,你好呀!那天,我不知道镶牙掉了,回去后才发觉,这事非常抱歉,你可受到委屈了吧?"边说边拉他上了三楼。周恩来让姜师傅坐下,说:"你不要走了,今天我请你吃饭!"

1963年,周恩来和邓颖超在上海过春节。年三十那天下午,周恩来对服务员说:"今天是大年夜,按中国人的风俗习惯,都要在家里吃团圆饭,你们都回家去,高高兴兴吃顿团圆饭,我这里没有你们的事了。"但服务员们怎么忍心不照顾周恩来呢?谁也不肯回家。周恩来再三动员,最后不得不下命令才把服务员赶回家。第二天大年初一,周恩来和邓颖超招待服务员吃午饭。周恩来举杯向大家敬酒,说:"我在这里过年很高兴,大家一起吃顿新年饭,你们都很辛苦,祝你们春节愉快,工作顺利,身体健康!"

朱殿华给周恩来理了20多年发。一般情况下,周恩来都是自己到北京饭店理发。北京饭店有两个理发室,一个是贵宾和国家领导人理发室,一个是普通理发室。周恩来总是到普通理发室理发。有时候人多,他就和大家一样,坐在椅子上看报,排队等候。

有时工作太忙或急待迎送外宾,周恩来才请朱师傅到他家去理发、刮脸。每次他都是在门口迎接朱师傅,握着朱师傅的手亲切地说:"老朱,又让你跑一趟,耽误你的工作了。"

有一天,周恩来连续工作了20多个小时,还没有休息,又要赶到机场去迎接外宾。周恩来请朱师傅去给他理发、刮胡子。刮着,刮着,周恩来突然咳嗽了一下。朱师傅没有提防,在周恩来的下巴上划破了一个口子。朱师傅心里很难过,忙说:"总理,真对不起你,我工作没做好……"

"怎么能怪你呢!怪我咳嗽没和你打招呼。还幸亏你刀子躲得快。"周恩来笑着为朱师傅解脱。刮完了胡子,周恩来饭也顾不上吃,拿了两个馒头就上车去飞机场了。临走时还嘱咐邓颖超说："你陪老朱吃饭，我走了。"

1974 年，周恩来病重住院了，朱师傅常到医院去给他理发，每次周恩来总是说："好，好，这不是很好嘛。"他要朱师傅转告大家，不要为他担心，他很好。可是他对饭店的同志们却非常挂念，他问："做西餐的老陈师傅病好些没有？""新来的小林情绪怎么样？""大家在学习什么，有什么困难？"他在病重的时候，还想着普通的老百姓。

1975 年 12 月，朱殿华算算已有很长一段时间没给周恩来理发了。他心里着急，睡觉的时候也梦见给周恩来理发。新年快到了，他实在忍不住了，给周恩来的秘书拨了电话："过年了，说什么也得给总理刮刮脸哪！"

周恩来的秘书没有回答，朱殿华可更犯疑了。

往日，周恩来像珍惜生命一样珍惜他那代表了中国人民精神面貌的仪容。然而，自卧床不起后，他再没理发、刮胡子。一天，他从昏迷中醒来，身边工作人员劝道："总理，叫朱师傅来给你理理发吧？"

周恩来用沉思的目光望着大家，良久，嘴唇开始微微翕动。他实在难以发出声音了，大家需把耳朵贴上他唇际才能听清："不，不要了。老朱，他、他看到我这个样子，会、会难过……"

1976 年 1 月 8 日 9 时 57 分，周恩来的心脏停止了跳动。工作人员给朱师傅拨了电话，请他和北京医院的韩医生等一起来为周恩来遗体整容。朱殿华一听总理逝世了，大放悲声，哭得天昏地暗。感情太深了，谁能受得了这种打击呢？凝望着可亲可敬的周恩来安详的遗容，朱殿华一边轻轻地为他梳理头发，一边热泪横流，口里不住地叫着："总理，总理。"好像要把亲爱的周总理唤醒，把他再还给全体中国人民……

第八章
魅力永存：总理人际交往之道

文化艺术界的知音

无论是知识界，还是艺术界，众多的科学家、文学家、艺术家都自豪地把周恩来引为自己的知己。确实，在这一广泛的文化领域，周恩来倾注了太多太多的心血，结下了无数的朋友，洒下了无尽的深情。

"人民艺术家"老舍写的戏，周恩来大都看过，不光看，还帮着出主意，帮着修改，有的甚至从头到尾直接参与创作。而他们两人早已成为真正的朋友，有话直说，该批评的便批评，该顶的就顶。

一次，中朝友协宴请朝鲜朋友。老舍到过朝鲜，在那里写过小说，有不少认识的朋友，他又是中朝友协的副会长。朋友相见，酒兴大发，老舍醉得不省人事，怎么回的家，全然不知。这件事让周恩来知道了，他不客气地批了老舍一顿。老舍回家还特意向夫人报告说："今天我挨了好一顿批评！"这一次醉酒也就成为老舍一生之中最后一次。

也有老舍"将"周恩来的时候。在一次人大会议上，老舍发

人民艺术家老舍

1953年9月，周恩来在中国文学艺术工作者第二次代表大会上做报告，强调文艺工作者要深入实际生活，"创作有正确思想内容的优秀的文艺作品"（历史图片）

言说，会议太多，成了灾，使他很少有时间写作，请求免去他的社会兼职，好多写几个剧本。周恩来后来在政协"老人会"上说，这是老舍同志"将"了我一"军"。对这部分同志要加以照顾，不要弄得太紧张。

在一次座谈会上，老舍提出来要去新疆石河子地区体验生活，话音未落，周恩来就说："你年纪大了，腿脚又不方便，不一定跑那么远去体验生活。可以选近一点的地方，也可以不蹲下来，走马观花也是一种方式。噢，我打断了你的发言，对不起，请接着谈。"老舍看了周恩来一眼，笑着说："话都让你说了，我还说什么！"

1959年的一天，周恩来突然出现在老舍家的院子里。

叙谈中，周恩来亲切地询问老舍的健康情况。当老舍夫人胡絜青告诉他，老舍前些日子得过一场严重的气管炎时，他马上询问老舍进过医院吗，现在痊愈了吗。对周恩来的问话，胡絜青一一做了回答。随后，周恩来说：

"我现在要批评你啦,发生了这样的事,为什么不向我报告?"胡絜青不好意思地承认,她没有想到这一点。周恩来严肃地说:"以后,不管老舍得了什么病,你都要马上向我汇报。"

正是因为周恩来这个叮嘱,当老舍静静地走入太平湖后,不知其去向的胡絜青第一个念头就是向周恩来求救,请他帮忙把老舍找到。可叹的是,人们发现的是老舍的尸体。多年的老友如此地离开人世,周恩来内心的悲愤是可想而知的。但在那是非颠倒的岁月里,苦撑危局的周恩来还能说什么呢?

1975年5月23日,周恩来到北海公园,漫步在湖边,顺便到仿膳饭庄小憩。看到仿膳饭庄匾额下角"老舍"的名字被抹掉了,他深情地说:"老舍是文化人,太可惜了。"

当时,在场的人也许还不能理解周恩来的心思,但那份哀惜之情是不难从他的神情中读出来的……

程砚秋是我国著名京剧表演艺术家,在京剧四大名旦中是最年轻的一位。在他多年的个人奋斗史上,可以说阅历丰富、见识良多,但他做梦也不曾想到共和国总理会成为他的入党介绍人。

1949年夏天,古老的北平城虽然刚刚解放,但已到处是"解放区的天""解放区的人民好喜欢"的情景。百废待兴中,终日为新中国开国而忙碌的周恩来仍在想着那些过去被

京剧艺术家程砚秋

称为"戏子"的京剧艺术家们。6月23日这天，百忙之中的周恩来抽出一点时间，来到西四报子胡同的程砚秋家登门拜访。

赶巧，这天，程砚秋因晚上要去怀仁堂演出《锁麟囊》，下午午睡起床后就出去洗澡、理发了，家里只剩下夫人果素瑛和徒弟王吟秋。整个院子静悄悄的。周恩来缓步走进程砚秋的家中，和蔼地问道："程先生在家吗？"当时，北平城内还相当混乱，程家前院仍住着国民党军队的家属。王吟秋误以为又是前来借房子的国民党人员，便回答道："我师父出去了。"周恩来见来得不凑巧，便拿出笔在一张纸上写下了留言。

砚秋先生：

特来拜访，值公出，不便留候驾归为歉。

周恩来

不多时，程砚秋回家看见周恩来的亲笔留条，心情十分激动，一股暖流涌上心头。程砚秋想，从前，艺人被歧视，艺术是那些达官贵人取乐的玩物。今天，党和国家的领导人登门看望我，真是社会变样了。接着，他埋怨王吟秋道："你怎么连茶都没有招待招待？"王吟秋吞吞吐吐地承认："我还以为他们是来借房子的呢。"程砚秋听了哈哈大笑起来。

晚上6点，程砚秋去北京饭店参加周恩来举行的宴会，他见到了衣着简朴、平易近人、和蔼可亲的周恩来，感到全身热乎乎的。为了准备演出，席未终，程砚秋便匆匆赶回家，然后乘车到了中南海怀仁堂。

来到后台，程砚秋稍息片刻，便开始洗脸化妆。这时，周恩来和邓颖超在张瑞芳的陪同下来到后台，看望程砚秋。一见周恩来进来了，程砚秋急忙站起来，对周恩来说："对不起，我手脏（手上有胭脂）不能和您握手，刚才您来家里看我，失迎得很！"周恩来笑着说："哪里。我给你介绍一下，这位是邓颖超同志，这位是张瑞芳同志。"大家彼此含笑点头示意。程砚秋四下环顾了一下，抱歉地说："后台乱七八糟，坐都没有地方坐。"周恩来说："你忙吧。"便同邓颖超和张瑞芳到前台去看戏了。

这一晚，程砚秋演出《锁麟囊》时，嗓音特别好，如行云流水，抑扬顿挫，演得非常精彩。这一天，是程砚秋生平中最难忘的一天。

就这样，经过短短的接触，周恩来和程砚秋就已成了朋友。周恩来关怀"程派"艺术的发展，更希望"程派"艺术后继有人，不久，他便介绍江新蓉拜程砚秋为师，程砚秋又多了一个弟子。

那是在江新蓉去华沙参加第五届世界青年联欢节前，周恩来派人把这位已有"山东的梅兰芳"之称的京剧演员接去参加欢迎尼赫鲁总理的演出宴会。此时的江新蓉还叫江新熔呢。宴会之后，周恩来秘书把她带到周恩来身边，梅兰芳、程砚秋先生也都在。她为周恩来和梅、程二位先生清唱了一段程派的《三击掌》，大家都很赞赏。唱毕，周恩来高兴地对程砚秋说："程先生，你一辈子没收过女徒弟，今天，我介绍江新熔作你的弟子。我当这个介绍人。"说着，他又回过头对江新熔说，过去你是山东的"梅兰芳"，今后，要做山东的"程砚秋"了。梅兰芳和程砚秋听了都高兴地笑了起来。

这时，周恩来对江新熔的名字产生了兴趣，问她是什么含义。江新熔回答："我是个苦孩子，从小失去父母，孤苦伶仃，参加八路军后，党领我走上新路。部队就是个新的熔炉，所以叫新熔。"周恩来听了哈哈大笑，说："起得好，起得好。不过，我看把'熔'字去掉火字边，加个草头，芙蓉的'蓉'，岂不更好？"

周恩来说完，目光转向程砚秋。周恩来很少给人改名，这一次偶尔为之，也得人家师傅同意呀！程砚秋当然明白这些礼貌常识，含笑点头，表示同意。从这以后，江新熔就改为"江新蓉"了。

梅兰芳高兴地站起来向程砚秋道喜。这时，周恩来转身对梅兰芳说："他虽然拜了程先生，但仍是你的学生，你以后也要好好帮助、教育她。"梅兰芳微笑着，连连点头。

程砚秋经周恩来介绍,收了这位女弟子。江新蓉在第五届世界青年联欢节上清唱的《三击掌》等选段,获得了金质奖章,而在她出国前,程砚秋给她作了反复的加工。

随着交往增多,周恩来对程砚秋的思想以至艺术了解得越来越深刻。他认为程砚秋在戏剧界有较大影响,思想基础又比较好,如果能帮助程砚秋在政治上不断进步,加入党的组织,就可以为戏剧界人士指出努力的政治方向。因此,周恩来积极对程砚秋进行培养帮助工作。

1956年冬,程砚秋随以彭真为团长的全国人大代表团访问苏联,在莫斯科和率领中国政府代表团在苏访问的周恩来相遇,回国途中又凑巧与周恩来同乘一列火车。周恩来利用这个机会,同程砚秋促膝相谈。周恩来从交朋友谈起,详细地了解程砚秋的思想情况,耐心地启发教育他,要他积极上进,并亲切地问程砚秋:"你为什么还没有入党呢?"

程砚秋惭愧地说:"我缺点太多,不够资格,旧社会养成的个人奋斗,疾恶如仇,容易得罪人,加上生活散漫……"

周恩来诚恳地说:"缺点是可以克服的嘛!如果你入党的话,我愿意作你的介绍人。当然,能否入党要经过党支部、党的组织讨论决定。"

在座的贺龙高兴地走过来,握着程砚秋的手说:"砚秋,入党要两个人介绍,我愿意作你的第二个介绍人。"

周恩来和贺龙的话鼓舞了程砚秋,给了他信心和力量。他回到家里非常激动地对夫人果素瑛说:"我要好好努力才对得起周总理对我的爱护和信任呀。"不久,程砚秋向所在单位的党组织提出了入党申请。他写道:"我体会到,真正好的党员是全心全意为国为民,是遵守党的纪律的,我认清楚了党就是好,真正是好的。所以我热爱共产党。我愉快,我兴奋,现在我要求入党了。"

一次,宋庆龄给周恩来送了一些阳澄湖的螃蟹,周恩来借此约请程砚秋夫妇、贺龙夫妇到家里聚会,他还坐车到西四报子胡同接来了程砚秋夫

第八章
魅力永存：总理人际交往之道

妇。寒暄落座后，工作人员端上了肥美的大螃蟹，贺龙斟满两杯酒，一杯递给程砚秋，一杯举在手中对程砚秋说："来，祝你成功！"席间，周恩来向程砚秋询问了戏剧界一些名角儿的近况，又谈了一些别的事情，然后催促邓颖超说："今晚天桥剧场有戏，你们几位先走吧，我们还有些事要谈，晚一些去。"说着他就起身同贺龙、程砚秋进了另一个房间。

周恩来在交谈中，肯定了程砚秋的优点，但也说明他性格有些孤僻、清高，指出在旧社会不愿与旧势力同流合污是个优点；但到了新社会，不顺应历史潮流，心胸狭窄，不注意团结同志，就和新社会的要求格格不入了，必须加以克服。周恩来希望程砚秋能很快地克服这个缺点，争取做一个合格的共产党员。程砚秋在交谈中，满怀信心地说："我现在觉得我进步多了。"贺龙坦率地对他直言："你说你进步多了不行，得别人说才行。"启发他注意谦虚谨慎，联系群众。

在周恩来、贺龙的耐心帮助下，程砚秋的政治觉悟不断提高，不仅有了强烈的入党要

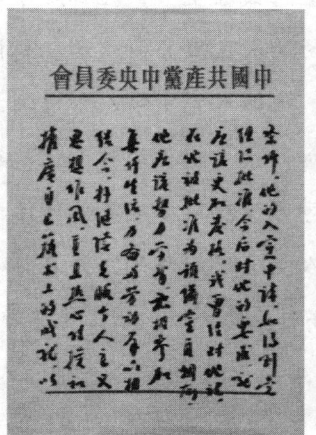

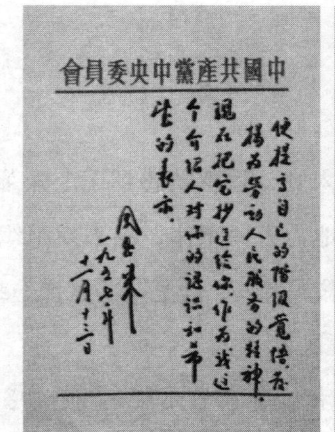

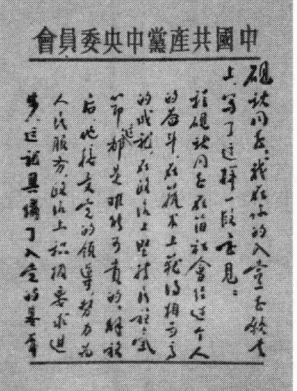

1957年11月13日，周恩来为介绍京剧演员程砚秋加入中国共产党写给程砚秋的信（历史图片）

求，而且基本上达到了共产党员的标准。1957年，在程砚秋按照规定履行入党手续时，作为介绍人之一的周恩来严肃认真地在程砚秋的入党志愿书上填写了自己的意见和希望，而后又将这些意见和希望细心地亲笔抄送给程砚秋。

砚秋同志：

　　我在你的入党志愿书上，写了这样一段意见：

　　程砚秋同志在旧社会经过个人的奋斗，在艺术上获得相当高的成就，在政治上坚持民族气节，这都是难能可贵的。解放后，他接受党的领导，努力为人民服务，政治上积极要求进步，这就具备了入党的基本条件。他的入党申请，如得到党组织批准，今后对他的要求，就应该更加严格。我曾经对他说，在他被批准为预备党员期间，他应该努力学习，积极参加集体生活，力图与劳动群众相结合，好继续克服个人主义思想作风，并且热心传授和推广自己艺术上的成就，以便提高自己的阶级觉悟，发扬为劳动人民服务的精神。

　　现在把它抄送给你，作为我这个介绍人对你的认识和希望的表示。

周恩来
一九五七年十一月十三日

有幸被周恩来介绍入党，程砚秋感到无上光荣。他决心在入党以后，按照党的要求，更加努力地为人民工作，决不使组织失望。在收到周恩来的信以后，他心潮澎湃，考虑了很久，提笔写了这样一封充满感情的回信：

　　您的珍贵指示和对于我的愿望，（我）感到兴奋极了，想了多日，真不知应用何种语言来回答。您再三说三十年没有介绍人入党了，请放心罢，我永久忠诚遵守党的一切，有信心为人民去工作，

第八章
魅力永存：总理人际交往之道

不会使您失望的。
　　专此，敬复。
　　周恩来总理同志台鉴

程砚秋谨启
十二月三日

程砚秋入党后，满怀信心要以实际工作报答党和周恩来总理的关怀。不幸的是，病魔却在悄悄吞噬着他的生命。1958年3月9日，程砚秋被心肌梗死夺去了宝贵的生命，年仅54岁。

程砚秋在大有作为之年不幸去世，是我国戏曲界的一个重大损失。周恩来十分关怀"程派"艺术的继承与发展，同时，也十分关怀中年丧夫的程夫人。

在程砚秋去世一周年会上，周恩来对程砚秋的弟子李玉茹语重心长地说："砚秋同志走得太早了，正在能为党好好工作的时候，就走了。以后，担子就落到你们这一代肩上了。"

1959年3月，在北京举行程砚秋逝世一周年纪念演出，由"程派"传人赵荣琛、王吟秋、李世济、侯玉兰、李蔷华和江新蓉演出"程派"代表剧目。尽管周恩来日理万机，但还是抽出时间具体指导并参加了这一纪念活动。纪念演出之后，周恩来和邓颖超邀请程砚秋夫人果素瑛，还有梅兰芳、马少波、童芷苓、杨淑琴以及"程派"传人赵荣琛、王吟秋、李蔷华、侯玉兰、李世济、江新蓉，"程派"鼓师白登云和琴师钟世章等到家里座谈、便餐。座谈中，周恩来语重心长地说："程派艺术成就极高，如今程先生不在了，程派艺术不能散失湮没。这次演出只有6个人参加，同全国几亿人口相比，太少了，一定要多培养程派人才。"周恩来提议要抢救"程派"艺术，搞一个"程派"剧团，把"程派"艺人和乐队都调来。饭后，周恩来、邓颖超还与大家合影留念。不久，"北京市青年京剧团"成立了，赵荣琛、王吟秋担任指导，白登云、钟世章从外地调回北京。

1960年3月9日，程砚秋逝世两周年之际，周恩来在中南海西花厅邀请程夫人和一些京剧艺术家去座谈如何继承和发展"程派"艺术问题。座谈会从上午11时开始，到下午4时才结束。周恩来兴致很高，点名要大家都清唱一段京剧。程夫人唱了一段《文姬归汉》，梅兰芳唱了《玉堂春》中的"来至在都察院……"，李玉茹唱《汾河湾》，江新蓉唱《六月雪》和《二度梅》，王吟秋唱《碧玉簪》，赵荣琛、童芷苓唱《锁麟囊》，侯玉兰唱《孔雀东南飞》，齐燕铭唱昆曲《山门》和《长坂坡》里"杨派"话白，马少波唱《打渔杀家》，杨秋玲唱《凤还巢》。有人提议要周恩来唱一段，周恩来风趣地提议要邓颖超代唱。邓颖超与童芷苓合唱了一段《武家坡》，邓颖超唱的薛平贵，童芷苓唱的王宝钏。这种聚会是对程砚秋最好的纪念。

这一年，地方戏的表演艺术家常香玉、红线女、陈伯华、袁雪芬等齐聚北京，参加一个会议。周恩来又与邓颖超商议，决定利用这个机会，请她们和程夫人一起来家里聚会，陪程夫人散散心。常香玉等七八位演员到中南海时，邓颖超接待了大家。她给大家端出一大盘吃的东西，一边让一边说："这是外国朋友送给恩来的，恩来说我们的演员要来，要留给演员吃。"大家都围上去，一看盒里的果子都不认识。邓颖超说："这是非洲产的。"她看大家都喜欢吃，就笑着说："你们不但可以吃，还可以拿。"于是大家就你一把我一把地往口袋里装，顿时欢声笑语充满了客厅。

不一会儿，程夫人来了，接着周恩来也回来了。周恩来一边让大家坐下，一边对程夫人说："程砚秋同志逝世后，大家都很怀念他，今天趁我们许多名演员来北京的机会，请她们陪你来玩一玩。"

周恩来把程夫人让到上座，并举杯向程夫人敬酒。邓颖超说："周恩来是不大喝酒的，今天要敬程夫人酒，要喝一点。"周恩来很风趣地说："小超已'指示'我了，我可以喝半杯了。"接着，他对邓颖超说："你也可以陪半杯吧？"邓颖超高兴地点了点头。

第八章
魅力永存：总理人际交往之道

第一杯酒敬完了，周恩来说："你们大家也都给程夫人敬一杯。"于是，大家站起来向程夫人敬酒。

周恩来安慰程夫人说："砚秋同志虽然不在了，但是砚秋同志热爱的戏曲事业，在党和毛主席领导下兴旺发达，百花齐放。"接着，他指着常香玉等人诙谐地说："她们都是各霸一方，你们看，我们现在是人才济济，后继有人啊！"说着，周恩来爽朗地笑了起来。吃饭时，周恩来不断给程夫人和在座的每个人夹菜，说："哪一样菜喜欢吃，你们说话，再给你们做。"

饭后，周恩来又陪程夫人和演员们到院子里散步，他边走边谈，从程砚秋的艺术成就，谈到戏曲的流派。周恩来说："我们的戏曲方针是'百花齐放，推陈出新'，不但要提倡流派，还要发展流派……"

有一次，电影演员秦怡到北京参加会议，顺便同周恩来一起吃饭。周恩来特意问起她："你那个菲菲现在身体怎么样了？胃病好了没有？"

周恩来这么一问，倒把秦怡给问愣了。她心想，总理怎么会知道我孩子的呢？秦怡猛然间记起了，20年前，周恩来在重庆见过她的孩子。当时因为工作很忙，生活条件相当艰苦，秦怡把孩子寄养在一个同志家中，孩子十分瘦弱。有一次周恩来看见这个孩子的状况，十分惊讶，问这是谁家的孩子："怎么这样瘦呀？"有同志告诉他说："这是秦怡的孩子。秦怡因为整天忙演出，没时间照顾她。"当秦怡明白周恩来指的是当年那一幕，感激之际，不禁从心底佩服总理的记忆力。

从1939年第一次见到周恩来，直到1965年的最后一次，20多年中除解放战争一小段时间外，秦怡几乎年年能见到周恩来，每次都从周恩来那里得到热情的关怀和亲切的教诲。

1939年年底的一天，秦怡在重庆的一个朋友家里吃饭时第一次见到了周恩来。当时她才17岁，各方面都很稚嫩，虽然参加抗日文艺活动，但是政治觉悟很低。闲谈中，周恩来问她在哪里工作。她随口说："合唱团！整天唱

电影表演艺术家秦怡

歌。可是我嗓子不好,唱不好,真没什么意思。"

周恩来问:"合唱团都唱些什么歌?"

秦怡说:"可多了,尽是抗日的,《黄河大合唱》《大刀进行曲》《大路歌》等。"

周恩来一听说是这些歌,十分高兴,不由自主地哼起《大路歌》来。吃完饭,他对秦怡说:"唱抗日歌曲是一个很重要的工作啊,你不要不满。你要好好地练,好好地唱。我们多少同志正是在这些抗日歌曲鼓舞下参加了抗日,到前线进行斗争的。这是一个非常非常重要的工作,你怎么能说没有意思呢?"

周恩来态度平易近人,说话十分和气。但秦怡不再是感到"没有意思",而是为自己有"没有意思"的错误想法感到不好意思。也正是从这时起,秦怡初步懂得了一些革命的道理。

中华人民共和国成立后,出于对电影文化事业的关注,周恩来多次从电影艺术方面对秦怡给予指导关怀。1953年,秦怡等在北京演出历史剧《屈原》,她们在周恩来家中谈到了这个戏。这个戏抗战时期在重庆上演过。

周恩来对秦怡说:"一个戏的演出,要看在什么样的时代背景下,才更有教育意义，你们那时候演出，揭露了蒋介石的反革命两手，揭露了国民党的假抗日、真投降的嘴脸，有很大意义，对全国人民是很大的教育和鼓舞，比起今天来，更有价值。"他教育大家时刻记住在今天文艺要更好地歌颂新中国、歌颂新社会。

1958年，周恩来到上海时，看到秦怡等正在演莎士比亚的《第十二夜》，又一次对她们说："你们应该多演一些反映当代伟大斗争的戏，要不失时机地反映这种生活。"考虑到制作故事片的周期较长，因为剧本等不可能一下子写成，如果一定要等深入生活结束再来反映，时机也就过去了。因此周恩来指示她们在创作故事片的同时可以多搞一些艺术性纪录片，及时地反映社会主义革命和建设一日千里的景象。

同时，周恩来还谆谆教导文艺工作者要深入生活，指出这样创作出来的作品才会有感情。1960年，秦怡将随中国电影代表团出国访问，在北京会集时见到了周恩来。周恩来一看见她们就惊讶地问："你们怎么搞的？一个个又瘦又黑。"大家笑着回答说："来北京之前正在马桥公社劳动，同贫下中农一起抢种油菜。"周恩来听说她们在劳动，高兴地说："啊！是这样。好！那就再瘦一点也不要紧。这是一个锻炼！"并且还同秦怡开玩笑："秦怡，你不能再胖了，再胖下去，还有许多工作怎么做啊！"

要深入生活，细细地体会作品，秦怡没想到，自己很快就在这方面被周恩来考了一次。

1964年，秦怡在北京拍一部故事片《浪涛滚滚》，扮演一个水利工地的党委书记，拍完后请周恩来提提意见。周恩来来了，一看见秦怡就问："你们那个工地怎么样啊？"

秦怡一开始还闹不清是怎么回事，我们哪有什么工地呀？幸好她反应不慢，立即想到周恩来是在把她当作一个真正的水利工地的党委书记在谈话，是在考验她究竟有没有深入生活，进入角色，她也就开始按剧中所描写的那样回答了。

周恩来接着问了一系列水利工程的问题，如坝有多少米高，多少米宽，是拦洪为主还是发电为主，灌溉的面积有多大，泥沙的问题是怎么解决的，在施工中遇到什么困难，怎么解决的，等等。秦怡一一做了回答，并告诉周恩来，自己在深入生活和拍摄电影时，基本上是按照一个党委书记应该做的那样去做的。周恩来看了秦怡一眼，说："哦，你是这样吗？你这个党委书记还算可以。"

1961年，秦怡再次在北京碰到周恩来。大家谈到如何根据电影特性，提高表演艺术水平的问题。周恩来肯定了演员们的一些成绩，并叫他们要放开来演。秦怡说："过去自己曾经演过一个坏戏，内心很是不安。我恨自己当时没有认识。"周恩来鼓励她说："当然，你们那时演了一个坏戏，从政治上讲是不好的，你本来应该进行抵制和斗争。但是你们有些演技是好的，应该把这些演技用来为好的内容服务。这些技术不应该丢掉。你不要老是灰溜溜的，不要老是因为演了一个坏戏就以为一辈子有了一个污点似的。不要那样子，我可不喜欢这样子。但是我们要认识它，正视它，也不要怕。"

1964年，秦怡参加拍摄的故事片《北国江南》又受到了错误批判，她在这部片子里扮演银花。当时，她的心情十分沉痛。有一次在北京，周恩来见到她就问："怎么样？紧张了吧？"

秦怡当时说不上话来。周恩来笑笑说："你们不要紧张，不要老是灰溜溜的，不要老是挨批的样子；应该振作起来。"并说："我明天让国务院办公室送些票子来，请你们去看大型歌舞史诗《东方红》，你看了这个戏之后，思想境界就会同现在不一样，你的眼界就开阔了。"

周恩来的话像春风，融化了秦怡心头的冰块。本来她以为自己犯了那么大的错误，全国都在批判了，周恩来总理也一定会大大地批评她一顿。没想到周恩来总理是这样对她进行教育，鼓励她提高认识，继续前进，这怎能不令她激动呢？

第八章
魅力永存：总理人际交往之道

战友情深

在多年的革命斗争与建设生涯中，周恩来有过无数共同战斗的战友，周恩来与他们结下了深厚的友谊。这中间，不免有意见相左的人，但并不妨碍他们在生活中成为朋友。在这一点上，即使对周恩来有过意见的人，也不能不承认，周恩来是一位最值得结交的朋友。

有作者这样记述和讴歌周恩来与瞿秋白的情谊。

1924年夏，周恩来听从党的召唤，由法国赶回祖国，接受新的革命任务。在一次党的会议上周恩来与瞿秋白相

瞿秋白

识。瞿秋白给周恩来的第一印象便是：白白净净，很瘦削，鼻梁上架一副眼镜，是一个名副其实的书生秀才，倒是全没有秀才的酸气，待人很热情。周恩来给瞿秋白的第一印象便是：英俊、潇洒，敏捷果断，精力充沛，善于雄辩却又十分谨慎，并且很有礼貌。随后周恩来受党的派遣进入黄埔军校工作，瞿秋白则回上海主持党的宣传工作。此时周、瞿两人还只是互相认识而已。

1925年1月，中共四大在上海召开，瞿秋白负责大会政治决议案的起草工作，周恩来在会上做了军事报告，两人不约而同地提出了中国革命运动中

的无产阶级领导权问题。尤其是瞿秋白起草并被大会通过的《关于民族革命运动决议案》中，更明确指出：中国的民族革命运动，必须最革命的无产阶级有力的参加，并且取得领导的地位，才能够得到胜利。对此，周恩来十分赞成。对中国革命认识的一致性，增进了两人的相互了解，他们之间的友谊与日俱增。会后，瞿秋白被选为中共中央执行委员，仍主管宣传，并负责主编《向导》；周恩来则负责军事工作。从此，周、瞿两人来往于广州、上海之间，常常就党的事务和革命问题进行研究，互商对策，分别在不同的岗位上与敌人进行不懈的斗争。

"中山舰事件"发生后，当时正因肺病住院的瞿秋白极为震惊，他提前出院，抱病迅疾赶到广州，与周恩来商量，支持周恩来的主张。他写文章、做宣传，与周恩来一起同右派分子斗争。9月，瞿秋白回到上海，带病作了《秋白由粤回来的报告》："在我党推动下，伟大的北伐战争已经开始了，周恩来、林伯渠、叶挺等一大批共产党卓越的军事干部，目前都在北伐军中担任骨干。"他坚定地说："我们要宣传北伐，要参与北伐，要进一步唤起广大工农群众、革命知识分子和一切拥护我党立场的人士，参加北伐，支持北伐，争取北伐战争的彻底胜利。"这是中共中央执委对周恩来等同志参加并领导北伐的最早肯定与支持。1927年，蒋介石发动"四一二"反革命政变前夕，时任中共中央军委负责人兼江浙军委书记的周恩来，通过掌握的一系列情报，判定蒋介石将要向共产党人和革命的工农群众举起屠刀，便火速发出了给中共中央的意见书《迅速出师讨伐蒋介石》。瞿秋白对此也有明晰的认识，当时他作为中共中央五位执委之一，主管宣传，在武汉就《汉口民国日报》编报方针问题指出：应把"揭露蒋介石的反共和分裂阴谋"作为首要重点。他还说："此人（指蒋介石）十分阴险，口是心非，言行不一……他已经掌握了军队，又有京、沪、杭的地盘，完全是个新军阀，为日后一大隐患。"思想认识的一致性，使得周、瞿两人更加亲密，在以后白色恐怖的岁月中，他们始终站在一起。

第八章
魅力永存：总理人际交往之道

1926年初冬，周恩来因工作需要将离沪赴穗（广州），向养病的瞿秋白告别。看到瞿秋白为革命工作而操劳过度的孱弱病躯，周恩来十分难过，劝他要多休息，注意保养身体，并且脱下自己的皮袍披到瞿秋白身上，动情地说："革命需要你有一副好身体。"瞿秋白很感动，说什么也不要。周恩来又说："我要回广州了，这东西也用不着了，还是留给你用吧。"瞿秋白这才收下。对这件事，瞿秋白一直念念不忘。几年以后，他还常常同别人提起那年冬天周恩来赠他皮袍的事，他说周恩来是"一位永远不考虑个人安危，永远战斗在第一线，永远体贴和关怀别人的好同志"。

大革命失败后，革命处于危急关头。瞿秋白主持召开的八七会议，确立了土地革命和武装推翻国民党反动统治的总方针，成为中共历史上的重要转折点，产生了以瞿秋白为首的中央临时政治局。然而由于种种原因，瞿秋白在策略上出现了"左"倾错误。

1928年年初，共产国际作了在莫斯科召开中共六大的指示，以讨论中国革命问题，瞿秋白、周恩来便一道赴莫斯科出席并主持了这次会议。大会清算了陈独秀右倾投降主义错误，也批判了瞿秋白的"左"倾盲动主义思想。瞿秋白虚心听取大会批评，毫不推诿过失，在大会上作了自我批评，主动承担责任，并且写进了《政治决议案》。对于瞿秋白这种光明磊落、襟怀坦白的品格，周恩来深有感触。他曾说："六大决议是瞿秋白同志起草的，米夫、布哈林都修改过，拿回来后秋白同志又改过。"

1930年5月，周恩来来到莫斯科向共产国际汇报工作，又一次同担任共产国际执委会常委的瞿秋白认真地总结革命经验，交换意见，并且就许多方面达成一致。此时在国内的李立三已经实际上掌握了中共中央的权力，又一次推行"左"倾思想，导致了革命事业的巨大挫折。共产国际得到消息后，指示瞿秋白、周恩来立即回国挽救革命。瞿、周两人于1930年9月回到祖国，立即在上海主持召开了六届三中全会。会上针对李立三的"左"倾思想进行了批判，周恩来作了《关于传达国际决议的报告》，瞿秋白作《政治问题讨论的结论》的报告，正确提出了"'左'倾并不比右倾好些"的科学论断。

1931年1月7日，中共六届四中全会在上海召开。六届四中全会在极不正常的情况下，对瞿秋白和周恩来进行了严厉的指责和批判，强调指出党内目前的主要危险是右倾而不是"左"倾。以后，王明把持了党中央，瞿秋白、周恩来都不同程度地遭到排挤、打击。周恩来于1931年12月去了中央苏区，瞿秋白也于1934年2月来到苏区瑞金。周、瞿这两个曾经患难与共的朋友又见面了。

瞿秋白来到瑞金后主管文教和《红色中华》的编务工作。因为长期紧张的斗争生活，加上肺病复发，瞿秋白的身体十分虚弱，然而，他仍然不辞辛苦、不顾病痛走访乡村，为繁荣发展苏区文化教育呕心沥血。战友们关心他，劝他加强营养，多加休息。然而，此时的中央苏区人民正全力以赴进行第五次反"围剿"斗争，形势日趋紧张，粮食、弹药、医用品、日常生活用品都已经相当紧缺。正在前线忙于指挥作战的周恩来也时刻惦念着瞿秋白，经常打听他的情况。由于作战任务重，周恩来无法脱身，他就让病痛缠身的邓颖超带着偶尔从敌人那里缴获来的一点点面粉、白糖送给瞿秋白，这在当时是最好的营养品了。为此，瞿秋白感动得热泪盈眶。

王明"左"倾路线的错误指挥，没能打退敌人的第五次"围剿"，苏区的红军将士经过一年多的浴血奋战，被迫于1934年10月开始长征。瞿秋白没能随红军主力长征，于1935年6月英勇就义于福建长汀。

瞿秋白牺牲的消息传来后，全党上下都很难过，周恩来更是悲痛万分。瞿秋白的牺牲不仅使我党失去了一位优秀领导人，而且使他失去了一位忠诚可靠、襟怀坦白的朋友。周恩来一直十分怀念瞿秋白，并对他的功绩念念不忘，多次肯定说："秋白是为了共产主义的理想，为了中国人民的解放，忍辱负重，任劳任怨，无私无畏，忘我工作，英勇献身……这种崇高精神，是永远值得党和人民纪念的，也值得我好好学习。"

抗战胜利后，周恩来怀着深深的思念之情，拜托全党同志帮他收集整理

第八章
魅力永存：总理人际交往之道

瞿秋白的遗诗遗著，还为此专门写信给瞿秋白幼年挚友羊牧之先生，让他帮助收集，以此寄托对瞿秋白的怀念。并觅得诗稿四首：

其一

十年不相见，相见各成人。

皤鬓一似旧，举止失天真。

君知霜月苦，仆仆走风尘。

风尘应识好，坚我岁寒身。

重耳能得国，端在历艰辛。

其二

贻我七言句，秋气满毫端。

芦花不解事，只作路旁看。

我意斯文外，别有天地宽。

词人作不得，身世重悲酸。

吾乡黄仲则，风雪一家寒。

其三

君年二十三，我年三岁长。

君母去年亡，我母早弃养。

亡迟早已埋，死早犹未葬。

茫茫宇宙间，何处觅幽圹？

荒祠湿冷烟，举头不堪望。

其四

出其东门外，相将访红梅。

春意枝头闹，雪花满树开。

道人煨榾柮，烟湿舞徘徊。

此中有至境，一一入寒杯。

坐久不觉晚，瘦鹤竹边归。

之后，周恩来写信给羊牧之先生："秋白同志毕生服务人民大众，卒以成仁，耿耿丹忠，举世怀仰。""复有知友如先生者，为之收集残稿，捃拾散佚，以待传之后世，则感激者不徒敝党与瞿秋白同志个人而已也。"耿耿丹忠，举世怀仰，正是周、瞿两人崇高的革命友谊的最贴切的写照。

中华人民共和国成立后，周恩来更是十分重视对瞿秋白烈士遗著工作的整理。1955年6月18日，是瞿秋白殉难20周年，中共中央在北京八宝山革命烈士公墓举行瞿秋白遗骨安葬仪式。周恩来主祭，并且捧着瞿秋白的骨灰盒，将它放进墓穴……

周恩来与萧华的相识、相熟，则因着一个"危险的开端"。事情经过是这样的：

1933年年初，朱德、周恩来实行诱敌深入的方针，取得了第四次反"围剿"的重大胜利，消灭了蒋介石嫡系部队3个师，俘敌1万余人，活捉了敌师长李明和陈时骥。为了庆祝胜利，进一步鼓舞部队的战斗情绪，总政治部青年部部长萧华主持召开了全军青年工作会议。会场设在宜黄县西南总部驻地一座年久失修的祠堂里。朱德总司令、周恩来政委和总政治部王稼祥主任等首长坐在讲台后面的凳子上，到会的几十名青年干部坐在讲台前面。

周恩来做报告。他讲了粉碎敌人第四次"围剿"以后的形势，表彰了一批青年英雄模范，要求大家提高警惕，不要因为胜利而麻痹……这时，突然有6架敌机出现在会场上空。敌人探知这一带驻有红军的首脑机关，飞机飞得很低，一直在会场上空盘旋，寻找轰炸目标。与会人员正想跑出祠堂，敌

第八章
魅力永存：总理人际交往之道

机已经俯冲下来。

敌机接二连三扔下炸弹，祠堂周围硝烟弥漫，霎时间变成一片火海。萧华和在场的年轻人一样，缺乏防空袭经验，他想到祠堂外百米远的山前有防空洞，就猫着身子往外跑。刚冲到门口，周恩来盯着当空坠下的炸弹，猛一把把萧华拽进门槛，大喊一声："卧倒！"随即将萧华按倒在自己身边，并用身躯掩护着他。好几颗炸弹在离门口不远的地方爆炸，弹片掠身而过，掀起的泥土和震落的尘土劈头盖脸地落了下来，厚厚地盖了他们一身。

一阵狂轰滥炸之后，敌机飞走了。近处的几座房子变成了一片瓦砾，冒着一缕缕青烟；祠堂周围的空场上炸出一个个大坑，墙壁上留下累累的弹痕，王稼祥的腰部也被弹片炸伤了。萧华心脏还在怦怦地跳着，真是好悬呢！要不是富有防空经验的周恩来沉着果断，舍身相救，后果是不堪设想的。后来，萧华说过："周政委这种爱护青年，舍己为人的精神是一贯的，每逢历史的重要关头，他的这种品格就像夜明珠一样闪射出分外夺目的光彩。"

周恩来拍打着身上的尘土，用手帕揩了揩脸，向周围扫视了一圈，诙谐地说："蒋介石知道我们在这里开会，派飞机给我们放炮庆祝。"一句话，说得大家都笑了。此刻萧华却笑不出来，只是深情地望着周恩来那高大又略显清瘦的身躯和浓眉下炯炯有神的眼睛，他陷入了沉思：周恩来在危险关头舍身相救的虽然是我一个人，但蕴含着他把年轻一代当成党的宝贵财富的崇高思想，体现了他对青年人寄托着火一样的热切期望。后来，萧华曾以《周恩来政委和我在一起》为题，写诗记之：

蒋机咽咽哭亡魂，投地烽烟黑半空。

军中青年会正酣，远略妙韬讲更浓。

临险泰然周政委，扬眉一笑凌苍穹。

轻拂弹尘重开讲，挥手潇洒满天红。

多少年过去，萧华在轰轰烈烈的"文化大革命"中又一次遇"险"，这一次，又是周恩来的保护使得萧华安然度过。萧华说："在'文化大革命'中，林彪、江青这伙野心家、阴谋家疯狂地对周恩来进行围攻和迫害，使他处于异常艰难困苦的地步。就在那样深重的政治磨难之中，他仍然砥柱中流，保护了一大批老一辈无产阶级革命家和年轻的新一代。我自己，也正是在他的保护下而幸存的一个。"

在"文化大革命"中，萧华处于十分艰难的境况。"彻底砸烂总政阎王殿"是林彪、江青反革命集团策划的一个大阴谋。当时身为总政治部主任和总政党委书记的萧华首当其冲，成为他们要打倒的主要目标。他们强加给萧华许多"莫须有"的罪名。曾在群众中广为传唱的《长征组歌》，也和它的作者萧华一样遭到厄运，有人竟然说："《长征组歌》是反对毛主席、反对毛泽东思想、为萧华自己树碑立传的。"

1967年1月19日，在中央军委召开的碰头会上，江青等人肆意诬蔑和攻击萧华。1月20日凌晨，萧华即被造反派揪走，并被抄家。周恩来得知情况后，立即责令要保护萧华安全回家，抄走的东西要送还。第二天，周恩来又就当时大字报上对萧华的诬蔑之词辟谣，责令覆盖所有这类大字报。不久，毛泽东也明确表示要保护萧华。在中央军委2月15日和3月3日两次会议上，周恩来发表讲话，严厉批评了冲击萧华、冲击总政、冲击军队的恶劣行为，明确指出要保护萧华。3月3日晚，在人民大会堂召开的总政治部全体干部、战士及职工共600人参加的大会上，周恩来激动地说：萧华"他是个'红小鬼'，从他整个历史看是光荣的"；"他从'红小鬼'到总政治部主任，跟着毛主席几十年，他怎么会反对毛主席、反对毛泽东思想呢？他写的《长征组歌》我都会唱，你们为什么不唱呢？"。

周恩来苦口婆心又义正词严的讲话，暂时说服了军队的造反派，使处在动乱中的总政治部一度稳定下来，维持工作两个多月。但这一切都没能够阻止林彪、江青一伙反革命阴谋的推行，继"一·二〇"事件之后，他们又策划了"五一三"武斗流血事件,反而诬蔑萧华是"五一三"事件的罪魁祸首,要揪出萧华。他们连续在京西宾馆召开大会,名义上是要萧华"回答问题",实际上是对萧华轮番批斗。

7月25日,林彪在天安门城楼上接见了被他们操纵的造反派,指示说:"要战斗,要突击,要彻底砸烂总政阎王殿。"8月11日,在黄永胜、吴法宪、叶群、李作鹏、邱会作等人的操纵下,一大批造反派拥入总政大院,在总政礼堂批斗了萧华和几位副主任、各部正副部长,并将他们分别隔离、关押、揪斗、批判。从此,总政治部及各级党委陷于全面瘫痪。

1974年国庆节前夕,遭受林彪反革命集团和江青一伙恶毒诬陷、残酷迫害、被非法关押达7年之久的萧华,在周恩来等老一辈无产阶级革命家的关怀下,终于获得了解放。萧华在回忆这段历史时,无限感慨地说:"当林彪、江青反革命集团拿总政开刀,多次以莫须有的罪名揪斗我、迫害我的时候,敬爱的周总理不顾惜自己,一而再、再而三地挺身出面保护我,他面对一阵阵扑来的恶浊的黑浪,仗义执言多次为我说话:'萧华同志从小参军,我是亲眼看着他在红军队伍中成长起来的。没有对党、对毛主席的深厚感情,他怎么能从长征中一步一步地走过来呢?党怎么能信任他担任总政治部主任呢?这样的同志,怎么能说是反党,反毛主席的呢?'周总理伟大高尚的品德,永远是我学习的榜样。"

党外人士的挚友

对于党外人士,无论是曾经作为敌对的国民党人,还是民主人士、开明士绅,周恩来都能做到平等交往,动之以情,晓之以义,予之以利。在坚持原则的前提下,他灵活多变地运用人际交往艺术,为中国共产党争取了一大批朋友。

大家对于李宗仁不会陌生,这位当年国民政府的副总统、一度曾任代总统的时代风云人物,在国民党政权溃败之际,飞到美国定居。时移事易,他的思想也在发生着一些变化,并最终走上了回归祖国之路。而在这一重要的历史事件中,周恩来发挥了极其重要的作用。

1955年6月11日,李宗仁在纽约公开发表了《对台湾问题的具体建议》(以下简称《建议》)一文,提出:第一,恢复国共和谈,中国人解决中国事,可能得一和平折中方案;第二,美国承认台湾为中国一部分,但目前暂划为自治区,双方互不宣布设防,美国撤走第七舰队,使台湾成为纯粹的中国内政问题,则台湾地区战争危险可免。李宗仁表示:"以过去亲身的经验,观察今日之变局,自信颇为冷静而客观,个人恩怨,早已置之度外。唯愿中国日臻富强,世界永保和平,也就别无所求了。"

李宗仁(历史图片)

尽管李宗仁的《建议》包含着他极其复杂的个人考虑,但反映出他在政治立场上的重要转变。《建议》的发表,造成了轰动一时的"李宗仁冲击波"。首先是台湾国民党当局及其海外的所谓"忠贞之士",强烈谴责李宗仁"叛党背国";其次是一些一度与李宗仁搞"第三势力"的人士宣布与李宗仁分道扬镳,发誓不与其"同流合污"。但更重要的是,海内外广大爱国人士支持李宗仁的建议,并开始为和平解决台湾问题而奔走呼号、献计献策。国际舆论对之也评论不一,有赞扬者,有批评者,大多则是冷眼旁观。总之,一石激起千层浪,沸沸扬扬,不一而足。

李宗仁《建议》的发表,引起中共方面的高度重视。党中央立即派人去香港找曾任其秘书的程思远了解李宗仁思想转变的过程。1955年8月14日,李克农在给党中央的报告中分析认为,如果我方工作得当,"李宗仁靠拢新中国的可能性是存在的"。从此,中国共产党争取李宗仁回国的工作在周恩来的直接领导下,作为争取祖国和平统一、推动第三次国共合作的一项重要内容秘密而稳步地开展起来。这项工作主要是通过程思远进行的。

1956年4月下旬,周恩来让李济深捎信给在香港闲居的程思远,希望他能到北京一谈。4月底,程思远飞抵北京。5月12日,周恩来约见程思远、李济深、张治中等人,进行了3个小时的长谈。周恩来对程思远说:"李宗仁先生去年发表了一个声明,反对搞'台湾托管',反对'台湾独立',主张台湾问题由中国人自己协商解决。这是李先生身在海外心怀祖国的表现。"周恩来指出,国共两党应以民族和国家利益为重,实行第三次合作。他强调,中共方面将为海外的原国民党军政人员回国探亲、访友、观光提供方便,保证他们来去自由。他表示:"我们欢迎李先生在他认为方便的时候回来看看。"

程思远向李宗仁及时转达了周恩来的建议,但李宗仁表示他的"中间立场"并未改变。

李宗仁《建议》发表后,引起了美蒋的恐慌,美蒋特务开始对李宗仁进行严密的监控。随着时间的推移,李宗仁因美蒋特工人员限制他活动的自由而对美蒋愈来愈不满,也愈来愈思念故土。1959年,李宗仁一方面通过程思远转信给周恩来,表示自愿将收藏的历史名画献给国家;一方面又通过李济深、费彝民转信给周恩来,表达了"落叶归根"的愿望。9月24日,周恩来在接见参加中华人民共和国成立10周年庆祝活动的程思远时指出:李宗仁捐献名画是其爱国主义精神的表现,政府考虑接受;同时又表示,他回国定居的时机还不成熟。因为在周恩来看来,李宗仁受美蒋特工人员监控,稍有不慎将危及其生命；同时，李宗仁的思想转变还不是很充分，还在很大程度上受到"第三势力"、美台关系，以及中美关系的影响。周恩来建议程思远先到欧洲同李宗仁商谈一下。此后，李宗仁把存在纽约的字画运到香港，又转送北京。不久，周恩来致信程思远说：字画有些是真的，有些是赝品，但政府体念李先生的爱国热忱，将助他一笔赴欧的旅费，以壮其行色。1960年春，李宗仁夫人郭德洁飞抵香港，接受了这笔外汇。

1963年7月14日，《欧洲周报》刊登了意大利女记者玛赛丽写的《李宗仁先生访问记》。李宗仁在谈话时表示："我由于自己的失败而感到高兴，因为从我的错误中一个新中国正在诞生"，洋溢着李宗仁对新中国心悦诚服的热烈心情。程思远同李宗仁约好12月在瑞士苏黎世会晤。临行前程思远专程赶往北京就此事向周恩来请示。周恩来让程思远向李宗仁转达三件事：一是"四可"，即可以回国定居，可以回来后再回美国，可以再回来，可以先在欧洲暂住一个时期再说；二是"四不要"，即不要介入中美关系，不要介入美台关系，不要介入国共关系，不要介入"第三势力"；三是要过"五关"，即政治关、思想关、社会关、家庭关、亲友关。1963年12月19日，程思远飞抵苏黎世，向李宗仁转达了周恩来的意见。

1965年2月，毛泽东指示："似应欢迎李宗仁回国，去年向美报投书问题，无关大局，不加批评，因他已自己认错了。"毛泽东的关心坚定了李宗仁回国的信念，也加快了中共方面迎接李宗仁回国的进程。3月，李宗仁致信程思远，表示急于回国。6月13日，李宗仁离美抵达瑞士。周恩来得到消息后果断地表示："李宗仁先生多年来的夙愿可以如愿以偿了。"周恩来立即电邀程思远赴京商谈有关事宜。6月18日程思远到达北京时，周恩来已出访非洲，但行前指示三点：一是政府发给李宗仁一笔回国旅费，由程思远带往瑞士面交李宗仁；二是发给程思远一笔旅费，派程思远到瑞士接李宗仁回国；三是苏黎世有中共方面人士帮助李、程回国。程思远接到指示后，次日离京赶往欧洲。

第八章
魅力永存：总理人际交往之道

程思远因签证延误，直到6月28日才飞抵瑞士苏黎世。李宗仁原本想邀请前国民政府地政部部长吴尚鹰等人一同归国，但他们迟迟未到。中共方面准备安排李宗仁等人先到洛桑小住，但7月12日却又突然通知他们必须以最快的速度，至少是在7月13日下午2时前离开苏黎世。就在李宗仁等人飞机起飞的两个小时后，台湾特工人员就带着蒋介石授意白崇禧写的亲笔信来找李宗仁。如果不是行动及时，后果真是不堪设想。

1965年7月17日晚上，在上海的周恩来通宵未眠，一直等到李宗仁、程思远的座机安全飞入中国境内后才上床休息。7月18日上午8时许，李宗仁夫妇抵达广州白云机场，受到中南局第一书记陶铸等人的热烈欢迎。11时许，李宗仁等人飞抵上海，周恩来、陈毅等到机场迎接。李宗仁受到如此礼遇，激动万分。当晚，中共上海市委书记陈丕显在上海文化俱乐部（前法国总会）设宴招待李宗仁夫妇及程思远，周恩来、陈毅均参加。宴会上，周恩来同李宗仁进行了亲切的交谈。

1965年7月，周恩来会见从美国回到祖国的原国民政府代总统李宗仁和夫人郭德洁。右一为彭真，左一为张洁清（杜修贤　摄）

7月19日上午,周恩来在上海文化俱乐部与李宗仁会晤。周恩来说:"李先生万里回来,我们很为你的安全担心。台湾方面到处打听李先生的消息,但所得消息都是不正确的,证明他们情报落后了。"关于中美关系,周恩来指出,10年来中共从不拿原则作交易,这一点连陈诚都动容;关于台湾问题,周恩来指出,在几个重要历史时期同蒋介石的接触中,他"不以仁义待人",然而,"蒋虽不可信,但台湾仍保留在蒋手里还是比美国占去好";关于第三势力,周恩来指出那是没有前途的。周恩来重申"四可精神",表示尽管李宗仁说回来就不再出去了,但"四大自由"仍要讲。周恩来言辞坦诚恳切,听者无不为之动容。

7月20日上午,为了隆重接待李宗仁回国,周恩来的专机先行起飞20分钟到达北京。等李宗仁夫妇飞抵首都机场时,受到周恩来、彭真等党和国

周恩来与民主人士合影(历史图片)

第八章
魅力永存：总理人际交往之道

家领导人的热烈欢迎。李宗仁在机场发表公开声明，希望海外侨胞和各方面人士坚决走反帝爱国的道路。他指出："与反动派沆瀣一气，同为时代所背弃。"他希望留在台湾的国民党人，凛于民族大义，返回祖国怀抱，为祖国统一做出贡献。当晚，周恩来在人民大会堂宴会厅设宴欢迎李宗仁夫妇，待以上宾之礼。

周恩来对接待李宗仁返国格外重视，指定中央统战部成立接待办公室，整个接待工作是在他直接领导下有计划、有步骤地进行的。在上海时，李宗仁曾提出要在北京举行中外记者招待会，周恩来当面答应。9月24日，周恩来指定吴冷西等4位同志作为招待会的顾问。9月26日，500多名中外记者参加了李宗仁在北京举行的中外记者招待会，规模之大，为新中国首次。李宗仁在招待会上说：蒋介石目前处境尴尬，深望国民党同人好自为之。他说，望台湾国民党同人和海外各界人士，认清民族大义和大势所趋，不要一误再误，应毅然奋起，率相来归，为祖国最后统一做出贡献。为响应李宗仁声明，9月29日，中国外交部部长陈毅也在北京举行中外记者招待会，发表谈话指出：新中国就是以共产党为首的、包括8个民主党派合作的局面。我们欢迎李宗仁先生参加这个合作。我们也欢迎蒋介石、蒋经国能像李宗仁先生这样参加这个合作，欢迎台湾省和台湾的任何个人、任何集团回到祖国怀抱。参加这个合作，条件只有一个，那就是脱离美国的控制，忠实于自己的祖国。

在中共方面的大力宣传和李宗仁回国的影响下，对台工作和统战工作获得了可喜的进展，出现了海外爱国人士"率相来归"的大好局面。1969年1月30日，李宗仁去世前在病榻上口授一封致毛泽东、周恩来的信。信中说："在我快要离别人世的最后一刻，我还深以留在台湾和海外的国民党人和一切爱国的知识分子的前途为念。他们目前只有一条路，就是同我一样回到祖国的怀抱。"周恩来称这封信是一个"历史文件"。

周恩来与张治中的友谊,众人周知。1989年春,邓颖超还对张治中的儿子说:"你父亲是个非常有意思的人。我们这位老大哥喜欢开玩笑,他讲笑话,别人哄堂大笑,可他自己却一点儿也不笑。1925年,我同恩来在黄埔军校结婚。那时恩来是政治部主任,你父亲是新兵团团长。我们结婚很保密,除了你父亲别人谁也没告诉。谁知你父亲一定要请客。他安排了两桌酒席,找了几个会喝酒的人来作陪。那次他一口酒都没喝,却把恩来灌醉了。最后他找来卫兵把恩来抬回去,直到第二天,恩来的酒也没醒。这件事我一辈子也不会忘记。"

周恩来同张治中的这种友谊,即使是在国共两党尖锐对立、武装斗争十分激烈的情况下,也从未中断过。这里不再一一述来,只讲中华人民共和国成立后的事。

周恩来邀请张治中(左一)、傅作义(左三)、屈武(左四)商谈对台湾工作问题。这是会后的合影(历史图片)

张治中在过去落下了一个腿部神经疼的毛病,中华人民共和国成立后一度病情加重。周恩来知道后,把军委卫生部副部长傅连暲带到张治中家,请他为张治中安排治疗。周恩来几次出国回来,都带回特效药,托人送给张治中。

1969年,张治中去世了。当时国务院国家机关事务管理局请示统战部,想搞个告别仪

第八章
魅力永存：总理人际交往之道

1960年10月，周恩来和邵力子、张治中、陈赓在颐和园宴请原黄埔军校学生、国民党高级将领。这是宴后合影（历史图片）

式。统战部的负责人说："别搞什么仪式了，看望一下家属吧。"后来，管理局负责人高富有把这件事的处理情况，书面报告给周恩来。周恩来在报告上批了三个字："我参加。"他还点名让黄永胜和几个民主党派的领导人参加。

1975年冬，久卧病床的周恩来还在想着张家人的生活情况。想到张治中家的生活困难，他决定拨一笔款给张家予以接济。11月25日，周恩来逝世前不到两个月的时候，童小鹏等人来到张家，说："是周总理派我们来的。总理在病床上一直惦记着你们一家人。他指示我们，拨一笔款给你们。今天我们就是来送这笔款的。"张家人感激之余，一再表示不能收。但童小鹏等人说："这是周总理的决定，你们必须收下。"当时张家生活确实很困难，后来他们生活过得比较好，就是靠着周恩来送的这笔款。

朱启钤，晚清时曾任京师外城巡警厅厅丞、京师大学堂译学馆监督、津浦铁路局北段督办。北洋政府时代，曾任交通部总长、内务部总长、代理国务总理、1919年南北议和北方总代表。以后，他在津沪一带经营实业，经办中兴煤矿公司（山东枣庄煤矿）、中兴轮船公司等企业，并在北京组织中国营造学社，从事古建筑的研究。

中华人民共和国成立前夕，朱启钤寓居上海。当时章士钊先生也住在上海，朱启钤和章士钊先生交往甚笃。1949年国共和谈期间，章士钊以国民党李宗仁政府和平代表团正式成员的身份来北平，周恩来曾授意请章士钊写信给朱启钤，劝说他留在大陆，不要去香港、台湾。章士钊两次写好信后，交由金山派人设法送往上海。据朱启钤说，他只收到一封，据金山说，第一封信因为送信人中途牺牲，未能递到。

上海解放后，周恩来即派章文晋（朱启钤的外孙）到上海将朱启钤接到北京，此后朱启钤即定居在东四八条住宅中，一直到1964年去世。

朱启钤回京后，周恩来对他关怀备至，将他安置在中央文史研究馆任馆员；因朱启钤对古建筑颇有研究，又让他兼任古代修整所的顾问；并先后安排他为北京市政协委员和全国政协委员。

20世纪50年代初期，人民政府决定扩建天安门广场，修建人民英雄纪念碑。周恩来指示有关部门征求朱启钤的意

青年时代的朱启钤（历史图片）

见。当时北京市人民政府的秘书长薛子正派人将朱启钤接去，参加市政府在旧司法部街老司法部内召开的座谈会。会上，朱启钤发表了以下几点意见：

一、天安门广场的周围，不要修建高于天安门城楼的建筑。

二、扩建广场，移动华表时，要注意保护，特别是西面那座华表，庚子时被打破过，底座有钢箍，移动时要注意。

三、广场上东西两面的"三座门"，尽量不拆。

四、东西"三座门"之间南面的花墙是当初（约1913年）为了与东交民巷外国的练兵场隔绝，经我（即朱启钤）手，在改建新华门的同时修建的，并非古迹，可以拆除。

这些建议，有关部门大体上采纳了。东西"三座门"开始并没有拆除，后来因为有碍交通，才不得不把它移走。

1957年深秋的一个傍晚，周恩来到东四八条章士钊住处拜访，顺便来到前院看望了朱启钤（章士钊当时住在朱家后院）。

寒暄了一阵以后，周恩来说他在北戴河看到一通碑文，上面有他叔父周嘉琛的名字，问朱启钤知不知道。朱启钤说："民国二年，我任内务部总长，举办县知事训练班时，他是我的门生，当时他正在临榆县知事任内（北戴河属于临榆县治）。"周恩来打趣地说："那你比我大两辈，我和章文晋同辈了。"

这样把话题扯开以后，周恩来详细地询问了朱启钤的起居，并问生活上有什么困难，又问："送给你的《参考消息》，收到了没有？"朱启钤说："他们每天都拿给我看，字太小，没法看清楚。"周恩来说："这是专治我们老年人的，叫我们看不见。"他当时即指示秘书，以后给老人的文件一定要用大号字印刷。

周恩来又和朱家亲属朱泽东、章以吴等聊起来，得知他们均是南开校友后，惊讶之下，不禁又高兴地谈起南开的学校生活来，其平易近人之风，一如校友聚会。

朱启钤让周恩来抽烟时，周恩来说："我不吸烟，只是在同马歇尔谈判时吸过一个时期，因为太费脑筋，后来就戒掉了。"

出于待客的礼节和对周恩来这样一位贵客的敬意，朱启钤执意要家人上茶。周恩来随行的保卫人员为对总理的安全负责，便向他们家里人摆手，示意不要送茶。大家对于朱启钤的心情和保卫人员的职责都是理解的，但是越是理解双方的心情，也就越感到左右为难。最后，出于对周恩来的一片敬意，只得将茶杯和糖果放到了中间的桌子上。朱启钤眼花耳聋，没有看清以上的情形，仍在不断地催促家人"上茶、上茶"。没想到这时周恩来走过去，泰然自若地端起茶杯，呷了一口，然后将茶杯放到了自己身旁的茶几上，并且吃了送上来的糖果。周恩来的这一举动解除了朱家人尴尬的处境，使他们十分感动。

朱启钤耳聋，在和周恩来谈话时，经常打断周恩来的话，周恩来总是耐心地对他反复加以解释。当周恩来谈到黎元洪时，朱启钤听不清，几次问周恩来。周恩来耐心地一次比一次提高声音回答，还笑着说："大总统嘛！"

每当朱启钤打断周恩来的讲话时，家人就向他摆手，示意他不要打断周恩来的话，周恩来看到后说："不要阻止他，让老先生说么！"

朱启钤当时对文字改革有些不理解，在谈话中说："是不是改革以后，我们这些老头子都成了文盲啦？"周恩来听罢大笑，指着在座的章士钊说："他参加了会嘛！情况他都了解，以后请他给详细介绍介绍。"

朱启钤在葬俗上思想较旧，担心身后被火化，在周恩来快要告别时，他对周恩来说："国家不是说人民信仰自由吗？我不愿意火葬。我死了，把我埋在北戴河，那里有我继室于夫人的茔地。我怕将来办不到，所以才和你说，你帮我办吧！"

家人没想到朱启钤会提出这样的问题，忙去阻拦，但是周恩来又一次阻止了他们。等朱启钤说完后，周恩来对着他戴的助听器话筒说："我一定帮你办到，你相信我，放心吧！"朱启钤听到周恩来的回答，连连点头，脸上露出了欣慰的神色。

第八章
魅力永存：总理人际交往之道

周恩来离去时，朱家人全都送到门口。临走时，周恩来和朱家人及工友等一一握了手，并幽默地说："你们朱家可以组成一个仪仗队了。"

事后，朱启钤曾对家人说："总理是我在国内所遇到的少见的杰出政治家，也是治理我们国家的好领导。可惜我生不逢时，早生了30年，如果那时遇到这样的好领导，我从前想做而做不到的事一定能办到的。"

朱启钤90岁生日时，周恩来送来了一个大花篮祝贺，几天以后又在全国政协二楼小礼堂为朱启钤举行一次小型祝寿宴会。除朱家的家属外，章士钊和张学铭也参加了这次宴会。其他应邀作陪的都是70岁以上的在京的全国政协委员。在祝酒时，周恩来说："今天在座的都是70岁以上的老人，我是个小弟弟。我们今天不只是给朱桂老祝寿（朱启钤字桂辛），而且也是给在座的各位老人祝寿。"在宴会上，朱家家属表示感谢周恩来对他们的照顾。周恩来说："不要感谢我，我是代表党和毛主席给大家祝寿的。"

在席间，朱夫人许曼颐问邵力子："邵老，傅先生（指邵老的夫人傅学文）怎么没有来？"周恩来听到以后，说："这是我们工作没有做好，以后要请夫人们都来参加。朱夫人提得很正确。"在朱家家属集体向周恩来敬酒时，他半开玩笑地说："你们什么时候请我吃饭？听说你们朱家的菜很好吃。"

朱启钤通过儿媳写的一张便条（因朱启钤耳聋，有时用写便条的方法"谈话"），明白了周恩来的意思，就说："好呀！那就请总理订个日子吧！这样，我们再一次有机会请总理来家里做客。"

经过和有关部门的联系，周恩来约定12月7日中午到朱家吃饭。朱家从北京饭店订了两桌菜，自己家里又做了几样有贵州风味的家乡菜（朱家祖籍贵州），另外还做了周恩来喜欢吃的"狮子头"（丸子）。

1961年12月7日中午将近12点，周恩来办公室打来电话说，总理正在大会上做报告，可能要晚到一会儿，并且说邓大姐先到。过了一会儿，邓颖超和章文晋、张颖夫妇就到了，邓颖超又向他们说了周恩来晚到一会儿的原因。12点半过后，周恩来和孔原、童小鹏等人来到朱家，因为周恩来下午3

377

点钟还要参加一个会议，所以来了以后没有多谈，就入座吃饭。

吃完饭后，朱家本想请周恩来休息一会儿，周恩来说："不休息了，坐坐就行了。"他做了一上午报告，嗓音有点发哑，但是他仍然陪朱启钤和章士钊谈了一会儿话。朱启钤虽祖籍贵州，但平生却没有到过老家，他一直希望在通贵州的铁路修好后，回家看一看。他同周恩来说了这件事，周恩来鼓励他好好保重身体，还说通往贵州的铁路很快就要建成了，将来有机会回家乡看看。

周恩来这次来朱家吃饭，使朱启钤十分高兴。他将手书的"松寿"缂丝小条幅亲手装裱，通过中央统战部送给周恩来，作为纪念。

1964年年初，朱启钤患感冒，继则并发肺炎，住进北京医院。当时正值周恩来出访亚非各国，中央统战部将朱启钤病情向远在国外的周恩来做了汇报。周恩来打了电报，请北京医院的医务人员尽力医治。中央统战部副部长徐冰还代表党和政府到医院看望了朱启钤。尽管北京医院的医护人员竭尽全力地救护医治，但朱启钤终因年老体衰，于1964年2月26日逝世。临终前，他时时以总理远行国外为念。

朱启钤生前鉴于火葬日益普及，而北戴河茔地又划作禁区，因此在京郊万安公墓买了寿穴，以为死后埋骨之地。他去世后，全国政协征求朱家的意见，是否仍照朱启钤遗愿葬在北戴河茔地。朱家经过考虑，说"老人生前已另有准备"，没有坚持葬到北戴河。后来经周恩来批准，朱启钤的遗体被安葬在八宝山革命公墓。在嘉兴寺开追悼会时，周恩来送了一个鲜茉莉花做成的花圈，并由当时的中央统战部部长李维汉代表他主持了追悼会。

在周恩来的关怀下，朱家的生活一直受到很好的照顾。朱夫人许曼颐每月由政府补助60元生活费，直到1970年她去世时为止。十年动乱中，朱家遭到冲击，周恩来知道后，指示中央统战部很快地给他们落实了政策。

第八章
魅力永存：总理人际交往之道

与国际友人的情谊

1961年4月，周恩来总理同缅甸吴努总理一起，到云南共同视察中缅边界，经过视察和谈判，解决中缅边界划界问题。

周恩来、吴努总理以及双方代表团，从昆明乘飞机出发，共同视察了楚雄、大理和景洪，并在景洪参加了傣族的泼水节。由于视察和谈判工作进展顺利，提前两天完成了任务。他们住在思茅时，已把两架专机从昆明调到这里待命。这时，空军送来天气预报，说今后一周内，景洪地区以阴雨天为主，并有大雨、暴雨。周恩来得知这个消息后，为了不被恶劣天气困在思茅，耽误工作，他提议双方代表团提前离开思茅。具体安排是：两国代表团一起乘车到机场，先送客人上飞机回国，周恩来等人再登机回北京。

为了将中方的安排意见告诉客人，并取得客人的同意，周恩来派随行工作人员去见吴努总理的秘书苏拉上校，通过他把中方的安排意见报告吴努总理。走前，周恩来先示范应当怎样向客人介绍天气情况，提出建议，然后要工作人员按他说的复

1964年2月，周恩来访问缅甸时，和革命委员会主席吴奈温及其夫人、子女在一起（杜修贤　摄）

述一遍。当周恩来发现这位同志说话声音高、速度快时，就指示说："你要压低声音，放慢速度，不要使客人觉得我们急于赶他们走似的，是我们同客人商量的。"苏拉上校报告了吴努总理，客人完全同意中方的安排。第二天，双方代表团顺利离开思茅。

周恩来在外事工作中如此认真、细致，连向客人说话的声音、速度都注意到了，其他方面的情形如何，就不难想象了。正是在对外交往中所展现的礼仪之邦的良好风范，及其迷人的个人魅力，使得周恩来结下了无数的异国朋友，赢得了世界性的尊敬与爱戴。

周恩来与越南领导人胡志明的友情，开始于法国。对共产主义的共同信仰，使他们成为不同国籍的、战斗在异国他乡的战友。

1924年，周恩来和胡志明在广州聚会了。这时候的周恩来已迅速成长起来，挑起了艰巨繁重的担子，成为成熟的职业革命家。在广州，他担任中共广东区委委员长兼宣传部长，并任黄埔军官学校政治部主任。而胡志明则化名李瑞，随受孙中山邀请的苏联政治顾问鲍罗廷来到中国广州。胡志明的公开身份是鲍罗廷的翻译，实际上他还担负着第三国际东方部代表的重任。

胡志明在广州成立越南青年革命同志会，举办特别政治训练班，请周恩来、李富春、彭湃、刘少奇等到训练班讲课或做专题报告。他还组织越南青年到农民运动讲习所听毛泽东讲课，并挑选优秀的越南青年进黄埔军校学军事、学政治。这些青年中相当一批人后来成为越南民主共和国各个部门的负

周恩来与越南领导人胡志明（历史图片）

第八章
魅力永存：总理人际交往之道

责人。

1925年夏天，周恩来和邓颖超在广州结婚，胡志明工作之余又多了一个去处——周恩来和邓颖超的家。他经常去看"小超"，到"小超"那里做客。

后来，胡志明一直独身。在中国，对他生活给予温暖和照顾最多的要数周恩来夫妇。无论是在北伐后，还是在抗日战争期间，只要能够联系上，邓颖超总不忘给这位"大哥"缝制冬衣。在生活条件差的年代里，她送给胡志明的是棉衣，中华人民共和国成立后，送的是丝棉衣裤。周恩来夫妇知道胡志明爱吃中国的苹果，总要设法尽快送到；我国轻工业部烟草研究所特制的低尼古丁"中华"或"熊猫"牌香烟，也是周恩来常送给胡志明的礼物；朝鲜领导人金日成送给周恩来的上好高丽人参，周恩来也马上转送给胡志明。

1950年后，胡志明多次秘密访华。只要他跨过中国的边界，一双双热情关怀的手就伸了过来。他可以安安稳稳地在中国境内休息，一觉醒来，崭新的皮鞋、他喜欢的浅咖啡色衣裤，已整整齐齐地放在他的身边，穿起来合身合体。

当胡志明婉转谢绝这些衣物时，周围的服务人员总是郑重地说："我们是完成周总理交办的任务。"然后，这些年轻的服务员就"不客气"了，他们熟知胡主席的好脾气，像对待自己的父亲一样，嘴里劝着，就动手帮他换新衣。这时候，胡志明只好笑呵呵地服从。脱去外衣，露出一件旧毛衣，胡志明说："这是'小超'亲手给我织的毛衣……"

抗战期间，胡志明曾在桂林和叶剑英一起在八路军办事处工作，以后出现在湖南衡山南岳游击干部训练班，最后辗转来到重庆，又和周恩来会面了。他把自己当作八路军中的一员，以八路军的身份进行了大量的抗日活动。他身边的中国同志，也没有拿这位可爱的外国人当外人。不过，他们怎么也想不到，这就是越南革命的领导人——胡志明。

在重庆，胡志明为建立抗日统一战线进行了许多活动，周恩来十分重视，并给予了大力支持。周恩来在适当的场合，总是很自然地向国民党中的友人介绍胡志明："这是我在巴黎留学时认识的越南朋友胡志明……"

1942年8月，当胡志明在滇越沿线结束活动，打算回重庆会见周恩来，与中国共产党交换对时局的看法时，在广西德保县被捕，关押在国民党的监狱里，受尽磨难。中共中央一得知消息，立即电告在重庆的周恩来，要他想方设法跟国民党交涉，营救胡志明出狱。周恩来采取了种种营救措施，并到国民党爱国将领冯玉祥的官邸，商量营救胡志明的办法……

冯玉祥找到李宗仁，言明大义，晓以利害。随后，他又和李宗仁一起见蒋介石，要求释放胡志明。几经周折，在国际舆论和各抗日组织的不懈努力下，在国民党监狱里度过1年零12天的胡志明，终于在广西柳州恢复自由。

7年之后，也就是毛泽东在莫斯科和斯大林签订《中苏友好同盟互助条约》之际，胡志明秘密来华。他步行17天，走到中国边界。不久，在刘少奇的精心安排下，胡志明顺利到达莫斯科，和毛泽东、周恩来一起，同斯大林共同决策援助越南的方针大计。由于中华人民共和国的率先承认，胡志明创建和领导的越南民主共和国很快得到了苏联及东欧各国的承认。1954年，借日内瓦会议休会的机会，周恩来赶回中国柳州和胡志明长谈，就越南停战达成一致意见。随后，周恩来又赶回日内瓦，经过多方努力，按此意见达成了越南停战协议。

1956年11月21日，胡志明作为东道主，以越南民主共和国主席的身份，欢迎周恩来率领的中华人民共和国政府代表团。在宴会上，胡志明说："周恩来是我的兄弟。我们曾在一起同甘共苦，在一起做革命工作，我们是亲密的战友。"周恩来讲话的声音高，却极富感情。他说："34年前，我在巴黎认识了胡主席。在当时，他是我的革命引路人。那时候，他已经是一个成熟的马克思主义者，而我还刚刚加入共产党，他是我的老大哥……"

1969年，胡志明积劳成疾。不久，病情恶化，他希望中国派医务人员到越南，配合越南医生为他治疗。越共中央同意了胡志明的要求。毛泽东和

第八章
魅力永存：总理人际交往之道

周恩来密切关注着胡志明的病情。周恩来和中国卫生部的专家挑选了优秀的医务工作者组成医疗班子，积极拟定治疗方案，派遣专机运送药品和医疗器械。周恩来还认真审阅了胡志明的病情报告。几个月后，经过中越两国医生的共同努力，胡志明的病情相对稳定，并稍有好转。这时候，医生们才感觉到对河内热带气候的不适应和紧张后的疲劳。于是，越共中央决定让中国医务人员休假一个月，一些同志准备回国度假。

一天，精神好转的胡志明把一位准备回北京的医生请去，悄悄对他说："你从北京回来时，给我带两只北京烤鸭。"这位医生欣然同意。回到北京后，医生把这件事告诉了周恩来。周恩来先请教有关部门，在酷暑高温下怎样保存和携带烤鸭，然后在这位医生返回河内的前一天，特地让厨师精心制作了两只烤鸭，并用冰把烤鸭包装好，让医生带给胡志明。

当胡志明知道这是周恩来送给他的礼物时，他高兴得像过节一样。他说："烤鸭留到明天再吃。请中国大使一块儿吃周总理送来的烤鸭。"因为第二天是中国共产党成立48周年纪念日。

1个月后，胡志明的病情又开始恶化，周恩来闻讯，挑选了一批医务人员赶赴河内，要他们全力以赴抢救胡志明的生命。医生们不分昼夜地守护在胡志明的身边，千方百计进行抢救。为取得良好效果，中国医生不惜在自己身上做实验。8月下旬的一天，胡志明再度昏迷过去。中国医务人员进行了两个昼夜的抢救，终于使他从昏迷中苏醒过来。越南医生感动地说："你们创造了奇迹，真是奇迹啊！"

8月底的一个下午，昏迷中的胡志明又醒过来。他望着身边的中国医生说："我希望听到一首中国歌曲。"面对垂危的老人，从北京医院去的一位护士长用她全部的敬爱之情，唱了一首中国歌曲。

胡志明听到了。他含着微笑，带着中国人民的友谊，闭上了眼睛，永远地离去了。

9月4日，周恩来率中国共产党代表团赶赴河内，吊唁胡志明主席，送别了这位相交多年的战友加兄弟。

日本友人冈崎嘉平太,当年曾任全日本航空公司总经理、日中备忘录贸易办事处代表、日中经济协会常任顾问,他把周恩来称为自己的"人生之师"。正如他自己所说,在几次交往之后,"我逐渐被他那高尚的人品所吸引。对于作为中国总理的他,我是十分尊敬的,但是,我更倾心敬慕他那富有人情味的为人。因此,我把周总理作为人生之师,一直努力做一个哪怕只有一点点像他那样的人"。

冈崎嘉平太第一次见到周恩来,是1962年秋天,他因参加高碕达之助的访华团来北京,受到周恩来的接见。此后,他们又有过多次见面。

同周恩来的会见,除了一次是在国务院,其他都是在人民大会堂进行的。给他印象最深的是,每一次会见,周恩来都先到会见地点,在入口处同每个人握手表示欢迎,会见结束时,又在出口处同每个人一一握手,没有一次例外。有时,还同他一起在长廊下做短时间的漫步,轻声交谈。有一年在过了12月20日的时候,周恩来问冈崎嘉平太:"冈崎先生是基督教徒吗?"他听了有些不解,回答说:"不是。""那么,你在北京待到年底也可以,不要客气。"

1972年7月,日本田中内阁诞生,日本国民要求日中邦交正常化的呼声急剧高

周恩来会见出席万隆会议的日本首席代表、前通商产业大臣高碕达之助(杜修贤 摄)

第八章
魅力永存：总理人际交往之道

涨。这年的8月，川崎秀二议员作为世界青年交流协会会长，同日本青年一起访问中国。周恩来在会见他的时候，说要邀请冈崎先生来北京欢庆中日邦交恢复日。对这一信息，冈崎嘉平太在报纸上注意到了，但因没接到正式的邀请，所以也就没在意。9月12日晚上，冈崎嘉平太刚到家电话铃就响了。他拿起电话一听，是从北京打来的。比自民党小坂访华团先行一步，已经去北京的松本俊一、古井喜实、田川诚一三位先生的随行人员、备忘录贸易办事处的金光贞治在电话里上气不接下气地说："现在正会见周总理。周总理问刘希文先生，邀请冈崎先生在北京迎接中日邦交恢复日一事正式通知冈崎先生没有。听到刘先生说还没有正式通知，周恩来立刻说，那不行，现在马上从这里给冈崎先生家里打电话，电话费我付。因此我现在给您打电话，请您立即作出接受的回答。"一瞬间，冈崎嘉平太连话都说不出来，只表示"我接受邀请，代我谢谢周总理"，就放下了电话。第二天早晨，中方发来了正式邀请。9月20日，冈崎嘉平太搭乘日航特别班机来到北京。

9月23日，根据周恩来在极小的范围内聚餐的意思，中日双方相关人员在人民大会堂进行短时间会谈后，举办了只有一桌的小宴会。日方参加的有松本俊一、大久保任晴、安田佳三、金光贞治和冈崎嘉平太等，中国方面有周恩来、郭沫若、刘希文、王晓云、吴曙东、林波、丁民、王效贤等。因为都是老朋友，所以是一次非常融洽的宴会，上的菜也是冈崎嘉平太在中国尝到的最上等的味道。席间，周恩来问冈崎嘉平太有没有顺流而下游过三峡。听冈崎嘉平太说没有，他马上对刘希文说："冈崎先生下次来时请安排一下。"冈崎嘉平太半开玩笑地请求说："如能让我下三峡的话，那么也请让我顺便去桂林吧。前些年松村先生去了桂林，回来直跟我称赞桂林的绝景，以能够游桂林而自豪。如果我不去桂林，到了那个世界，松村先生该笑话我了。""对，桂林也要去。不仅去桂林，而且还请你顺江去阳朔。阳朔的山水比桂林还好。"周恩来把那些细小的应该注意的地方都告诉了冈崎嘉平太。

这次宴会上，周总理说过一段话使冈崎嘉平太不能忘怀，多年以后还回响在耳边。周恩来说:"我国有一句话,叫作饮水不忘掘井人。中国和日本不久就要恢复邦交了,邦交之所以能够恢复,这是由于松村先生、冈崎嘉平太先生、石桥先生和村田先生等人不畏困难,作出巨大努力的结果。你们也作出了努力啊!"

这年的10月下旬,为了下年度(最后一年)的备忘录贸易协定,冈崎嘉平太又访问了中国。事情办完后,冈崎嘉平太和备忘录贸易办事处人员及其家属、随员以及驻京的记者等30多人,在刘希文和其他十几个人的引导下,乘坐特别班机,前后用了14天,游览了杭州、上海、桂林、重庆、三峡、武汉、广州等地,在所到省市,均受到热烈欢迎。他们一行尽情观赏了天下绝景,领略了中国的新鲜气息,亲身体会了日中友好。这在当时驻北京的外国人当中被传为佳话,认为是"惊人的优厚待遇"。

据说,周恩来在那次聚餐后,又曾经两次提醒刘希文不要忘了安排冈崎嘉平太的旅行。听到这些,冈崎嘉平太感动得流了泪:"像人们所说的那样不得休息的、政务极端繁忙的总理,对外国一个普通民间人士,关心到这种无微不至的程度,实在是笔墨所不能形容的。"

1972年9月,周恩来同田中角荣签署《中日联合声明》后互换文本(历史图片)

第八章
魅力永存：总理人际交往之道

1972年9月29日上午9点，盼望已久的中日邦交正常化共同声明的签字仪式在人民大会堂举行。当天下午，廖承志、刘希文等人送冈崎嘉平太回国。途中，原计划在上海换乘日航特别班机，但因当天晚上上海市革命委员会要为田中首相一行举行欢迎宴会，冈崎嘉平太又被请到南京西路的宴会厅。周恩来送田中首相到上海，所以也出席了宴会。宴会高峰一过，周恩来像往常一样依次来到客人们的桌前祝酒。当他在冈崎嘉平太就座的桌子对面看到他时，就目不斜视地快步越过一个桌子来到他面前："冈崎先生还在呀，来，干杯吧……"

周恩来说完，就催促服务员把自己的杯子和全桌所有人的杯子都斟满茅台酒，用周围的人都能听到的声音大声说，你们是为中日邦交正常化出了力的人，说完就干了杯。

随着中日邦交的正常化，历时11年的中日备忘录贸易办事处结束了它在政治、经济两方面的使命。1973年11月，为关闭北京办事处、向中国有关方面表示谢意，冈崎嘉平太又访问了中国，在人民大会堂同周恩来进行了1个小时的会见。会见中，周恩来亲切地对他说：备忘录贸易虽然结束了，今后也请每年来中国1次。在那天的日记里冈崎嘉平太是这样写的："总理消瘦，显得疲惫。对于周总理多年的关怀，只有感激，想到今后可能没有见面的机会了，感到愁闷。"

周恩来与日本乒乓球运动员松崎君代的交往，为许多人所熟知。

1961年3月，第26届世界乒乓球锦标赛在北京举行。松崎君代作为日本代表队的一员，参加了这次比赛。这是中华人民共和国成立以来，第一次举行国际体育大赛，全国注目。

开幕式前一天晚上，欢迎世界乒联的官员和各国代表队的盛大宴会在人民大会堂举行。进入宴会厅之前，在宽敞的休息厅里，来自各国的官员和选手纷纷和老相识打招呼，或与队友交谈，突然间入口处静了下来，在照相机闪光灯的闪烁下，周恩来出现在人们面前，红润的脸庞神采奕奕。一点不错，正是从照片上常见到的周恩来总理。

周恩来与数百人一一紧紧握手，向日本队这边走来。此时的日本队是世界乒乓强国，自然引人注目。见到印有太阳旗标志的日本代表队，周恩来以与日本人毫无二致的发音，用日语大声说："晚上好！"表达出热烈的欢迎之意。"我的发音还可以吗？"这次说的是汉语。日本的记者们说："总理的日语真棒啊。"周恩来回答："哪里哪里，通通忘掉了。"

开赛以后，中国队的比赛与两年前相比进步显著，在7个比赛项目中，中国队取得男子团体、男子单打、女子单打三个主要项目的冠军，日本队取得了女子团体、男子双打、混合双打三个项目的第一名。

松崎君代在上次——第25届锦标赛——是初次露面，夺得了女子单打冠军，因此，第26届北京锦标赛把松崎君代列为种子选手。但由于情绪调整不力，在半决赛时她就被淘汰了。

比赛结束后，周恩来特地为日本代表队举行了欢送宴会，松崎君代荣幸地坐在周恩来身边。

周恩来放下筷子，起身道："请边吃边听吧。"然后就发表了在那种宴会上很少见到的长达40分钟的谈话。

日本方面祝贺中国代表队在这次大赛中获得的优异成绩时，周恩来说，"双方都得三个奖杯，都一样嘛"，这无疑是对日本队甚感不理想的成绩的亲切安慰。周恩来又特别称赞松崎君代说："松崎小姐打半决赛时，我不巧去了外地，我是在电视里看的。给中国人民留下了很深的印象啊。你虽然失败了，实际却得了第一，中国运动员也要学习你这种即使失败也要坚持到最后，即使失败也面带微笑的精神。"

周恩来从乒乓球说到中日友好的历史："中日两国人民之间两千年来的友好历史像富士山一样高，中日友谊更像长江一样源远流长。"他的话格调高雅，简洁明了，人们被他的话所吸引，早已忘了用餐。

第八章
魅力永存：总理人际交往之道

宴会结束时，周恩来问松崎君代："您的父亲喝酒吗？""很喜欢喝，每天晚上都要喝两杯。"松崎君代回答。"那么，我那里有茅台酒，就送给他吧。那还是解放前的呢，现在已不多见了。"周恩来说。因领队长谷川先生说他不喝酒，于是周恩来送给荻村先生和松崎君代每人一瓶。

以这次大会为契机，中日双方商定了进行乒乓球交流的协议。1962年夏天，第一次中日乒乓球友谊赛在中国举行。

松崎君代作为选手之一，实现了第二次访华的愿望。日本代表队全体人员很快得到了会见周恩来的机会。

身为一国领导人，要会见很多外宾，一定不会记得每个乒乓球运动员吧——松崎君代沉浸在再次见到周恩来的幸福之中，但心里不免这样想。

这时周恩来问松崎君代："您双亲都很健康吧？"

松崎君代慌乱地回答："上次，双亲拜领了您的茅台酒，非常感谢，并说味道醇香，很好喝呢。"

周恩来听了笑道："那么再送几瓶给他们吧。"

周恩来对松崎君代的双亲一无所知，竟还这样关心他们的健康。这是多么令人高兴、多么令人感动啊！

松崎君代听说，周恩来评价她的坚韧不拔的精神时说，她是不是有农民的血统啊。一点不差，松崎君代的双亲都出生于山里的农民家庭，幼年时期生活相当艰苦。然而，由于松崎君代从不曾对自己做过这样的分析，一旦得以点拨，松崎君代才明白，怪不得周恩来对她的双亲怀有关切之情呢。

1963年4月，在捷克斯洛伐克首都布拉格举行的第27届世界乒乓球锦标赛上，松崎君代除了和队友夺得女子团体冠军，还幸运地夺得女子单打和女子双打冠军。

比赛结束后，中国驻捷克斯洛伐克大使馆邀请松崎君代和中国选手一起品尝中国风味。席间，宣读了周恩来拍来的电报："祝贺日本女子乒乓球队囊括各项冠军和松崎选手夺得女子单打冠军。"

常听中国同行说，周恩来很喜欢乒乓球，这次竟对外国代表队表示这么亲切的关怀，松崎君代不禁暗自庆幸：自己选择打乒乓这条路算是走对了。

松崎君代参加完这次比赛回国后就退役了。既然挂拍，也就与乒乓球无缘了，恐怕再也没有去中国的机会了——松崎君代本已做好了精神准备，但幸赖中国体育界的热心斡旋，毋宁说更大程度上是承蒙周恩来的厚爱，松崎君代与中国的缘分反而越来越深了。

1964年10月，国际乒乓球友谊赛在北京举行，松崎君代以代表队的编外队员身份受到邀请。

一天，周恩来邀请松崎君代和日本队成员一起到中南海他的家中共进午餐。同席的还有西园寺公一先生和夫人、中国乒协会长夫妇。

就餐前，周恩来送给松崎君代一份装饰着红色饰带的礼品，说："你的婚期快到了吧。"那是一块粉红色的丝织品。

松崎君代感动得说不出话来。

"今天请品尝我老家的风味，请多吃点。"周恩来不停地为松崎君代夹菜。松崎君代感动至极，难以言表，到最后也没能说出话来。

席间，不知谁问道："听说你们夫妇没有孩子，是不是有点孤单哪？"

"不，全中国的孩子都是我们的孩子，一点也不孤单。革命接班人不断涌现出来。"

真心实意地说出如此豁达的话的，除周恩来外能有几人？年轻时就投身革命，置生死于度外，把一切献给中国人民的事业——只有这样的人，才能具有这种真实。

这次访问后，中国进入"文化大革命"时期，周恩来与松崎君代的来往也就中断了。不过松崎君代从好多人那里听说："周恩来打听您的情况，我答不出，很为难。"

1966年，松崎君代结婚时，托人给周恩来捎来了她的结婚照片。

1972年8月，亚洲乒联第一届代表大会在北京召开。大会邀请了由10

名日本的OB（已退役的老选手）乒乓球选手组成的元老代表队参加。

周恩来走过来了，见到松崎君代的瞬间，他张开双臂，情不自禁地叫道："哎呀，老朋友！"简直喜形于色。

"您好！"松崎君代先用中文问候，接着说，"总理这么健康，太令人高兴啦。"

"哪里，上年纪喽，有小孩了吧？"

"和总理一样，还没有呢。"

刚说完，松崎君代便意识到：糟糕！自己说走了嘴。然而周恩来却大笑起来，松崎君代这才稍稍安心。

周恩来对自己没有孩子处之泰然，却反过来关心松崎君代，这使松崎君代有机会接受中国具有国际水平的医生的诊疗，很受照顾。只是，周恩来的这份恩情，松崎君代甚感遗憾没能报答。

第二年，1973年夏季，亚、非、拉乒乓球友好邀请赛在北京举行，日本OB代表队再次受邀参加，作为成员之一，松崎君代和丈夫也接到邀请。

中国方面对日本OB代表队照顾得无微不至。他们先后到延安、西安、苏州、南京、上海等城市以及学校、农村、工厂参观，游览名胜古迹；或者指导年轻选手，OB选手之间也进行了比赛。

周恩来有始有终地观看了在北京举行的中日OB选手友谊赛，虽时至深夜，他仍用整整一个小时的时间，和中日两国的老球友畅谈起中日乒乓球交流情况。周恩来记忆准确，顺序不乱，简直如数家珍。即使是乒坛中人，说起这段历史也难免会有前后颠倒或漏掉环节的情况，因而那天晚上在场的人无不惊叹周恩来非凡的记忆力。

周恩来又高度评价了日本乒协对中日友好发挥的作用和日本OB选手对促进中日邦交正常化所做的巨大贡献。周恩来在尽述了日本乒坛人士在中日关系紧张时期不惧风险来中国进行比赛交流的业绩后，指名道姓地让他们一抒胸襟。他又几次三番地嘱咐松崎君代说：今后也请常来中国。"我常对日本友人说，请不要让松崎小姐脱离中日友好之轮。"这是自从和松崎君代相识以来，周恩来给予松崎君代的最高赞誉。

1975年，松崎君代第6次访问中国，在北京和其他十几个地方受到热烈友好的欢迎。这一次，已是重病中的周恩来没有接见她，但陈锡联副总理接见松崎君代时，详详细细地转告了周恩来委托他带的口信。

"收到了你问候我的信。"
"非常感谢！"
"这次请多住些时候，好好看看自己的病。"
"在你丈夫到来之前，不要太孤单了，有什么要求尽管提出来。"

松崎君代当时并不知道周恩来已是在重病之中，在医院中受着癌症晚期的痛苦煎熬，与病魔做着最后的抗争。然而尽管在这种情况下，他仍然对松崎君代关怀备至，这怎能不令人感动得落泪呢？1976年1月9日早晨，当松崎君代从电话里得知"周恩来总理患癌症逝世"的噩耗时，拿着话筒的手不禁哆嗦起来，满腔悲痛，竟难以自禁。

1978年，松崎君代和她父母访华期间，为故去两年的周恩来写了悼词：

周恩来总理：您活在我心中。松崎君代。1978年10月5日。

"您活在我心中。"周恩来不仅活在一位日本运动员的心中，活在中国人民的心中，而且也活在每一位有幸结识他的国际友人心中！